Константин Дмитриевич Ушинский
Shibata Yoshimatsu

母語教育論

РОДНОЕ СЛОВО

ウシンスキー【著】
柴田義松【訳】

УШИНСКИЙ

学文社

母語教育論　目　次

第1章　母語　11

　1　母語教育の意義　12
　2　外国語学習の目的　23

第2章　初等国語教育論──国語の初等教授について　30

　1　言葉の能力の発達　30
　2　国語の形式の習得　40
　3　文法の習得　45

第3章　初等教育論──『母語』指導書第一部　51

　1　学習の開始期　51
　2　初等教育の教科目　55
　3　初等教育の組織　57
　4　学校における最初の授業　64
　5　初等教育における国語の意義　66
　6　直観教授について　68
　7　綴字教科書の後の最初の読本について　73
　　(1) 類と種にわけた物の名称　74

目次

(2) 生徒が完成しなければならない不完全な句、生徒が答えなければならない質問 80
(3) ロシアの諺、格言、警句、謎々 82
(4) ロシアの民話 84
(5) 詩 87
(6) 挿絵 89

8 第一学年の結果 90
9 『母語』第二部の概要 91
10 第一編「まわりの世界」の内容——事実的文章とその意義 92
11 事実的文章の使い方 94
12 近隣の学習 98
13 第二編「季節」の内容 100
14 第三編「模範練習」 102
付録1 教室でのお話 105
付録2 計算の初歩教授 109
付録3 初等図画 113

第4章　文法教育論——『母語』指導書第二部　115

1 序文 115
2 現代ロシア語文法の不安定な状態 117

7 この教科書の内容とそこで用いられている教授学的文法の解説
8 この教科書のいくつかの細目の説明
9 なぜ文から始めるべきか 141
10 なぜ主語でなく題目を最初に取り上げねばならないか 142
11 品詞の論理的・体系的分類
12 私たちの教科書の使い方 144
13 国語学習における作文練習の体系 153

152

141

137 124

第5章 教科書『母語』目次

第一編 まわりの世界

綴字教科書のあとの最初の読本 160

第一学年

綴字教科書 160

第二学年 160

第一章 学校と家 162

第二章 家畜 163

第三章 馬小舎、家畜小舎、鳥小舎 164

第二編　四季　165
第一章　冬　165
第二章　春　166
第三章　夏　166
第四章　秋　167
第三編　模範練習　168
第三学年　168
第一編　文法　168
文法用選文読本　170
教科書『母語』より　171
綴字教科書のあとの最初の読本の内容の一部　171
第6章　教科書『母語』より　173
1　兄と妹　173
2　もののおきばしょ　173
3　強いものが　正しいの？　173
4　水　174
5　ねこのワーシカ　174
6　四つのねがい　174
7　きのこたちの戦争　175

8 まちなさい 176
9 つるとあおさぎ 177
10 みつばちの偵察 178
11 もん白ちょう 179
12 立木のけんか 179
13 蜜蜂とはえ 180
14 鷲とめんどり 181
15 せむしと少年 181
16 森と小川 182
17 おうむとうぐいす 182
18 渓流 183
19 交換 184
20 水と火のあらそい 186

第7章 『子どもの世界』第一版への序文——188

第8章 『子どもの世界』第一版の目次——206
第一章 直観的物語と記述 206
第二章 人間について 207

第三章　動物について　208
第四章　植物について　211
第五章　無機物　212
第六章　自然現象　213
第七章　子どもの世界の彼方の概観　214
第八章　論理学の初歩　215
選文読本　216
第一章　詩　216
第二章　寓話と物語　218
第三章　ロシアの優れた作家の模範文　218
第四章　ロシア史断片　219

第9章『子どもの世界』第一〇版の目次――221

子どもの世界　第一部
第一章　子どもの世界入門　221
第二章　自然から　221
第三章　祖国に関する最初の知識　222
選文読本　222
第一章　寓話と物語　222
子どもの世界　第二部
第一章　自然から　223

第二章　地理学から　224
　第三章　論理学の初歩　224

第10章　『子どもの世界』について ――――― 225

訳者注　233

訳者解説――現代に生きるウシンスキーの母語教育論　237

母語教育論

第1章　母　語(1)

国語学習（Sprache-Lernen）は、言語学習（Sprachen-Lernen）よりもより高度なるあるものである。教養の手段として人々が古代語に与えている讃辞のすべての二倍もが母語に属する。母語（Mutter-Sprach）は、言語の母（Sprach-Mutter）と呼んだ方がむしろ正しい。

——ジャン・ポール

五歳の子どもでも、「しかし、けれど、ただ、なのに、もちろん」という言葉を理解する。しかし、いちどこれらの言葉の説明を子どもにではなく、父親にたずねてみよ！　「けれど」という言葉一つにさえ、小さな哲学者がひそんでいる。

——ジャン・ポール

いつも人が頓馬に見え、一般的なこと・大ざっぱな特徴しか表現できないために、勝手な振りをすることができるフランス語・外国語で話せというのか？

——ゲーテ

私は、ロシア人はロシア的で、イギリス人はイギリス的であるのが好きだ。もしプロシャでプロシャ的であることが必要なのなら、フランスではフランス的であれ。

——ベランジェ

1　母語教育の意義

人間は、空気の存在を知る前から長い間空気を吸っていたし、その特質・その成分、肉体生活におけるその意義を発見する前から長い間その存在を知っていた。同じように人々は、母語の構造の複雑さ・奥深さに注意を向け、それの自分たちの精神生活における意義を評価する前に長い間母語の富を利用してきた。実際、今日でもそれははたして十分に評価されているだろうか？　一般の世論に基づいて、教育実践においてとられている態度に基づいて、さまざまの教育施設における教育課程の構成に基づいて判断するならば、このような評価にいたるまでには、まだはるかに遠くにあることを意識せずにはおれない。

人類の言葉一般の起源、さらにはあれこれの民族の言語の起源さえも、人類の歴史の起源やすべての大きな民族の起源とまったく同様、はるか過去に見失われている。しかし、その起源はどうであろうと、私たちの間には、各民族の言語はその民族自身によってつくり出されたものであり、他の何ものかによってつくり出されたものではないという固い信念が存在している。この命題を公理に採用するやいなや、私たちは、私たちの頭脳にはからずも深い一撃を加える次のような質問に遭遇する。「民族の言語に現わされたすべてのことが、本当に民族のなかにひそんでいるのか？」言語のなかに、たくさんの深い哲学的知性、真の詩的感情、優雅な驚くほどに正しい趣味、強力な集中的思考労働の痕跡、自然現象におけるきわめてこまかな変化に異常なほどの敏感さを示す無数の例、たくさんの観察、たくさんのきわめて厳密な論理、たくさんの高貴な精神的突進や理念の発端——後の偉大な詩人や深遠な哲学者が苦労してやっと得るようなこれらのもの——を見出すとき、私たちは、すべてこれらのものが、おそらく哲学にも芸術にも詩情にも無縁な、その趣味における優雅らしきもの、その志向における高貴なもの、芸術的なものをなんら見せることのない、この粗野な灰色の国民大衆によってつくり出されたのだと信ずることを放棄しそうになる。

しかし、私たちのうちに生まれるこのような疑問に答えて、この灰色の無学で粗野な大衆そのもののなかから、詩人も画家も音楽家も、そこからインスピレーションを汲み取る絶妙な民謡が流れだし、的確な深遠な言葉が聞こえてくる。言語学者や哲学者は、科学や強力に発達した思想の助けを借りて、これらの言葉を考究し、きわめて遠くの、きわめて野蛮な無学な時代から伝わるこれらの言葉の深遠さ、真実性に驚嘆するのである。この現象は他の何にもまして、自分たちの個人的知識・自分たちの教養・個人的発達に関する私たちの個人的傲慢さの蒙を啓くことができ、他のあらゆるものにもまして、私たちに、個々の意識的人格・個々の人間有機体のほかに、この地上には巨大な有機体が存在し、個々の人間のこれに対する関係は、ちょうど血球の全肉体に対する関係と同じようなものであることを気づかせることができる。私たちは、自分の教養を誇るとき、しばしばお高くとまって、国民大衆のもっとも低い広汎な階層出身の粗野な半野生的人間を見下す。だが、私たちが真に教養をもつ人間であったら、同時に、恭敬の念をもってこの国民の歴史的有機体の前に頭を垂れねばならないであろう。その不可思議な創造力に対しては、私たちは真似することさえできぬままに、ただ驚嘆するばかりである。もし国民の胸奥に秘かに隠れている精神生活の源泉から、私たち自身の創造のための力や生活を汲み取ることができたとすれば、幸せなことである。実際、国民が私たちに贈った言語、これ一つだけでも、私たちに、偉大な国民的有機体を前にしては、あらゆる個人が——どんなに教養のある発達した人間であろうと、どんなに豊かな天性をもった個人であろうと——どんなに無限に低いものであるかを示しうるのである。

どのようにして、どのような法則に基づき、どのような衝動に導かれて、だれの授業を受けることにより——小川のささやきかそれとも風の息吹きを聞くことによってか——国民は、自分たちの言語を創造したのであろう？　どうして、ドイツ人の言語は、スラヴ人の言語とは違った音を出すのだろう？　どうして、これらの言語の間にはあれほどに血縁的なものやあれほどに縁の遠いものがあるのだろう？　どこで、どんなに遠い時代に、どんなに遠い国で、これらは出会い、どのようにして分岐したのであろう？　何に導かれてある言語はある地方に、他の言語は他の地方に行き、後にこの血縁の兄弟が出会っても、互いにわかることができないようになったのだろう？　これらの問いはすべて、言語学や歴史学のはてしない問題となるものである。しかし、国民の言語が国民の完全な有機的創造物であり、ある神秘な、国民の精神の奥底のどこかに隠された種から出て、国民のもつあらゆる国民的特質のなかに現われるものであることを確信するためには、なにも大言語学者とまでなる必要はなく、いくらかでも自分の母語についてよく考えてみれば十分なのだ。

国民の言語は、遠い歴史のはてから始まる国民の全精神生活のもっとも素晴らしい、けっして萎れることのない、永遠に新しく咲き開く花である。国語のなかに全国民が、全祖国が霊化されている。国語のなかで国民の精神の創造力により、祖国の空・その空気・その自然現象・その気候・その野・山・谷・その森や川・その嵐や雷は、思想に、絵画や音に化した。これらすべての思想と感情に満ちた祖国の自然の深い声は、ときには粗暴でもある自分の祖国に対する人間の愛情のなかで大声に語られたり、なつかしい歌・なつかしい旋律・国民詩人の唇のなかに、はっきりと現われる。しかし、明るいすきとおった国語の奥底に反映されるものは、祖国の自然だけでなく、国民の精神生活の全歴史である。国民の各世代は、つぎつぎと過ぎ去っていく。だが各世代の生活の結果は、国語のなかに——子孫への遺産のなかに——残っていく。母語の宝庫に、各世代はつぎつぎと深い心の動きの実りを、歴史的事件・信仰・見解の成果を、体験した悲しみ・体験した喜びの跡を加えていく。——要するに、自己の精神生活の全足跡を、国民は国語のなかに大切に保存するのである。国語は、国民の過去・現在・未来の世代を、一つの偉大な歴史的生命のある全体に結びつけるもっとも生き生きした、もっとも豊かな堅固な結合である。それは、国民の生活力を表現するだけでなく、まさにその生活そのものである。国語が消え失せるときには、国民もまた存在しないのだ。それゆえに、たとえば、私たちの西欧の兄弟は、他種族のありとあらゆる暴圧を我慢したが、その暴圧がついに国語にまでおよんだとき、かれらは、いまや国民そのものの生死が問題となりつつあることを理解した。国語が国民の唇に生きているかぎりは、国民も生きている。国民から、その先祖の無数の世代がつくり出した遺産を奪い取ろうとする暴圧ほどに耐えがたいものはないのである。国民からすべてを奪い去っても、国民はそのすべてを取り戻すことができる。だが、国語を奪い去ったら、国民はもはや二度とそれをつくり出すことはないであろう。国民は、新しい祖国をさえつくり出すことができる。だが、国語をそうすることはできない。国民の唇から国語が死に絶えるとき、国民もまた死に絶えるのだ。人間の心が短命な人間一人の死にさえ戦慄するというとき、何世紀にもわたる国民の歴史的人格――この地上における神の最大の創造物――の侵害を企てる人間の心は、いったい何を感ずるのだろう？

このようにして国民の何世紀にもわたる全精神生活のもっとも完全な、もっとも正確な年代記たる国語は、それと同時に、国民をまだ本もなく学校もないときから教え、そして国民を国民の歴史の終末まで教え続けるところのもっとも偉大な国民的教師である。たやすく困難なく母語を習得しながら、すべての新しい世代は、同時に、先行する何千世代――祖国の土にすでに古く灰となった、あるいはたぶんラインやドニエプルの岸辺にではなく、ヒマラヤのどこかの山麓に住んでいた世代――の思想や感情の結実を習得する。これら先祖の無数の世代が見たことのすべて、体験したことのすべて、何度も感じ考えたことのすべてが、容易に困難なく、神の世界に眼を見開いたばかりの子どもに伝えられるのである。母語を習得した子どもは、すでに無限の力をもって生活に突入するのだ。子どもは母語を学ぶとき、単にその音を学ぶのではない。母語の乳房から精神的生命と力を吸い込むのである。母語は、子どもに自然に関して、どんな自然科学者も説明しえないようなことを説明する。母語は、子どもの周囲の人々の性格、子どもがそのなかに住む社会を子どもに知らせる。またその歴史、その社会の趨向についてどんな歴史家も知らせえないようなことを知らせる。それは、子どもを国民の信仰のなかに引き入れ、どんな美学者もそのようにはなしえないほどに、子どもを国民的詩情の世界に引き入れる。また最後に、それは、どんな哲学者も子どもに伝えることのできないような論理的概念、哲学的見解を子どもに伝える。

子どもは、その発達が暴力的に歪められないかぎりは、たいてい五、六歳にもなれば、きわめてたっしゃに、正しく母語を話すことができる。しかし、愚かでない六、七歳の子どもが母語で話すのと同じように、どこかの外国語で話そうとしたら、どんなに知識・感情・思想・論理、さらには哲学が要ることだろう。子どもが母語をこのように習得するときには、記憶しかはたらかないと考える人は、大きな誤りをしている。ある国語のあらゆる単語ばかりか、それら単語のありとあらゆる組合わせ、そのあらゆる変形をさえ暗記するためには、どんな記憶をもってしても足りない。実際、言語を記憶だけで学ぼうとしたら、けっしてどんな言語をも完全に学ぶことはできないだろう。国民によって創造された言語は、人間に言葉を生み出したところの、そして人間と動物とを区別するところの能力を、子どもの精神のうちに発達させる――つまり、精神を発達させるのである。子どもは、自分の考えを表現しようとするとき、ある場合にはある表現を、他の場合には他の表現を使うことにみなさんは気がつくであろう。そして、その際かれが、二つの言葉（たぶん、きわめて類似した言葉）の間にある非常にこまかな差異を見て取るその感覚にきっとびっくりすることであろう。みなさんはまた、子どもが、新しい言葉を聞くや否や、たいていはその言葉を完全に正しく変化させ、他の言葉と結びつけはじめることに気がつくであろう。もし、子どもが母語を習得するときそれと同時に、あの国民に国語を創造することを可能ならしめた創造力の一部をも習得しなかったとしたら、子どもにこのようなことがはたしてできるだろうか？　外国人がどんなに苦労してこのような言語本能を獲得するかを考えてもみよう。実際、かれらがそれを完全に獲得することがはたしてあるのだろうか？　二〇年もロシアに住んでいたドイツ人が、三歳の子どもがもっている国語認識さえ獲得しえないのである。

この驚くべき教育者――母語――は、単にたくさんのことを教えるだけでなく、ある私たちのおよびもつかぬやさしい方法によって、驚くほど容易に教える。私たちが、子どもにかれの知らない五つ六つの名前、七つ八つの外国語の単語、二つ三つの新しい概念、いくらか複雑な出来事を伝えようとしたら、それは私たちにとってたいへんな労働であり、子どもにとってはなおさらたいへんな労働であろう。子どもは、暗記することもあろうが、またすぐ忘れてしまうだろう。もし伝えられる概念がいくらか抽象的なもので、論理的あるいは文法的に微細な点を含むものであるとしたら、子どもは絶対にそれを習得することができないであろう。ところが、実践的には、母語のなかでは、子どもは容易に、自由に、そのようなきわめて微細な点を利用するのである。それらを私たちが子どもに説明しようと努力するのは無駄なことだ。私たちは、たいてい、子どもは母語を無意識的に話しているのだという文句で自らを慰める。しかし、こんな文句は、何ものをも説明していないに等しい。もし子どもが、あれこれの文法的言い回しを適時に使用し、会話のなかでもろもろの単語や文法的形態を細かに区別するとすれば、それは子どもが、それらの差異を、私たちの欲するような形式や方法においてではないにしても、とにかく意識していることを意味する。母語を習得するとき、子どもは、単に単語やその組成・変形を習得するだけではなく、無数にたくさんの概念・事物についての見解・たくさんの思想・感情・芸術的形象・論理・言語の哲学を習得する。それも、容易に、速やかに、二、三年の間に、勤勉な組織的方法による学習が二〇年かかってその半分も習得しえないほどのものを習得する。母語とは、かくも偉大な国民的教師なのだ！

しかし、人は私たちに、どうして母語と言うのかと尋ねるかもしれない。外国語だってまったく同じように容易に実際的に教えることができるのではないか？　そしてその学習も、母語の学習がもたらすのと同じ利益を子どもにもたらしうるのではないか？　フランス語やドイツ語もまた、ロシア語やラテン語、ギリシャ語と同じように、これらの国民の何世紀にもわたる精神生活の結果である。したがって、もし子どもが幼年時代からある外国語を話すようだったら、かれの精神発達はそのことによってけっして損失を受けることはなく、おそらくかえって儲けることになるだろう。フランスやイギリスやイタリヤの子どもは、まったく同じような宝を自分たちの母語から、たぶんロシア人が自分の母語から汲み取る以上に汲み取るであろう。このように言うことは、完全に正しいことだ。そして、もしロシア人の子どもが幼年時代からフランス語あるいはドイツ語を話し、フランス人やドイツ人の子どもがおかれるのとまったく同じ環境におかれたとしたら、かれの精神発達はそのような道をたどるであろう。もっとも後に述べるように、国民的性格の遺伝という疑いのない事実を考慮するなら、完全にその通りとはいえないかもしれないが。

国語が、国民の精神生活の結果がそのなかに表現されている国民的思想や感情の有機的創造物であると考えるならば、私たちは、どうして各国民の国語のなかに特別の性格が現われているのか、どうして国語が国民のもっともよい特徴づけになるのかも、もちろん理解できる。軽い・さえずるような・機智に富んだ・笑いかけるような・不遜なほどにいんぎんな・ちょうちょうのようにあちこち飛び移るフランス人の話、重い・暗い・自分一人で黙想するような・よく計算されたドイツ人の話、圧縮された・あらゆるあいまいさを避けた・単刀直入の・実際的なイギリス人の話、歌うような・燦然たる・色をつけたような・写実的なイタリヤ人の話、際限なく流れる・高まる感情によって波立ち・ときたま水の跳ね上がる大きな音で中断するようなスラヴ人の話――これらはどんな特徴づけよりもよく、またしばしば国民のあまり関与しないような歴史よりもよく、私たちに、これらの国語をつくり出した国民の性格を知らせてくれる。それゆえに、国民の性格を極めるもっともよい、唯一の正しい手段とさえ言えるものは、その国語を習得することである。私たちは、国民の言語のなかにより深く入り込めば入り込むほど、国民の性格のなかにもより深く入り込むことができるのである。

言語のこのような疑いの余地のない性格から、子どもの精神発達にとっては、かれが幼年時代にどのような言語を話すかということはけっしてどうでもよいというようなものではないと、私たちは結論できるのではないだろうか？もし子どもの精神やらその精神の発達の方向に、子どもの周りの自然・子どもの周りの人々・さらには子ども室の壁に掛っている絵や子どもの遊ぶ玩具さえが影響をもたらすとするなら、あれこれの国民の言語――この自然や生活や人間関係の最初の解説者、それを通して精神がすべてを見・すべてを理解し・すべてを感ずるところのこの精密な、精神を取り巻く大気――のような独特の性格をもった現象が、そのような影響をもたないなどと言えるだろうか？しかし、その大気がロシア語ではなくて、どこかの外国語であるのがどうして悪いのかと、みなさんは尋ねるかもしれない。それが実際になんらの災厄ももたらさないこともあろう。だがそれは、まず第一に、その言葉が、子どもの体内に、自分のために用意された生まれつきの土壌を見出すときにおいてであり、第二には、子どもが、その国語を通して神の世界がかれの前に現わるような国民の環境のなかに完全に移されたときにおいてであり、第三には、子どもが、自分の母国語と取り替えた言語の国民のなかで生活し、行動するよう運命づけられた場合においてである。要するに、ロシア人の子どもが、あらゆる関係において、フランス人に、ドイツ人に、あるいはイギリス人になったときに限られるのである。しかし、これらのうちの第一の条件はけっして満たされえない。そこにもう不幸がある。第二の条件は、ロシア人の子どもが外国で教育を始めたならば満たされるかもしれない。第三の条件は、両親が自分たちの子どものために祖国を変える決心をしたときにのみ満たされる。子どもの生体における民族的性格の遺伝についてここでくどくど語る必要があるだろうか？　もし、私たちが、子どもに両親から、たとえば眼の色・鼻の形・唇・毛髪・体つき・歩き振り・表情などのような人相の大きな特徴が伝えられるのを見るとしたら、それよりもっとこまかな、したがってより深い特徴は、両親から子どもへもっと正確に伝えられると予想しなければならない。というのは、人の特殊な性格の原因がより深く、より隠れたものであればあるほど、それはより正確に子孫に伝えられるのである。盲目の両親から、目の見える子どもが生まれる。手や足を失った父は、けっしてそのような欠陥を子どもに伝えることはない。ところが、その原因が神経系のなかに深く隠れ、医者でもそれを明確にすることのできない病気、たとえば肺病・てんかん・遺伝的狂気などは、たいてい両親から子どもへ伝えられ、ときには一代おいて次の代に現われることもある。表情ほど正確に遺伝されるものはほかにはない。だが、これはどんな顕微鏡によっても見出しえないような隠れた内的特徴の現われにすぎず、それはしばしば思想や行動の様式の影響によって変化するのである。このようにして、私たちは、性格の民族的特徴は、他のどの特徴よりも正確に両親から子どもへ伝えられるということを争いがたい事実として認めることができる。この事実は、まったく反駁するにはあまりにもはっきりと現われている。性格のこの遺伝的基礎は、私たちが他の論文ですでに論証したように、やがて人の完全な性格を構成するものになるすべてのもののもっとも堅固な基礎となるのである。私たちの生得的性向に一致したものについては、私たちは容易にそれを取り入れ、確実に習得する。この基礎に矛盾するもの、あるいは無縁なものについては、私たちは苦労して取り入れ、やっとのことで保持し、たぶん長い努力の後にやっと自分の自然的性格のなかに摂取する。ここからすでに自ずと明らかであるように、もし子どもが話しはじめる言語が、かれの生得的な民族的性格に矛盾するものであるとしたら、その言語は、かれの精神発達にかれの母語がもたらすような強い影響をけっしてもたらすことはないであろう。けっしてかれの精神や肉体にそのように深く滲透することはできず、豊かな、豊富な発達を保証する深い健康な根を生やすことはできないであろう。

それだけではない。国民の言語は、前にも述べたように、祖国や国民の精神生活をもっとも完全に反映するだけでなく、同時にそれは、子どもにとってはかれの周りの自然や生活のもっともよい解説者である。ところが、もし子どもの母語にかわった言語が、かれにかれのまわりには全然ないような見知らぬ自然、見知らぬ生活を解説するとしたら、どんなことが起こるか？　子どもは、自然や生活の理解に困難して、より鈍くより浅くそれらを理解する、言いかえれば、よりおそく、より弱く発達することになるほかはないだろう。フランスやイギリスの自然を、ロシアの真ん中につくるようなことはもちろんできない。またもし、自分の家のなかに、他国の生活の環境をつくることができたとしても、どんなにその環境は貧しく、どんなに貧弱で、どんなにいたるところ私たちの民族性が顔をのぞかせているような隙間があいていることであろう。しかもその民族性を理解し、表現するための母語が、子どもにはないのだ！　外国から、子守の女や男、家庭教師の男や女、さらには召使さえ呼び寄せられ、父や母は、ロシア語を口ごもりさえしない。要するに、家のなかにフランス、あるいはイギリス、あるいはドイツの塊を、ときには、これら三つの国からなる塊を持ち込むのだが、しかしそれはなんと哀れな塊であり、さまざまの民族性の切れ端のなんと無定形な混合であろう！　自分たちの国民的興味との関係を失ったこれらの人物が、何を語り、何を教えるのだろう？　こんな貧弱な人工的大気が、無限に深い滋養に富んだ国民的大気に代わろうとするのか！　父や母自身は、フランス語、ドイツ語、あるいはイギリス語でしか話さない。それに申し分なく正しく話す。しかしかれらは、それらの言語を、自分の祖国で生まれたフランス人、ドイツ人、あるいはイギリス人が知っているのと同じほどに知っていると思っているだろうか？　いやいや、プーシキンがモスクワのせんべい焼きの女からロシア語を学ぶことができたとしても、フランス人やドイツ人の農民から、必死の私たちのフランス人やドイツ人が何を学ぶことができよう。私たちは、言語の上っ面を知るだけで、その泉にまで下りることはない、また下りることはできない。だが言語はその泉から、何千年もの長い間、永遠に若い生命と力を汲み取っているのであり、またその泉は、祖国の自然や国民の不死の精神生活を自らのなかに反映するこの国民的貯水池を、けっして涸らすことも、藻で覆われてしまうようにもさせないのである。ところで、生活のあらゆる事情、それに宗教や人々に対する態度・感情・概念はどうか？　いかなる場合にしても、私たちは、けっして私たちの生活の全環境をすっかり変えて、私たちがそのなかで生きている国民的大気や私たちの民族性がまったく顔をのぞかせないようにすることはできない。したがって、子どもの母語を外国語に取り替えながら、彼をロシアのなかで住まわせるときには、私たちは、いずれにしても、真の豊かな源泉の代わりに、貧弱な模造の源泉をかれに与えることになるのである。

しかし、あるきわめて金持ちの人間が、自分の家にフランスあるいはイギリスの断片を運び移すことに成功したと仮定しよう。そして、その家のあらゆる調度、あらゆる生活が、その家で話される言語の性格に合致しているとしよう。さらに、きっとこの家の住人の宗教もその言語に適合し、そこにはギリシャ正教的偽善とフランス人的気取りの不格好な混合（この世におけるどんな合剤よりも悪いこの混合）もないとしよう。要するに、この幸せな家庭の子どもが、フランスでフランス人の家庭において、あるいはイギリスでイギリス人の家庭において育ったのとまったく同じようにして育ったと仮定しよう。そのときにはどうなるか？　子どもは言語とともにフランス人やイギリス人の性格を吸い込み、両親の気紛れや流行のばかげた要求に従って、国民のもっとも貴重な精神的遺産の分け前を放棄し、それのみが彼を祖国や国民の養子にしてくれるところの分け前をも放棄することになるにすぎないであろう。かれに後に、外国語を習わせるようにしてロシア語を習わせてみよ。それはけっして、かれの心から最初の揺籃時代の印象を拭い去ることはできないであろう。かれが話していた言語の精神、その言語をつくり出した国民の精神は、かれの心に深い根を下ろし、かれの肉や血のなかに吸い上げられている。したがって、かれの国語はすでに土台がふさがれているのを見いだす。そして、そのよその根を追い出すようなことはないだろう。というのは、不変の心理学的法則に基づいて、最初に場所を取った印象はすべてが、他のどれよりも深く横たわることになるからである。このようにして育てられた人間が世間に出るとき、国民生活にはまったく縁遠く、自分と同じ不幸な仲間の間でかれらがつくった人工的環境のなかで生活するときには、たぶん光彩を放つかもしれないが、国民にとっては永遠に他人であり、国民の有機的生活のなかには、ほんの小さな花粉さえもたらさないとしても別に不思議はない。このような人間が、文壇であるいは政界でなすすべてのことが外国の烙印をおびて、国民にそれらが接木され癒着することのけっしてなかったり、あるいはそれらが国民の上に重い鎖としてのしかかったり、あるいは国民によってなんの役にも立たない、理解しがたいものとして排斥されるとしても、別に不思議はない。このような教育を受けた人間が、国民的遺産に何一つつけ加えることができなかったり、外国のものを国民的なものにつくり替えることができなかったり、また国民をけっして理解せず、国民にもけっして理解されずに、社会や国民の無益な成員となり、ときにはきわめて厄介な成員ともなったりして、たとえ後になってどんな愛国心の仮面をかぶることがあったとしても、哀れな祖国のない人間にとどまることがあるとしたところで、別に不思議はない。

もし子どもが、一度に数カ国語を話しはじめ、そのうちのどれ一つかれの母語に代わるものがなかったとしたら、事態はもっと悪くなる。子どもの発達における母語の意義を私たちがすでに説明することができたとすれば、幼年時代におけるこのような言語の混淆がどのような結果をもたらすかはもはやほとんど説明する必要もないであろう。人類の偉大な教師——言葉——が、このような混淆においては、子どもの発達にほとんどなんらの影響ももたらさないということ、しかもこの教師の助けなしにはどんな教師も何一つできないということは、すでにいうまでもないことである。私たちは、このようにして教育された子どもの見本を見ることがあった。それは、最重度の知的障害者か、あるいは、教育によって歪められた子どもでなければどんな知的障害児でももつことのできるような、あらゆる性格・あらゆる創造力を欠いた子どもであった。それは、教訓として、有益な教訓として、社会に提示するに価するような見本であった。哀れな子どもよ、なんと恐るべき殺人を、お前にお前のあまりに世話好きな親たちはしたことであろう。お前の親たちは、お前から祖国・性格・詩・健康な精神生活を奪っただけでなく、お前を、流行の要求に基づいて、国民生活へのあらゆる有益な参加を自発的に拒否した社会の慰みに基づいて、人間から自分の慰みのための人形に変えてしまったのだ。どういう理由で、なんのためにこんなことをするのだろう?

2　外国語学習の目的

外国語は、さまざまの目的で学習されることができる。第一の目的は、その国語の国民の文学を知ることにある。第二の目的は、知性に論理的発達の手段を与えることである。というのは、どんな言語の構造を習得するにしても、それは、知的訓練のもっとも優れた手段を与えるからである。その言語が、ギリシャ語やラテン語のように有機的に発達したものである場合には、とくにそうである。第三に、外国語は、その言語を使う民族の人々と会話したり文通する手段として学習される。第四に、外国語は、私たちの同国人でその外国語を実際に習得している人々と、その言語で会話したり、文通したりするために学習される。

外国語が、他国民の言語的富への鍵となる第一の目的の結果が、どれほどに重要であり豊かなものであるか、それに比べ、きわめて奇妙な奇異な流行の――私たちの同国人と外国語で話すという――要求を満足させようとする最後の目的が、どんなに無意味でつまらぬものであるかは、疑う余地もない。だが、私たちのたいていの教養ある階級が、またたくさんの教育施設が、近代外国語を学習する際に、この最後の奇妙な奇異な目的をもっているということ、今日でもこの目的の達成のために私たちのパパやママが、私たちの学校や寄宿学校が、何にもまして奔走しているということもまた、疑いのないことである。

もし外国語の学習によって知的体操をやるのなら、私たちはラテン語あるいはギリシャ語を勉強するだろう。もし西ヨーロッパの国民の豊かな文学に心を引かれたのなら、私たちは英語やドイツ語を主として勉強するだろう。しかし、私たちは、フランス語をいちばん勉強しているし、その比較的貧弱な、その精神においては他のどれよりも私たちにとって無縁な文学にはいちばん関心をもっていない。わが国の近代的学校でフランス文学が学習されることがあるとしても、それはむしろ語学の実習のためであり、また一部にはその主要な目的の空虚さ、無意味さを覆い隠すためなのである。私たちが外国語を学ぶときの目的というものは、きわめて重要である。なぜなら、それは学習の方法そのものまでも決定するからである。もし外国語が、外国文学への鍵として学習されるのなら、作家の作品を読むことに主な注意が向けられよう。もし言語が知的体操として学習されるのなら、学習者は主として言語の論理に導き入れられ、その知性を偉大な古典を模倣することに訓練することになろう。もし言語がそれを実際的に習得するために学習されるとすれば、すべての注意は実際的な習熟・発音の正確さ・文法上の正確さ・流暢さ・慣用句に向けられ、その内容には向けられないであろう。外国語学習の目的は、教師の選択・教科書の選択・子どもに外国語教育を開始する時期をも決定する。もし文学上のあるいは論理上の目的で学習するのなら、あまりに早く、子どもが母語をしっかり習得しない以前に、開始する必要はないし、またそうすれば学習そのものにとってもきわめて有害である。もし日常語が私たちの主要な目的であり、会話の明瞭さをなによりも気にするのであったら、なぜ子どもにフランス語を片言で話させたり、私たちの母語がかれの会話を損なわないように気を使うのも、理解できる。そのためにフランス人の家庭教師が雇われるのであり、そのために学校の最低学年からロシア語とならんでフランス語を学ぶ要求が出されるのである。フランス語が、わが国の学校で、とくに女子の学校で学ばれるのは、文学のためでも知能の発達のためでもない。これは疑う余地のないことに思われる。これらの学校の教師が、女の子の手にフランス文学の何かの完全なものを与えるのにどんなに苦労し、たいていはさまざまの作家の作品の断片——あらゆる意味を失い、単にあれこれの文句を見せびらかすにすぎないような断片——を集めたまったく見るに忍びないあわれな選文読本を与えているかを見てみよ。実際、どうして女の子に、ヴォルテール、ルソー、ユーゴー、デュマ、スー、ベランジェを与えないのだろう？　それに私たちの両親や教師は、もし私たちの学校の男女生徒が言語とともにフランス文学のもっとも優れた見本の思想や精神を習得すると、きわめて不機嫌になるのである。そのため、たいていは、娘に不格好にされたコルネールやラシーヌ、あるいはモリエールの小さな断片を教え、大部分は思想も本当の感情もとぼしいきわめて甘ったるい凡人をかれらに提供しながら、後になってフランス文学の誘惑的な作品をかれらから隠そうとしている。ところが、わが国の書店、おお、それに私たちの婦人の蔵書は、たいていそのような作品で満たされているのだ。この不具な教育手順のなんと哀れで、滑稽で、おかしなことか。なんと考えの足りない、心のこもらない手順であることか。

これと同じようなことが、ドイツ語についてもなされる。しかし、ドイツ語は副次的地位にあるので、それの学習の結果はもっと哀れである。いくつかのドイツ語慣用句を結びつけたり、ドイツ語の短い手紙を誤りなく書くことを覚えた私たちの近代学校の男女生徒は、試験のときには、ゲーテ、シラー、レッシングのきびしい批評を早口で話しながら、ニーベルンゲンそのほかについて話しながら、要するに、教師の話を聞いて丸暗記したことをしゃべりまくりながら、ゲーテはいうにおよばず、シラーの書物を完全に理解することさえできず、ドイツ文学を学ぶ意欲も可能性も得てはいないのである。しかし、ドイツ語はロシア社交界の会話では使われていないため、ドイツ語のこのような長期間の学習は、きわめて豊かな成果を生む。若い男女が、ドイツ人のパン屋や靴屋と話す能力を獲得する。そして、外国に旅行したときには自分のドイツ語の知識によって、どこかのホテルの同じように、いやもっとはるかにうまくヨーロッパの三、四カ国語を話す給仕を、驚かすことができる。

「すべてこれらのことは滑稽ならん、もしそれがかくも悲しきことでなかったら。」もし外国語学習のこのような豊かな成果が、青年の人生におけるもっとも良き時代を、学習時代の大半を要するものでなかったとしたら。そして、母語に真に通ずることを犠牲にしないのであったら。ところが子どもは母語を使うと、なんだか無作法な言葉を使ったかのように、何かの悪いことをしたかのように、罰金や懲罰を課されるのである。子どもの心は、その心に共鳴する親しい（母語の）形式で現われることを熱望している。その形式のなかだと、それはきわめてやすやすと快適に発展するのだ。ところが教師が、いけない！　と言う。教師は、このようにして精神発達を遅らせるばかりか、中断させるのである。この中断が子どもの全生涯にまで影響をもたらすことは、疑いのないことだ。知性や感情の愚鈍、心の暖かさや詩情の欠如、思想に対する言葉《フレーズ》の優位——これが、このような教育活動の結果である。

　わが国で、外国文献を読んでいるのが、独学で外国語を習った人や、フランス語を話そうとしたところで、かれが何を言わんとしているのかフランス人の誰一人理解できないような中学生あるいは神学校生であるという現象は、もちろん奇妙なことではあるが、十分に理解できることである。イギリス文学の宝を何ほどかでもロシアに知らせたわが国の英語翻訳者の多くは、英語で一〇の単語もしゃべれないばかりか、自分の好きな深く理解する作家の作品の一行ですら声を出して読もうとしても、私が思うに、かれら自身自分の乱暴な発音におびえるような人たちなのである。私たちは、もちろんこのような形式の完全な軽視を是認することはできない。なぜなら、音そのもののなかに、言語の多くの特質や美が隠れているからである。しかし、正直のところ私たちは、どちらか選べと言われるなら、いずれにせよ、多くの人々にどんなに奇妙に思われるにもせよ、くるみの皮よりはその実を取るであろう。きわめて幼少の時代からなんの苦労もなしに数箇の外国語を学んだ人々が、後にめったに自分のその知識を実際に使用することがないとしたら、その主要な原因の一つは、母語がかれらの精神的本性の発達にあるべき影響をもたらさなかったことにあるのだろう。このようにして獲得された外国語の知識は、人間を教化しない。だが、おお神よ、わが国には完全にタタール式に思考するが、しかしフランス語による以外は考えることのできない人間がどれほどいることか！

　しかし、以上に述べたことから、私たちが外国語の学習に反対しているのだという結論は、どなたも導き出さないようにしてほしい。反対に私たちは、この学習が、教養ある階級、とくにロシアにおける私たちの教育には欠くことのできないものであると考える。私たちはさらに言う。ヨーロッパの外国の言語、とくにその現代語の知識は、それだけでもロシア人に、完全な・自主的な・一面的ではない発達の可能性を与える。しかも、これなしには、科学の本当の広大な道は、ロシア人には永遠に閉じられることになるだろう。知識や概念の断片性・不明瞭・不完全・一面性・無証拠は、どんなに有能な人間にとっても、もしかれが西欧の科学や文学の富に対する鍵をもっていなかったら、つねに大きな重圧となろう。私たちは、言語学に反対しないばかりか、それが十分の発達水準に、当然その水準にまで達しておるべき学校において到達していないこと、すなわちギムナジウムや神学校・幼年学校ばかりでなく、青年が一つさらには二つの外国語を十分に満足すべきほど実際的に習得して卒業する学校においてさえも、そのような発達水準に到達していないことを見出す。それればかりではない。私たちは、英語の学習は、なんらかの完全教育を主張せんとするすべての学校において、ドイツ語やフランス語の学習と同等の地位を得べきであると考える。しかし、私たちはただ次のことを確信するのである。

(1)　どんな外国語の学習の場合にしても、その主要な目的は、外国語の文献を知ることにあるべきであり、その次に知的体操、そして最後に、なお可能であるとしたら、その外国語の実際的習得が目的となるべきである。ところが、今日では、それが完全に逆になっている。

(2)　外国語の学習は、けっしてあまりに早く始められてはならない。母語が子どもの精神的本性に深い根を下ろしたことが認められるまでは、けっして始めてはならない。これに関して何かある一般的な期限を定めるということはできないであろう。ある子どもの場合は、七、八歳（これよりも早くてはいけない）から外国語学習を始めることができるし、感受性が極端に弱い子どもの場合は、けっして始めないことの方がよい。外国語は、ただでさえ弱いかれの能力を決定的に圧し潰すことになるにすぎない。自分の母語でいくらかでも筋の通った思想を表わす方が、三カ国語で自分の極端な愚かさを表現するよりも、よいではないか。私たちは、フランス語が部分的には人間の愚かさを隠すのを助けることがあるのを知っている。すなわち、それはかれが他人の知性や鋭い巧みな文句を見せびらかすことを可能にするのである。だが、このような紳士にロシア語で話させると、かれがいかに愚かであるかを十分に評価できることをも、私たちは知っている。とにかく、このような種類の教育目的は教育学には属しない。

(3) 外国語は一つずつ学習されねばならない。けっして二つをいっしょに学習してはならない。このことは、私たちがこの論文の最初で述べた言語についての考え方から自ずと導き出されることである。

第二外国語の学習には、子どもが第一外国語をかなり自由にするようになったときにはじめて取りかかるようにせねばならない。学則の体系性に対する情熱は、わが国の大部分の学校において二つの外国語を同時に、完全に平行して学習するようにさせている。だが、その結果は惨たんたるものだ。二兎を追う子どもは、たいてい一兎もつかまえ得ず、新しい両方の言語のいくつかの文法的形式と幾百かの単語の知識をもって学校を出る。だが、その知識が何に役立つだろう。言語の知識は、少なくとも人がその言語を自由に読みはじめるようになったときにのみ確実なものとなる。それもできないようでは、それは完全に無益である。もし現在、学校で二つの外国語を十分に学習するための手段がなかったら、近代ドイツ語の学習に限って、二カ国語の学習には不十分な時間の全部をそれに使った方がよいのではなかろうか。一カ国語を知る方が、二国語とも知らないよりはよいではないか？　この真理は明々白々ではないか。ところが、私たちはそれをあるきわめて重要な教育者に四年間も説明してみたのだが、無駄だった。だから読者も、私たちがこのような簡単にちがいない真理をここで述べることにしたのを、許していただきたい。

(4) 外国語の学習は、できるかぎり速やかに進行せねばならない。というのは、この学習においては、忘却を予防するための絶えざる練習、反復ほどに重要なものはほかにないからである。

わが国においてきわめてしばしば見られる、一週の二時間をドイツ語に、二時間をフランス語に割当てる指定は、このような指定をおこなう人間が教育学の知識を全然もたないことを示すものにほかならない。もしその学習によって子どもに無駄な時間を費やさせるのではなしに、なんらかの積極的な結果を得させようと欲するのなら、外国語の初歩的学習には、一週の二時間や四時間ばかりではなくて、六時間、七時間、八時間の授業を指定すべきである。外国語の初歩的学習というものは、つねに退屈で困難なものである。子どもは、この困難をできるかぎり速く克服せねばならない。子どもがあれやこれやを理解しはじめ、ごくやさしいものにしても読み始めるようになると、課業が楽しいものになってくる。そうすればもう獲得した知識を保持したりさらに発展させるために、たくさんの時間やたくさんの努力を費やす必要はなくなり、第二外国語を同じように熱心に学習し始めることもできる。外国ではどこでも、このようにおこなわれている。そこでは、生徒も明確な目的を達成しようとしており、単に課せられた課程を遂行しているのではない。七年間も八年間もフランス語やドイツ語の変化の学習をやっていることほど、おかしくて、空疎で、不誠実なことがどこにあろう。ところが、それをわが国の多くの学校では今日でもやっているのだ。

(5)　子どもの外国語の学習に熱心になればなるほど、同時に子どもの母語の学習にも熱心にあたらねばならない。そのことによってのみ、外国語の激しい初歩的課業が子どもの精神発達にもたらす避け難い害毒を、麻痺させることができるのだ。子どもが外国語のやさしいものをかなり自由に理解する能力を獲得するようになったら、すかさずその知識を母語の学習に、ロシア人教師の指導の下で外国語をロシア語に翻訳するなかで、利用せねばならない。国民文学・民謡・国民作家の著作・国民の生きた言語による母語の学習が、絶えず他国的要素に対抗し、それらをロシア的精神に変形するようにならねばならない。

しかし、そのような学習のしかたでは、子どもはけっして、外国語を母語のようにあるいは母語よりさきに学習するときに得られるような、美しい・純粋のフランス式発音を獲得することはできないと、言われるかもしれない。それは争う余地のない真理である。だから、正しい知的発達、精神生活の充実、思想・感情・詩情の発達、人間の民族性、祖国に利益をもたらすことにかれが役立つこと、子どもの道徳、さらには宗教が、上手なパリ式発音に比べたら無に等しいような人にとっては、私たちの論文を読む苦労は、徒労に等しいわけだ。

第2章　初等国語教育論[2]——国語の初等教授について

子どもの国語教育は、三つの目的をもっている。第一は、子どもにある生得的な精神能力、いわゆる言葉の能力（дар слова）[3]を発達させることにあり、第二には、子どもを母語の宝の意識的習得に導くことにあり、第三には、子どもに国語の論理、すなわち国語の文法法則を論理的体系において習得させることにある。

これら三つの目的は、一つずつ達成されるのではなくて、いっしょに達成されるものである。しかし、叙述を明瞭にするために、私は、これら目的の個々の達成について順に述べていくことにしたい。

1　言葉の能力の発達

第一の目的は、言葉の能力を発達させることにある。言葉の能力は、人間の心に生まれつきある力である。それは、すべての肉体的あるいは精神的力と同様、練習によってのみ強化し発達する。生徒の言葉の能力を発達させようと思う教師は、絶えずこの力を練習させねばならない。国民文学*の富に関するどんなに完全な知識も、文法のどんなに深い知識も、もしこの精神の力が適当なときに十分な練習を受けなかったら、生徒の知性を豊かにすることはできても、かれの言葉の能力を発達させることはできない。

＊私たちは、どこでも、この言葉をそのもっとも広い意味において使用している。したがって、いわゆる教養のある文学のすべてをも、国民文学のなかに数え入れる。

だが、この言葉の能力の練習は、どのような種類のものであるべきか?

a　それは、できるかぎり自主的な練習でなければならない　すなわち単なる見かけ上の練習にすぎないようなものではなくて、本当の練習でなければならない。子どもが教師の助けを得て、作者の表現する思想を理解したり、その思想の表現されている形式を習得したとしても、それはまだ、子どもが自分の言葉の能力を練習したことを意味しはしない。子どもは自分の知性を豊かにしたにすぎず、彼自身の言葉の能力は、全然発達しないままにとどまるかもしれない＊。読んだことを自分の言葉で語り直すのも、言葉の能力のきわめてまずい練習である。ここでは、子どもは、自分自身の発達水準よりはるかに上にある発達した思想や言語の形式と格闘する。こうして、子どもは、思想の脱漏・遺漏・非論理的な置き換えによって、作者の思想も、言葉も歪めてしまうにすぎない。それくらいなら、それを全部暗記した方が、子どもにはよいだろう。

＊私たちは、無意識的な暗記について言っているのではない。これは、知性を豊かにするのではなくて、記憶に有害な重荷を負わせるにすぎない。

中学年や高学年では、いわゆるあるテーマについての作文が、このような練習になると普通考えられている。しかし、この作文を検討するとき容易に確認しうることは、それがたいていは暗記した文句による文章的おしゃべりの練習にすぎないということである。男生徒あるいは女生徒のきわめて大げさな作文を読んで、私たちがかれらにごく簡単な手紙を書くよう頼んだとき、かれらの自主的な言葉の能力が極端に未発達であるのを確認したことは一再ではない。そればかりではない、これらの作文が、あまり意識したことのない、生徒が一度も見たこともなければ感情をもつたこともない対象についてのものであるときには、つねに次の二つの欠陥をもつ。第一に、それは、単に書きことばを練習させるにすぎない。このことばについては後にくわしく述べる。第二に、それは、あまりにも遅く、たいした予備的準備もなしに始められている。生徒が一つあるいはいくつかの思想を表現することについての予備的な練習をまだもたないときに、与えられたテーマについての相当に大きな作文を、生徒にただちに求めることはできない。

私たちは、したがって、作文の効用を否定するのではけっしてない。反対に、それを国語の授業の最初から始め、その後もじょじょにそれを拡大し複雑化することを必要と考える。言葉の能力の練習という意味のものであるなら、作文は、国語の授業の主要な学習活動を構成するものとならねばならない。しかしそれは、生徒が、他人の文句を縫い合わせるのではなくて、自分の自主的な思考を口頭あるいは文章で表現するための本当の練習、すなわち、できるかぎりの自主的な努力でなければならない。

しかし、どのようにして、言葉の能力の練習におけるこの自主性を達成すべきか? そのための最良の、そしておそらくは唯一の手段となるものは、生徒が語ったり書いたりする対象の直観性であろう。少なくとも、それは、最初の練習においては完全に不可欠のものである。生徒の眼前にある対象、あるいは生徒の記憶に強く刻み込まれているところの対象は、それ自らが、他人の言葉の媒介なしに生徒の思考を呼び起こし、生徒の思考が間違っている場合にはそれを正し、不完全なものである場合にはそれを補い、非論理的なものである場合にはそれを自然な、すなわち正しい体系に導く。最初の練習においては、対象が直接に子どもの心に反映されること、いわば教師の目の前で教師の指導の下に、子どもの感覚が概念に転化し、概念から思想が構成され、思想が言葉に現わされることが必要である。これは、思考の最初の論理的訓練でもある。言葉そのものの論理性、すなわち真理は、こうした訓練に依存するのであり、また論理的な話や文法法則の理解もこうした訓練から自ずと生ずるものなのである。私たちが子どもに、かれの全然知らないものではないにしても、かれの心にぼんやりと浮かぶにすぎないような対象について話したり書かせるのと、子どもの眼前にはないにしても、少なくともはっきりした線をもってかれの記憶に刻み込まれている対象について話したり書かせたりするのとでは、大きな相違がある。このような対象は、それ自身が子どもに質問を提出し、その解答を訂正し、それを体系化する。子どもは、自主的に思考し・話し・書いて、教師の口や書物の頁から文句をあさるようなことはしない。たとえば、子どものうちのだれが馬に興味をもたないことがあろう？　この動物の形象が明瞭に印象されないような子どもの記憶がはたしてあろうか？　馬にどれだけの足があり、馬がどんな首をもち、何を食べるか等を全然準備なしにも言い得ないような子どもがいるだろうか？　たとえある本質的な特徴が子どもから消え失せたとしても、教師は絵を子どもに見せさえすればよい。あるいは、絵がなかったら、子どもが同じようによく知っている他の動物と比較しながらその消え失せた特徴を思い出させればよい。もしたとえば、子どもが馬の蹄の構造に注意を向けないでいるとしたら、牛の蹄を子どもに指摘しさえすればよい。子どもは、きっと馬の蹄と牛の蹄との違いを自分で思い出すであろう。というのは、馬や牛の形象は、子どもの記憶に長く印象をとどめるものであるからである。もし子どもが、馬の記述を間違ってしていたら、馬を見せるだけで、容易にその記述をきちんとしたものにすることができよう。

直観教授は特別の教科を構成するものではないかと、おそらく言う人もあろう。だが、私たちの考えによれば、これはあまりにも皮相な見解である。直観教授において対象を対象そのもののために知るのは、二の次のことである。直観教授の主要な目的は、観察力・論理力を訓練し、自己の観察およびそれからの論理的結論を言葉に正しく表現する能力を訓練することにある。これは、国語の初歩的練習でなくてなんであろうか？　それゆえに、直観教授を国語教授から切り離すことは完全な誤謬である。このように初等教育において二つの教科を強制的に分離するときには、直観教授は自己の主要な目的を失うことになるし、国語教授は自己のもっとも堅固な基礎――鋭い観察力、観察したことを一つの思想に正しくまとめる力、その思想をことばに正しく表現する能力――を失うことになる。

それゆえに、初等読本においては、直観的事物についての文章が主要な地位を占めねばならない。しかし、このような文章の読み方は、それが、文章に書かれていることについての教師と生徒との予備的話し合いの結果であるときにのみ、その利益をもたらす。教師は、生徒が文章を読むとき、そのすべての思想、すべての表現を完全に意識して読みうるように、その話し合いを導かねばならない。それは、論理的読み方の基礎にもならねばならない。この読み方は、すべてのものにとって、美的な読み方よりもより重要なものである。子どもにとっては、かれが文章をそのなかにある思想ばかりでなく、思想と思想との結びつきをも十分に意識し十分に理解して読むときには、読み方が多くの価値をもつものとなる。それゆえに、初等読本のなかの文章は、さまざまの作家の作品を寄せ集めたようなものではだめで、特別に初等読本のためにつくられたものでなければならない。たとえば、アクサーコフやツルゲーネフの自然のさまざまな事物の描写はなんと素晴らしいだろう。だが、それらが初歩の論理的読み方に適するだろうか？絶対に否である。形式の美に圧倒された子どもは、本質にまで入り込むことができず、教師にもそこに描かれている事物についての話し合いを導くことは、ほとんど不可能である。教師の話さねばならぬことはほとんど作家の表現に関することのみであり、それはまだ早すぎる。大人を念頭におく作家は、大人に一般に知られていることはすべて抜かし、細かなこと、かれの強力な才能によってさえもしばしばやっととらえられるほどのことのみをくわしく述べる。だが、子どもには、まさにそのような微細な点・対象の詩趣・天才の誇りとするものは、なによりも会得しがたいのである。たとえ子どもの心の中にも詩情が生きているとしても、それはきわめてあいまいな本能のかたちで生きているのであり、それに食物を与えることはできても、それを意識に早々と引き出すことは不可能なのである。

b　**言葉の能力の訓練は、系統的なものでなければならない**　筋肉の力を増大し、その敏捷さを高めようとするときには、私たちは、筋肉の力や敏捷さの発達の程度に従って練習の困難度を増大しながら、それを系統的に漸進的におこなう。筋肉がまだ準備されていないうちの過度の練習は、筋肉の力を傷め、その発達を遅らせるにすぎない。あまりに弱い練習、筋肉がそのために自分の獲得した力や敏捷さのすべてを使用することのないような練習もまた、筋肉を発達させることはできない。

これと同じようなことは、すべての精神能力の訓練にも、したがって言葉の能力の訓練にも認められる。言葉の能力の訓練も系統的におこなわれねばならない。過度の要求を出すことによってこの能力の発達をおさえつけてはならない。そしてつねに、この能力がすでに獲得している力のすべてがそれの遂行に要求されるような練習を与えねばならない。すべての新しい練習は、以前の練習と関連し、それにもとづきながら一歩前進を成し遂げるようなものでなければならない。だから、たとえば子どもとある対象を調べたときに、その調べた対象を放っておいて他の対象に移るようなことをしてはならない。新しい対象をより完全に把握するための手段として、その調べた対象を利用するようにせねばならない。どんどん、どんどん先へ進め過ぎて、以前に獲得したものを無駄に後に置き去りにしてはならない。だからたとえば、たくさんの哺乳類を調べたあとでは、その動物の類全体を学習の対象とすることができる。生徒にとっては、そのなかのすべての特殊が、抽象的なあいまいな概念ではなくして、生き生きとした形象となりうる。このような生き生きとした真実の形象について考えることに子どもを慣らすことは、子どもの論理に堅実な基礎をすえることを意味する。私たちのすべての推理は、私たちによって知覚された形象から成る。この形象がより正しく・完全で・明瞭であるほど、より正しい推理が導き出されるのである。

私たちは、このような理由に基づいて、自然現象とかあらゆる種類の直観的事物の系統的な叙述の方が、選文読本に通常見られるようなそれらの無秩序な叙述よりも、よいと考える。

このような選文読本の文章を一つ一つ読んでいくときには、以前に説明したことを教師が利用することはめったにない。またあるとしても、それは偶然的なことである。多くの説明、それに以前に獲得されたおそらくは明確な・明瞭な概念も、それらが子どもによって利用されないばっかりに、やがては子どもの記憶から消え去ってしまう。これは大きな教育学的誤謬である。子どもが獲得するものはそんなに多くなくてもよい。だが獲得されたものはけっして失われることなく、新しいものの獲得に利用されねばならない。ベネケが、すべての獲得された概念は精神的力に転化し、その力が後に新しい概念をたやすく完全に獲得するのに役立つ、と言っているのは理由あることである。かくのごときが心理学的法則であり、またかくのごときが、その法則に基づいた教育学的規則なのである。

練習の系統性は、教師が子どもの力に応じて子どもの練習に加える協力の大小にも現われねばならない。子どもの言葉の能力が発達するのに応じて、教師の援助は減少せねばならず、子どもたちの練習はより自主的なものにならねばならない。当初の練習においては、教師は、いうまでもなく絶えず子どもの観察力やら子どもの思考やら子どもの言葉を指導しなければならない。そして子どもが、きわめて具体的な質問、たとえば、これはなんと呼ばれるか、これのあの部分、この部分はなんと呼ばれるか、これは何色か等に、正しい答えをしたら、それで満足しなければならない。やがて教師はこれらの質問を組み合わせ、子どもがそれに文をつくって答えねばならないようにすることができる。たとえば、馬は何を食べるか、馬の毛色は何色か、等々。さらに、質問はたぶんもっと拡大し、それに答えるには、いくつかの文でもって表現するほかはないようにしなければならないだろう。たとえば、牛はどのようにして食べるか、馬はどのようにして食べるか、ろばは馬とどこが似ているか、牛とはどこが似ているか。その後では、質問はもはや多数の文章よりなる答えを予想するようなものとならねばならない。たとえば、この動物の身体の各部を列挙せよ。これの外見を記述せよ。これの暮らし方、何を食べ、どこに住むかを述べよ。そして、このようにしてじょじょに子どもが、自分で見ることはできるが本には何も書かれていないような対象さえ、完全に自主的に描写しうるようにまで導かねばならない。

c　練習は論理的でなければならない　言葉の能力は、主として人間の心の論理的能力——すなわち、具体的表象から遠ざかり、その具体的表象を一般的概念にまで高め、それら概念を区別したり組み合わせ、それらの間にある類似したあるいは区別のある特徴を発見し、それらを一つの一般的判断に統合する能力——に基礎をおくものである。この人類共通の論理が言語の基礎を構成するのであり、そしてそれが文法法則のなかに現われているのである。すべての言語の文法に多数の類似があるのはこのゆえである。すべての言語は、自らの文法形式において同一のものを、すなわち人間思考の論理を表現しようとしている。だが、それをつねに同一の形式において達成することはないのである。母語の教師は、つねにこの論理を問題としている。この論理の欠陥は、なによりも概念の混乱・一面性に、したがって書きことばや話しことばのあいまいさ・間違いに表われる。だから、子どもの言葉の能力を発達させるということは、子どもの論理的思考を発達させるということと、ほとんど同じことを意味する。そればかりか、このような論理的思考の習慣が、その後のあらゆる教科の学習においてどんなに必要とされるものかは、容易に理解しうることであろう。これこそが、生徒に各課を論理的に学ぶことを、すなわち、そのなかに主要な思想を見出し、それに副次的思想を結びつけ、叙述の体系そのものを把握して、文句や単語を書かれている順序に従って暗記するのではないようにすることを可能ならしめるのである。子どもに学び方を教えることは、まさにロシア語教師の義務の一つなのだ。

この目的のためにも、つまり子どもの思考や言語における論理性を発達させるためにも、博物（自然史）の対象ほどに有益な対象を選び出すことはできない。自然の論理は、子どもがもっとも理解しやすい・直観的な・反駁しがたい論理である。すべての新しい対象は、悟性に比較の練習や新しい概念をすでに獲得した概念領域のなかに引き入れ、そこで学ぶ種を一つの類の下に引き入れることを可能ならしめる。すべての物理現象が、子どもの論理のこの上もない練習になる。ここでは、子どもは直観的に・実践的に、論理的諸概念——原因・結果・目的・役割・結論・推理——を習得する。

もちろん、最初の授業から、子どもをどんなものにもせよ論理学的用語《ターム》でもって苦しめるようなことをしてはならない。子どもが、具体的事物について簡単・明瞭・厳密に論理的に思考し、表現することに慣れたときにのみはじめて、論理学的用語をかれらに知らせることができる。

d　言葉の能力の訓練は、話しことばと書きことばについておこなわれるべきである　その際、話しことばの訓練は、書きことばの訓練に先行しなければならない。わが国の学校においては、子どもの話しことばの訓練にはきわめてわずかな注意しか向けられていない。子どもたちは、学校では無言でいるか、暗記した課題に答えるか、あるいは教師の質問に切れ切れの取留めのない解答をするかである。ドイツやスイスの学校とわが国の学校とは、子どもが自分の考えを口頭で述べる能力において、他の何にもまして区別される。しかしこの能力は、ドイツ人の特別の天分でもなんでもなく、学校の絶えざる努力によって獲得されたものである。わが国の教師さえ、ドイツやスイスの教師と比べると、（教育学的意味において）話が下手である。かれらのなかには、対象についてのすばらしい知識をもち、多くの教育的気転をもちながら、ごく簡単な物を子どもに説明するにさえ苦労しているような人々が多数いる。かれらは、対象の本質を一度に把握し表現する代わりに、またはっきりしたことを言わずに、対象のまわりをさまよい歩き、ことばを引き伸したり、むにゃむにゃ言ったり、対象から脇にはずれていったりする。このような話しことばの欠陥は、個人的話し合いにおいてもきわめて厭なものであるが、事務上の話し合いにおいてはきわめて重要な意味をもつ。わが国では、きわめて発達した博識な・有能な人が、何かの用件を話そうとすると、自分の言葉の能力の未発達の真の受難者となるのをきわめてしばしば見かける。かれらは、聞き手をうんざりさせ退屈させ、そして学校がかれらの生得的な言葉の能力を適当なときに発達させることをしなかったばっかりに、生活においてきわめて多くのものをしばしば失っているのである。ドイツやスイスの学校では、話しことばの訓練は、学校へ子どもが入ったときから始められ、学校を出ていくまで続けられる。これらの学校においては、書きことばよりも話しことばにより多くの注意が向けられている。

口頭の質問の際には、一見つまらないが、しかしきわめて重要である方法論的規則を遵守する必要がある。質問はけっして一人の生徒に向けずに、クラス全体に向けねばならない。その質問に答えることのできる生徒は、軽く手をあげるべきである。そうしたら、教師が質問に答えるべき生徒の名前を呼ぶ。はじめは、こうしたやり方は、授業を遅らせるようだが、しかし後には、速やかに、クラスの静けさを乱すことなくすすめられる。外国のちゃんとした学校ではどこでも例外なく使われているこの方法は、きわめて役に立つ。第一に、一人の生徒ではなくて全クラスが、教師の質問に耳を傾け、それの答えを用意する。これは、ドイツやスイスの学校で落伍する生徒がわが国よりはるかに少ないことの一つの原因となっている。第二に、教師は、あがった手の数によってクラスの生徒がどれほど理解したかを判断することができる。同じ方法は、教師の説明の際にも遵守される。一つずつの思想について教師を理解したものは手を上にあげ、理解しないものはあげない。あげられた手、あるいは理由なくあげられた手は、そのたびに教師の側の所見を呼び起こす。

書きことばの能力の訓練は、話しことばについで、子どもの年齢・子どもの発達・かれらの書き方の技能・かれらの自分の考えを文に現わす能力に応じて、漸進的にすすめられねばならない。

生徒との話し合いおよびそれに関係した論文を読むことから、教師は容易に、子どもがすでに口頭で答えた、あるいは、他の問題との類推で大きな苦労なしに答えられうるようないくつかの問題を選びだすことができる。このような問題を黒板に書くとき、教師は、それに対する可能な答えを念頭におき、生徒の能力・生徒の正しい文章を書く習慣にもとづいてその解答の見当をつけねばならない。たとえば最初、子どもがきわめて未熟なときには、生徒が教師の質問を繰り返しながら（少なくとも最初の学年においては、これは、教師の質問に生徒が口頭で答えるにせよ文章で答えるにせよ、ぜひとも守られなければならないことである）それに一、二の語をつけ加えることによって解答することのできるような質問を出すがよい。この書きことばのもっとも簡単な形式の練習が、きわめて有益なのである。文の質問形式を解答形式に変え、教師の書いた文を書き直すだけでも、このような小さな文章家には有益なのである。その後は、文章質問も、上に述べた口頭の質問の場合とまったく同じように、複雑化していかねばならない。

質問は、それへの解答から対象についての整然とした描写が、いくつかの短い文によってできあがるように配列されねばならない。そして後で教師は、ある解答を書いたうえ、子どもにこれらの短い文をどのように結びつけたら、できるかぎり均斉のとれたうまい文章ができあがるかを示さねばならない。

写実的文章の練習のほかに、子どもは、時間的な順序を追う文章、すなわち歴史的文章や、相ついで起こった出来事を物語る文章の練習もしなければならない。

国語教師が自分の課業に聖書物語を加えるのは、きわめて良いことだ。だが、もちろん、神学教師がそれを代わりにやろうなどとしてはならない。この物語は、その道徳的価値のほかに、素朴な真理の比類のない価値をもち、子どもを将来の歴史的物語の理解に素晴らしく準備する。

聖書に反映されているような、狭い家庭生活の諸事件から始まり、じょじょに国民的生活の諸事件にまでおよぶヨーロッパ国民の生活は、世界史への教育的導入となる。事件そのものが、聖書には容易に見出される。教師もそれを主として利用すべきであって、聖書物語を大部分台無しにしてしまうような聖史を扱うのであってはならない。

歴史物語は、最初、事件のもっとも主要な特徴を話し、この特徴が子どもの記憶に刻印されたら、次に副次的な出来事や詳細をそれにつけ加けるというふうにしておこなう必要がある、確実に深く心に根を張った一つの特徴は、後でそれに結びついた多数の細目を背負い込むことができる。だが、一度に詳細な長い物語を伝えれば、子どもは下らぬことに気をうばわれて、主要なことに気づかないことになろう。

教師の語った話を全クラスが復唱するのは、きわめて有益なことである。ある生徒が忘れたことは、他の生徒が思い出す。もし教師の話がいくらかでも興味深く、教育学的に配列されているならば、全クラスがきっとすべてのこまかな点にまでわたり再生するだろう。このような話は、一年の間にあまり多く与えてはいけない。しかし、それらは、その後もたびたび——はじめは口頭で、後には文章で——復習される必要がある。

2　国語の形式の習得

ロシア語教授の第二の目的は、国民により文学によってつくり出された言語の形式の習得である。しかしこの目的を十分に解明し、それを達成するための手段を明らかにするためには、その前に、私たちが教えようとする国語がどのようなものであるかをよく理解しておく必要があるであろう。

国語は、一人の人間・一人の生活ではなくて、無数の生活・無数の世代の言葉の能力の創造力の産物である。

国民は自分たちの国語のなかに、何千年もの長い間にわたってその何百万の個人が、自分たちの思想や自分たちの感情を積み重ねてきた。人間の心に反映された国の自然や国民の歴史が、言葉に表現されたのである。人間は姿を消しても、人間によってつくられた言葉は、国語の不滅の無尽蔵の宝庫のなかに残された。このように、国語の各語・各形式・各表現は、人間の思想や感情の結果であり、国の自然や国民の歴史はこれら思想や感情を通じて言葉に反映されたのである。私たちは、私たちの祖先から言葉を相続することによって、私たちの思想や感情を伝達する手段を相続するだけでなく、その思想そのもの、その感情そのものをも相続するのである。それは、国民の全生活のうち地上に残された唯一の遺物であり、私たちは、この国民の精神生活のすべての結果が集積されている生きた富の相続人なのである。

私たちは、子どもを国語のなかに導き入れることによって、子どもを国民の思想・国民的感情・国民の生活の世界に、国民の精神領域に導き入れるのである。このような観点から、私たちは、国語学習の第二の目的を眺めなければならない。それゆえに、子どもに国民文学のある作品を伝える場合には、そのなかに現われている思想や感情を子どもに本当に会得させたときにのみ、私たちは、子どもを国語の形式の習得に導入したことになる。また同時に、国語の形式を通じて、子どもを国民生活・国民的詩情・国民的論理、要するに、国民の精神領域に導入したことになる。国語の形式を創造した思想や感情を習得するときにのみ、子どもは、本当にこの形式を習得し、その形式から国民的精神の宝庫の鍵を受け取るのである。私たちはこうした観点から、第一に、国語学習の全意義を理解し、この教科の教授を引き受けるとき、私たちはそれとともに、言葉を通して子どもを国民の精神生活の領域に導き入れることを義務とすると考える。それゆえに、何かの詩の学習に取りかかるときには、それがコリツォフの歌であろうと、クルイロフの寓話であろうと、プーシキンの詩であろうと、あるいは民謡や民話であろうと、私たちは、まずその作品を自分自身よく理解し、それにきびしい論理的・美的評価を加え、その何が国民的であり、なぜそれが学習に価するのかを明らかにしなければならない。それればかりでなく、私たちは、これらの作品すべてを、それを通じて子どもに国民生活のあれこれの側面を示しうるところの窓として、見なければならない。

しかし、子どもに作品を詳細に理解させるだけではまだ足りない。子どもらがそれを感受することが必要である。詩的作品のなかには、感情によってのみ理解され、知性によっては説明しえないようなものがたくさんある。

この二つの要求——一つは、子どもが模範的作品を理解するようにという要求であり、二つ目は、それを子どもが感受するようにという要求であるが——は、実際には、しばしば相互に矛盾する。詩的作品の長い詳細な説明は、それの感情への印象を弱める。だが、他方、感情のうえの印象は、模範的作品が完全に理解されたときにのみ可能である。こうした困難を避けるためには、あらかじめ子どもをその作品の理解に到達させておき、その後に、余分な解説によって印象を弱めることなく、それを読むようにさせねばならない。だから、たとえば私たちの国民生活のあれこれの側面が描かれているコリツォフのある歌を子どもに読んでやる前に、私たちは、子どもたちとこれらの側面について話し合い、コリツォフの歌が私たちの話し合いの詩的結果であるようなふうに話し合わねばならない。そうすれば、子どもは、もはや歌の理解に苦しめられることなく、それの詩的印象を十分に受け取るであろう。もしクルイロフの寓話を子どもに読んでやりたいのであったら、子どもの生活のなかから、クルイロフが自分の寓話で攻撃しているような弱点あるいは欠陥がまさに表われているような事例を取り出さねばならない。この事例について話をするときには、私たちは、クルイロフが寓話で使用しているような国民的表現をそこで使用することができるであろう。そしてその後で、寓話を読む。そうすれば、それのユーモアやそれの国民的言い回しが、子どもの感情にはたらきかけていくであろう。

寓話や歌は、授業中にほとんど暗誦させてしまい、教室外でそれを暗記するような大きな労働を子どもに与えないようにせねばならない。というのは、そのような詩のむずかしい棒暗記は、それの子どもの心におよぼす美的印象を殺してしまうからである。だが、教室では、子どもの記憶を質問によって援助する教師の指導で、このような詩の暗記もきわめて速やかにおこなわれるであろう。

上に述べたような目的のほかに、模範的な国民の創作の学習においては、将来における文学史の学習のための材料を用意するということをも念頭におかねばならない。そしてまた、子どもにこのような材料を伝えるだけでなく、子どもの年齢に可能な批判的評価をそれに加えることによって、たとえば、作品の論理的整合・現実描写の正確さ・表現の的確さ等を示すことによって、あれこれの作品の真の意義を子どもが理解するように援助しなければならない。徒らな歓喜は、子どもを空言に慣らすことしかできないが、もちろんそのようなものは除去されねばならない。このような批評によって作品を俗っぽくするよりは、子どもの心に作品そのものがはたらきかけるままにしておいた方がよい。

わが国の文学から初等教育において習得されるような模範的作品を選び出すことは、きわめてむずかしい。児童文学は、わが国にはほとんど存在しない。わが国の著名な才人で、子どものために労力を費やしたというような人は一人もいない。それればかりか、人類一般的な性格をもったわが国の以前の詩は、その形式において子どもに理解しがたいほどに老い、新しい詩もまた、否定的な呻吟的な傾向をもつ。この傾向は、歴史的現象のなかに自己を弁明する根拠をもつのであるが、それにもかかわらず、子どもにはけっして適しない。子どもは、何ものも拒否しない。だが、子どもに必要なのは良い食物である。子どもに憎悪・絶望・軽蔑を哺乳しうるのは、子どもの欲求を全然理解しない人間にすぎない。私たちは、「悲しみと憎悪に満ちた」短気な詩が、子どもの心には私たちとはまったく違ったふうに反映されることを忘れてはならない。私たちがこのような詩を子どもに無理に押しつけるのは、幼ない子どもの顔に老人特有の渋面を押しつけるようなものだ。そして悪いことには、このように強制的に押しつけられた渋面がときには頑固に保持されるために、今日でも、このようなロシア文学の教師のおかげで、一三歳の子どもさえもが顔に絶えず軽蔑的微笑をうかべながら、かんしゃくもちのような話し方をするのを見かけるのである。これはいったいなんだ？　新流行の嘘、それも何かの古い頌詩の歓喜を暗記したのよりもけっして良くはない、おそらくもっと悪い嘘ではないか。子どものどのような感情をも強制的に、尚早に発展させるようなことをしてはならない。その感情が、子どもの手によって強制的に開けさせられた花に似たものとなることを、私たちが欲しないのであったら。生活の事実の影響の下で私たちのうちに発展した感情は、事実を言い表わすことができる。だが言葉によって発展させられた感情は、言葉だけを言い表わすことができるにすぎない。しかし、つまらぬほら吹きは、私たちにはもう十分だ！

文学作品は子どものなかにすでに発達している感情をのみ満足させるべきであることを考慮するならば、私たちはその選択におおいに困るであろう。天才的国民教師によってつくり出された民話やいくつかの民謡のほかには、子どもの年齢にふさわしいような文学はきわめて少ない。コリツォフのいくつかの詩、クルイロフおよびドミトリエフのきわめてわずかな寓話、プーシキン、ポロンスキー、アクサコフ、ダーリ、マイコフのあれやこれやの作品――ここらあたりが、子どもの学習にも可能な文学作品のすべてである。しかし、深い、けっして子どものものではない意味や感情によって貫かれた作品は、作品の外的側面に注意を向けることによってのみ、教師に利用されうる。たとえば、クルイロフのある寓話は諷刺によって子どもに話すには早過ぎるような社会的関係を攻撃しているが、同時にそれは、動物の生活についての美しい特色のある物語である。教師はこの外被に注意を集中させねばならない。それゆえ、教師は、クルイロフのほとんどすべての寓話から、結びの道徳を取り除かねばならない。これとまったく同じようにして、たとえばネクラソフの「長い続き」等の詩を、子どもに読むことができる。しかし、どうか、子どもの心に呻き声や慨嘆を持ち込むようなことはしないでほしい。それらは、たとえ真面目なものであったとしても、はなはだしく尚早な文句であり、もし単なる愚かな習慣によってなされたものであるとしたら、嫌悪を催させるような文句である。またそれに心が応答するようなこともないであろう。そのような詩に表現された感情がより良いものであればあるほど、その感情の可能性そのものが、早期の猿真似によってめちゃめちゃにされることは、いっそう残念なことである。人間の心の特質がそのようなものなのである。つまり、それは、ある文句に慣れてしまうと、その文句には感情によって応答することをやめてしまうのである。実際、はたして私たちは、唇には上品な軽蔑を表わし、言葉にはバイロン的なかんしゃくを表わしながら、心にはきわめて低級なものをもっている人間を、わずかしか見ないだろうか？

感情の尚早な強制的な誘発について述べたことは、そのまま道徳についても当てはまる。もし子どもを悪党にしようと思ったら、かれが子どものときからありとあらゆる道徳的格言を繰り返すことに慣れるようにすればよい。そうすれば、それらの格言は、もはやなんらの影響もかれにもたらさないようになるだろう。しかしこのことは、国語教師が他のすべての教師とも同様、子どもにおける道徳的感情の発達に気を配らなくてもいいということを意味するのではけっしてない。学校にせよ教授にせよ、そのなかにあるすべては、自明で、格言を必要としないほどに道徳的でなければならない。もし教師が、あれこれの道徳的特質について語ることがあるとしても、それは純粋に言語学的な目的――すなわち、たとえば誇りとか謙遜のような言葉の意味を説明する目的――でもってなされねばならない。道徳感情には、文学作品そのものが直接的にはたらきかけなければならない。この文学作品が道徳におよぼす影響はきわめて大きい。子どもに作品のなかに表現されている道徳的行為・道徳的感情・道徳的思想を愛させるような文学作品は、道徳的である。そればかりでなく、優美な作品の心からの享楽は、それそのものがすでに道徳的感情の源泉となる。ひからびた格言は、なんら助けにならないばかりか、反対に、かえって有害であるにすぎない。

3　文法の習得

国語の初等教育において達成される第三の目的は、文法の習得である。以前は、これが第一の、そして唯一でさえある目的であった。今日では、これがしばしばまったく忘れられている。どちらにしてもこれはよくない。文法だけの排他的学習は、子どもの言葉の能力を発達させない。文法の欠如は、言葉の能力に意識性を与えず、子どもを不安定な状態に放置することになる。言葉の習熟や発達した本能だけによりかかることは、いずれにしてもむずかしいことだ。だが、言葉の能力の習熟や発達なしには文法の知識は何にもならない。したがって、どちらも必要なのだ。しかし、習熟か文法か、どちらが先行すべきか？　この問題は、言語の歴史が解決する。文法は、つねにすでにつくり出された言語についての観察の結論にすぎない。教育においても、これと同じようにせねばならない。すべての文法規則は、子どもがすでに習得している形式の使用からの結論でなければならない。では、その結論をいつおこなうか。この問題は実践によってのみ解決される。教師は、自分のクラスの知的水準を知り、あれこれの文法規則がいつなんらの暗記の苦しみなしに、子どもに明瞭に理解されるかを感じ取らねばならない。というのは、文法の暗記は、論理や算術の暗記とまったく同じようにばかばかしいことだからである。しかし、子どもと話し合いをしたり・本を読んだり・作文の練習をするときには、教師自身は、絶えずやがて子どもに伝えられる文法規則というものを念頭におき、その規則がやがて練習のなかからその必然的な論理的結論として導き出されるように、事を運ばねばならない。

言語の文法は、すでに前にも述べたように、言語の論理であり、したがって論理的訓練は、何にもまして文法の学習の準備となる。この文法の準備がどのようなものであるかをさらに明らかにするために、私たちは、これを二つの自然的部門に分けよう。すなわち、文章論の準備と単語論の準備、あるいは言いかえれば、文の構成を理解するための準備と個々の単語の意義および成分を理解するための準備にである。

文の構成の理解、つまり文章論に子どもを準備するために、教師は、私たちが前にも述べたような論理的訓練や作文の検査をおこなう。たとえば、選ばれた文章を次のような質問によって解明していく。ここでは、だれについてあるいは何について言われているのか？　話の対象が何をしたのか？　かれはいつそれをしたのか？　何に？　どのような状況において？　対象の形、色はどんなか？　ここの対象は一つか二つか？　かれはそれ一つだけしたのか、何かもっとしたことはないのか？　など。もちろん、対象とか状況という言葉は、文章の内容から引き出されるもっと具体的な言葉に置き換えられなければならない。たとえば、ここではだれのことが言われているか？　うぐいすのことです。うぐいすが何をしたのか？　飛び落ちました。どこへ飛び落ちましたか？　など。また、子ども自身にこのような質問を出すことに慣れさせることはきわめて有益である。どんな場合でも、子どもを間違った文に慣らすようなことをしてはならない。したがって，子どもにまだ説明できないような記号をつけるときには，こうしなければなりません，なぜだかはもっと後でわかるようになるでしょう，と言いながら，その記号を無雑作につけておくようにせねばならない。子どもは多くのことを本能的に察知し，どうしてそうするのかはまだ説明ができないでいても，そのような記号をつけることにはどんどん慣れていく。このような半意識的習熟は少しも有害でないばかりか，むしろ有益である。周知の一般型（local topica）に基づく文の拡張も，私たちが有益な練習の一つと考えるものである。これは修辞学上はまったくばかばかしいものであるが，文法に対する論理的準備としては一定の意義をもつ。私たちが多くの外国の学校で見たこの練習は，きわめて生き生きとしていて，子どもの興味をひいていた。教師は，たとえば，黒板に「走った」という言葉を書き，子どもに何かの言葉を考えるように言う。だれが走ったのですか？　ある子どもは言う，女の子。他の子どもは言う，馬。第三の子は言う，犬。教師は，自分の目的にいちばんふさわしい言葉を選び，それを自分で黒板に書くか，あるいは子どものだれかに書かせる。ついで，質問を続ける。犬がどこを走ったのですか？　ある子どもは，通りを，他の子どもは，森のなかを，と言う。このようにして，簡単な拡張された文がつくられる。ついで，教師はこのようにして，この文に新しい主語を持ち込む。それは述語や限定詞の語尾を変化させるが，子ども自身がそのような変化の必要を認める。生徒は，さらに教師に助けられながら，新しい述語，新しい限定詞を持ち込む。このようにして，文に新しい単語が，後には従属節が導入される。さらに教師は，ある行動の原因・その目的・手段等を明らかにしながら，複雑な文に移っていく。いうまでもなく，ここでは，一授業でなされる一練習についてではなく，順を追ってなされる一連の練習を簡単にスケッチしたのである。ここでは，記号のつけ方，文のさまざまの部分の意義，文と文との相互関係が，自ずと明らかにされる。文法規則は，このような練習の際に，生徒の能力に従ってじょじょに子どもに伝えられねばならない。

それと同時に，単語論の準備がすすめられねばならない。品詞を知ることは，とくに上に述べたような練習のなかでは，たいてい子どもにとって大きな労働ではない。子どもは，速やかに，対象の名称・性質の名称・行動の名称等がなんであるかを理解しはじめる。無変化の品詞の相違を子どもが習得することは、いくらか困難である。しかし、文章のなかにある前置詞や接続詞は、じきに自己の本当の意義をもたらすであろう。

語尾変化についていえば、私たちは、次のような練習が一つの優れた方法だと考える。子どもが現在のある出来事について語る。すると教師は、その話を過去にして言い直すように要求する。たとえば、春についての短い記述をしたとすれば、子どもは三つの練習――現在の春、過去の春、未来の春――をおこなう。同じようにして、一人称から二人称へ、単数から複数へと、文章を代えるのである。

比較の級に従う語の変化は、しばしばわが国の子どもたちをそのいちじるしい不規則性によって苦しめる。それゆえ、子どもたちに、たとえば、私たちの池は深い、しかし川はもっと……。のような文章を、子ども自身が補足し、完結するようにさせて、それの練習をおこなわねばならない。このようにして、単語や言語の形式を子どもの記憶から呼び出すことは、きわめて有益である。子どものもつ母語の語彙や形式は、通常けっして少なくはない。しかし、かれらはこの貯えを利用する能力をもたない。ところで、まさにこのような必要な単語・必要な形式を記憶のなかに速やかに、正しく見出す技能こそが、言葉の能力の発達するもっとも重要な条件の一つなのである。教師は、このような技能を子どもに与えねばならない。それと同時に、子どもの知的貯えそのものをもじょじょに豊かにしながら、子どものなかに、この形式は求められているようなものとは違うということを洞察する言語感覚を発達させねばならない。私たちは、私たちの言語にどれほど意識性を持ち込もうとも、多くは私たちの言語本能の正しさ、発達に依存するものであるということを忘れてはならない。ある動詞をいままで聞いたことがなく、ましてその文法規則などまったく聞いたことのない四、五歳の子どもが、たいていは、無意識的な本能的技能によって自分にとって新しいその動詞を正しく変化させはじめる。しかしこのような本能は、文法によって意識に引き入れられる必要があるだけでなく、絶えざる練習によってそれを強化することが必要である。

単語論一般にとって、とくに正字法にとって特別の意義をもつのは、語源学である。これは、何か言葉の遊戯のようなものに見えて、子どもの興味をもひく。まず教師がある単語を取り出し、共通の語根をもついくつかの単語を言い、書く。この練習を三、四回繰り返すと、まだ語根がどのようなものであり、語根が同一の単語というものを何も知らない子どもも、本能的にこの練習に慣れ、教師の選んだ単語について、最初はのろのろと同一語根の単語一つ二つを選び出し、後にはだんだんと速やかにそれをする。そして、クラスは同一語根の単語をたいていほとんどすべて探し出すのである。この練習は、子どもにかれらの記憶のなかに無意識的に横たわっている単語の貯えに対する支配力を与えるだけでなく、正字法に対する最良の準備的練習の一つとなる。

わが国で普通一般に使用されているいわゆる文法的解剖は、それ自身はきわめて優れた練習である。しかし、この練習一つを数年間にわたって絶えず使用するときには、それは子どもにとって堪えがたい退屈となる。私たちは、これを子どもがすでに習得した文法的知識を復習し、その知識を解剖される部分に応じた新しい体系に組み入れるためにのみ、時たまおこなうことを勧める。獲得した知識をこのように混ぜ合わせることは、知性の発達・強化のためにきわめて有益である。解剖は、徐々に複雑化しなければならない。だから、たとえば名詞がどういうものかをすでに知った生徒が、まず自分の読んだ文章のなかからすべての名詞を探し出し、ついで形容詞を、さらに過去の動詞をとすすみ、最後に、一文一文・一語一語の単語論的・文章論的解剖にまで到達するのである。しかし、この最後の練習に長く集中するのはよくない。以前のわが国、そしてフランスの学校では今日でも、解剖につぐ解剖が見られないようなクラスはなかった。これは怠慢な教師の好む授業の形式であると、私たちはためらわずに言う。生徒をつぎからつぎに、当てずっぽうに開いた頁の解剖をさせること、口頭でだけでなく、筆記で解剖をさせることほどに安楽なことはないだろう。しかし、それは生徒にとってなんと退屈な手間のかかる、それでいて無益な仕事であろう！　私たちは、このような完全に無益なものとしての文章解剖は断然やめて、それの代わりに、もっと生徒にとって意味のある、興味ある文章練習をおこなうことを勧める。何年も何年も、「家――普通名詞、男性単数」等々と永遠に書き写していて、いったい何になるというのか？

ここでは練習そのものの詳細は実践家にまかせて、それに立ち入ることはしないが、前に私たちがあげたようなもののほかになお多数の練習があるということは、よく知られている。自分でその効用を試してみたもの、ロシアおよび外国の学校で私たちにとくに気に入ったもののみを、ここで述べたのである。

文法の系統的学習は必要だろうか？　私たちは、必要だと考える。少なくともきわめて有益であると思う。それは、あらゆる生徒にとって有益であり、今後も科学研究に進むもの、あるいはやがて自ら他人を教えるようになる生徒たちには不可欠のものであると思う。語彙や形式のたくさんの貯えをもち、それらの使用における発達した技能をもった生徒は、文法の系統的学習によってそれらを一つの体系にまとめる。それは、子どもの意識を発達させ、すでに獲得したものを強化し、子どもを、一方において言葉のような精神的対象の観察に慣れさせるとともに、他方において論理的体系・初歩的な科学の体系に慣れさせるがゆえに、有益なのである。わが国には、教授における科学的体系に反対するものが多数いる。もちろん、体系が事物に先行するのであっては、それは子どもには適しない。しかし、それがある種の事物の学習の結果であるならば、それは最高度に有益である。いうまでもなく、対象の本質そのものから生じた合理的な体系のみが、私たちに私たち自身の知識に対する完全な支配権を与える。断片的な脈絡のない知識によって満たされた頭は、すべてが乱雑で、主人自身が何ものをも探し出せないような倉庫に似ている。知識がなくて体系のみある頭は、すべての箱に札がついているが、しかしその中味は空っぽの小店に似ている。

真の教育学は、こうした両極端を避け、生徒にまず材料を与え、その材料の集積に従って、それを体系のなかに引き入れる。材料がより多く、より多様に集積すればするほど、体系はより高度なものとなり、ついには論理的・哲学的立場のような抽象性にまで達する。生徒の頭におけるこのような世界観の構成には、もちろん、あらゆる教科の教師が参加する。しかし私たちは、まさにロシア語およびロシア文学の教師にこそ、子どもが獲得したすべての知識を展望し、それらをきちんとした論理的体系に導く責任があると思う。なぜなら母語こそ、あらゆる知識が人間の意識の真の財産となるために包まれねばならない精神的衣だからである。

第3章　初等教育論[4]——『母語』指導書第一部

1　学習の開始期

子どもの学習に取りかかるときには、私たちは、子どもというものは学習とは関係なしに日日発達しているのであり、しかもその発達は比較的急速であって、六歳の子どもの生活の一、二カ月は、一〇歳ないし一五歳の子どもにおける一年間よりも多くの変化を子どもの心や肉体の組織にもたらすものであるということを、念頭におく必要がある。学習の開始に妥当な時期というものを推測することは、かなりむずかしいことである。そして、いうまでもなく、それは実践上の問題である。しかし、いずれにしても学習は、いくらか早めに始めるよりは、いくらか遅く始めた方がよい。実は、どちらとも、それぞれの短所をもっているのであるが。

一般に、子どもの教育を子どもがその学習に成熟する前に始めるときには、あるいは、その内容が子どもにその年齢上ふさわしくないような教科を子どもに教え始めるときには、単に一時的にのみ克服しうるにすぎないような障害を子どもの本性のなかに見出すことは避けがたいことである。そして、このような年齢的障害にあなた方が頑固にたたかいを挑めば挑むほど、あなた方は生徒により大きな害をもたらすことになる。あなた方は、子どもに不可能なことを要求しているのだ。すべての有機的発達は一定の時期におこなわれるのであり、私たちの仕事は、その発達を速めたり遅めたりするのではなくて、単に健全な精神的食物を子どもに与えることにあるのも忘れて、子どもが自分自身の発達よりも先に出ることを要求しているのだ。だから、なんのためにあなた方は、子どもにあれこれのことをそんなに時期尚早に説明しようと苦心するのか、そして自分自身をも子どもをもいたずらに苦しめるのかが、問題とされるであろう。子どもはいまはあなた方を理解できなくても、半年もたてば、単にその半年がたったということだけでさえ、きわめて容易に理解することになるかもしれないのである。

しかし、何よりも悪いことは、学習一般の、そしてとくに何かの教科の過度の要求に時期尚早にぶつかり、年齢的に克服しがたい困難に遭遇することによって、子どもが自分自身の力に対する自信を失い、その不信が深く根を下ろして、長く子どもの学習上の進歩を遅らせることである。有能な・神経質の・感受性に富む子どもが、時期尚早な試みによって、人間にとってあらゆる場合に必要な自分の力に対する信念を失ったばっかりに、愚かな怠惰な人間になったことは、一再ではない。それゆえに、私たちはあらゆる教師に、何かの新しい仕事が子どもの衷心からの努力にもかかわらず容易に覚えられないことがわかったなら、すぐさまそのような成功の見込みのない試みを中止させ、しばらくそれを延期することを勧める。

子どもをある対象の理解にまで引き上げることができないままに、その対象を子どもの理解の水準にまで引き下げようとするのも、教育学的な振る舞いではない。たとえば、子どもに祖国の歴史上の事件を認識させることのできない教師は、どのようにするか？　かれは、その目的のために歴史上の人物を子どもに調子を合わせて裁ち直す。太郎や次郎の名によって子どもの人形をいくつもつくり、子どもがそれで祖国の歴史を知ったと喜んでいるのである。しかし、なんのためにこのような歴史を、子どもにせよ何にせよ与えるのか？　かれがやがて、自分は子どもの時代になんというばかげたことを学んだのかを知るようにするためなのだろうか？　教師は、いったいなんのために急いでいるのか？　どうしてかれは、子どもが歴史上の事件を理解しうるまでに成長するのを、暫く待っていようとしないのか？　そのような先回りをせずに、教師は、童話を読んだり、これと同じように子どもに理解しやすいとともに、子どもを真の歴史学習に非常によく準備するところの聖書の出来事を子どもに学ばせることによって、かれらを歴史の理解に準備する方が、よいのではないだろうか？

しかし私は、子どものために科学を不具にするようなことは否定するが、けっして子どもに、どのような科学からそれが取られたにせよ、子どもに理解できるだけでなく（これはまだ理由とはならない）子どもの児童的世界観を補充し、鮮明にするのにも必要な、もしくは子どもの知的・言語的訓練にも有益な科学的知識を伝えることを否定するものではない。

私は、さきに、学習の開始は急いでするよりは、遅れてした方がよいということを述べた。しかし、遅延することにもまた、短所がある。適切な時期に学習活動に方向づけられなかった子どもの精神力は、しばしば教師が後で悪戦苦闘しなければならないような傾向をもってしまう。すべての経験ある教師は、学校には学習を遅く始めたばっかりにたいへん苦労して勉強している子ども、そして年少の友だちたちがどんどん追い越してしまうような子どもがたくさんいることを、私とともに認めるであろう。それどころか私は、他方あまりに早く学校へやられたために、あるいは家庭があまりに早くアルファベットの教育を始めたがために、勉強のよくできない子どもをも多数見かけるのである。

ドイツでは、子どもは六歳ですでに国民学校へ行く。それどころか小学校では五歳の子どもさえたくさん見かける。これら幼児は、そこで何をしているのだろう？　かれらに何かのフレーベル式課業が与えられているのならまだよい。しかし、かれらにアルファベットを強制したり、あるいはなんらの仕事も与えずに、かれらの活動を求める手を何もせずにじっとしているように強制し、このように子どもを疲れさせる学校的退屈の毒に子どもを慣れさせようとしているのなら、はなはだ困ったことだ。このような小学校を存分に見て回った結果、私は次のような固い信念を抱くようになった。すなわち、もし学校が七歳に達する前の子どもを入学させなかったら、学校はその今日の成果を維持しるばかりか、はるかにより良い成果をあげることができるであろう。五歳から七歳までの子どもを入学させている学校は、いたずらに子どもの健康やその自然な発達に害を与えているにすぎず、そのようにして自己自身の教育成績の基礎を破壊しているのである。学校は医者とまったく同じように人間に生命力を与えることはできないのであって、単にこの力の正しい発達に妨げとなるものを除去し、有害な食物の代わりに健康的な有益な食物を与えることができるにすぎないということを、忘れないようにしなければならない。

ギリシャ正教会は、生理学や心理学に従って子どもに七歳から懺悔に行くことを許し、この年を幼年時代の終わり、少年時代の開始と認め、子どもにこの年から自意識の発達が始まることを暗にほのめかしている。少年時代の開始が、同時に規則正しい学習の開始でもなければならない。

だが私は、子どもがもう七歳になったら、子どもに教育を試み、子どもの描画の意欲、一つの対象に自分の注意を集中させる力、自分に話しかけられたことを聞く力、断片的な言葉ではなく完全な文章で表現する能力などに基づいて、組織的教授開始の可能性についての結論を下すことを勧める。

もし子どもの注意が弱く、その話がきわめて断続的で取りとめがなく、言葉の発音がまずかったら、組織的な教授を開始せずに、それへの準備を子どもの周りの事物、もしくは絵に描かれている事物についての話し合いやら、子どもにもわかる唱歌の暗記などによっておこなった方が、また児童画によって子どもの手を準備させたり、指や棒やクルミを数えることを教えて、組織的な学習をそれが子どもに可能になるまで始めない方がよい。

私は、ここでは、たとえば子どもの肉体的健康状態とか子どもの家庭生活の特殊条件などのような、学習をいつ始めるかという問題の解決に影響をもつことのあるさまざまの特殊的事情については語らない。ただ一つだけ言っておきたいことは、子どもに差し出される学習の方法がやさしいものであればあるほど、学習の開始も早くすることができるということである。もしあなた方の考えていることが、子どもにアルファベットを強制することであったら、七歳でもなお早過ぎるであろう。

2　初等教育の教科目

何から学習を始めるべきか？　以前だったら、この問いに対する答えはきわめて簡単であった。アルファベットから始めなくて、いったい何から始めるのか！　だが現代の合理主義的教育学は、この問題の解決にあたって、注意を子どもの本性に向け、子どもが幼なければ幼ないほど、子どもはある一つの方向に活動をいつまでも続けていることができず、歩くことにも・坐っていることにも・手にごく軽い物を持っていることにも・横になっていることにさえもすぐに疲れるが、その同じ子どもが、活動の種類をありとあらゆるものに取り替えるときには、見たところ全然休みなしにも一日中はしゃぎ回り、その根気強さで大人を驚かせることを、認めるのである。同じことは、子どもの精神活動においても認められる。子どもは、幼なければ幼ないほど、どんな精神活動にせよ、ある一つの方向に活動を続けることはむずかしいが、その活動を多様化すると、かなり長い時間作業できる。課業の交代そのものが、完全な休息さえよりもよい作用を子どもにもたらすのである。もちろん、休息は適当な時機にはぜひ必要なものだが。子どもがどうも読むことに疲れたらしい、かれの注意は弱まり、理解の過程が中断する。こういうときには、子どもに半時間ばかり書き方をさせたり、絵を描かせたり、数を数えさせたり、歌を歌わせたりせよ。そうした後で読み方に戻れば、子どもは再びのみ込みがはやくなったり、注意深くなったりするだろう。

もちろん、一つの方向に知的活動を継続する能力は、あらゆる学習にとってもっとも重要な条件の一つとなるものである。しかし、この能力は少しずつ、じょじょに発達する。早まった過度の努力を強いれば、この発達をめちゃめちゃにしてしまうにすぎないかもしれぬ。そして子どもは、前進するのをやめるばかりか、心の中のあるあまりに張りつめられた絃が切れてしまったために、後退するようにさえ見えるであろう。一つの方向に活動を継続することに子どもを慣らす必要はある。だが、それは慎重に、少しずつすすめていかなければならない。だが、学習を始めたばかりの頃には、授業が多様であればあるほど、あなた方が子どもに要求する活動が多様なものであればあるほど、あなた方はより大きな成果をおさめるであろう。もし一時間半あるいは二時間の子どもの課業が、読んだり・書いたり・描いたり、二、三の歌を歌ったり数えたり、聖書のなかのある歴史的事件を聞いたり、物語ったりすることであるならば、一カ月の終わりには、かれらが獲得したものの総計だけでなく、個々の知識および能力の領域でかれらが獲得し得たものもまた、かれらがこの時間をもっぱら一つの知識あるいは能力の習得に向けたときに獲得し得たものよりも、大きいだろう。だから、たとえばこのような多様な課業によって授業時間を過ごすときには、すべての授業をただ読み方にのみ費やしたときに得る成果よりも大きな成果を、かれらは読み方において得るのである。

子どもにアルファベットのみを強制して、ほかにはどのような課業も与えず、数時間このアルファベットに子どもを従事させて、子どもがようやくそれを物にしたときにはじめて音節の課業のようなものに移るというようなことほど、子どもの本性に矛盾するものはない。

上述のごとき生理学的・心理学的法則に基づいて、現代の初等教育は、一つではなくていくつかの教科を開設する。直観教授・綴り方・図画・作業・読み方・算数・聖書物語・唱歌および体操が、交互に交代し、子どもの肉体的精神的元気、この年齢に特有の快活さを維持している。

しかし、これについてある母親が尋ねた。もし私がこんなに教科を知らなくてはならないんだったら、どうやって初等教育をしたらいいんでしょう？　おじける必要はない。すべてのいくらかでもちゃんとした教養をもつ女性だったら、わずかの努力でこれらすべての教科を、七歳から八歳まで、あるいは九歳の子どもにまで教えることができる。教科は多いが、しかし各教科で子どもが習得しうるものは、すべてのいくらかでも発達した婦人にはきわめて容易なわずかのことにすぎない。たとえば、どんなに歌の才能のない婦人にしても、三つ四つの祈祷の調べや子ども向きの歌一〇を習得することが、はたしてむずかしいことだろうか？　あるいは、聖書に導かれて旧約および新約の二〇や三〇の物語を自分で準備したり、フレーベルの作業の五つ六つを指導することを覚えたり、正方形の桝にそって物を描いたり、初等体操の一〇の運動を監督することが、そんなにむずかしいことであろうか？　ちゃんとした教養をもち、自分の子どもの初等教育を自分でしたいと思う母親が苦しむことは、単にこれだけのことにすぎない。

しかし、初等教育の教科が多様であればあるほど、これらすべての教科が、あるいは少なくともそのうちの大部分が、一人の人間によって教えられることの必要はいっそう増大する。もし、一つ一つの教科ごとに教師を採ろうと考えているのだったら、教科の数はできるかぎり少なくした方がよい。初等教育の教科目を多様化することは有益でありかつ必要でさえあるが、それは厳密にいえば、個々の教科というものがまったくなく、すべてが子どもの活動に材料を提供し、その多様なすべての活動を一つの理性的目的――すなわち、子どもの肉体および精神を全面的に発達させ、かれらを前方で待っている個々の教科の学習にかれらを準備すること――に方向づけるところの大人の一つの理性的作用に融合するときにのみ、可能となるのである。

「子守が何人もいると子どもはめくらになる」というロシアの諺は、初等教育にいちばんぴったりと当てはまる。それぞれ自分の教科に熱中するたくさんの教師は、子どもにあらゆる知識・能力を詰めこむことができるとしても、子どもの知的眼は開かずに終わるであろう。こういうわけだから、初等教育においては、学習活動は多様であればあるほどよいし、教師の多様性は少なければ少ないほどよいのである。

3　初等教育の組織

学習の組織ということで私がここで考えることは、課業の時間配当、その時間の長さ、一クラスあるいは一家庭において年齢・認識・発達の異なる子どもに課業をどのように割り当てるかということである。

私は、学習はいくらか遅く始めた方がよく、また最初はできるかぎり少ない時間をそれに当てた方がよいと考える。

だが、いちばん最初から、学習を遊びとは区別し、学習を子どもにとっての真面目な義務とすることをお勧めする。もちろん、子どもに読み書きを遊び半分に学習させることは可能である。しかし、私はそれを有害だと考えるのである。なぜかといえば、あなた方が子どもに真面目な課業をしなければしないほど、子どもが後でそれに移行することはより困難になるからである。子どもにとって真面目な課業を興味あるものにすること――これが、初等教育の課題である。すべての健康な子どもは活動を要求する。それも真面目な活動を要求する。その仕事が子どもの力に余るようなものでなく、また子どもの年齢に程合い以上にその仕事が継続するのでないかぎり、子どもにとっては、何かの真面目な仕事について父や母の手助けをすることの方が、同年輩の子どもたちと遊ぶよりも楽しいのである。したがって、最初の授業から、子どもが自分の義務を愛し、それを遂行することに喜びを見出すように子どもを慣らしなさい。

この目的を達成するために、私は、学習のための一定の時間と場所を定めたときに、はじめて学習に取りかかることをお勧めする（もちろん、この忠告は家庭での教育にのみ関係することだが）。学習用品や書物は一定の場所に置き、子どもが授業時間中にそれらに心をわずらわすようなことのないようにしなさい。このような簡単な規則を犯したり、また授業をしばしば休んだり、あるいはそれをある時間から他の時間に移したりするときには、あなた方は、子どもの心の中に仕事の乱雑さの種をまくことになり、それはやがて成長して子どもの生活全体に反映するようなことになるかもしれないということを、覚えていなければならない。子どもの課業のためにあなた方の一日の時間をさくことは、控え目にしておきなさい。しかし、一度それにさいたら、それを取り消すようなことはしないようになさい。そして、子どもが授業を免れることに慣れるようなことのないよう気をつけなさい。そういうことにでもなったら、免れることのできない授業は、子どもにとって憂欝なものに見えてくるだろう。

もちろん、自分の授業をおもしろいものにすれば、あなた方は子どもを退屈させはしないかと心配するようなことはなくなるかもしれない。しかし、学習においてはすべてがおもしろいものとなることは不可能で、つねにおもしろくないものがあるし、またなければならないということを、覚えていなさい。子どもに、かれの興味をひくことだけでなく、かれの興味をひかないことをもすること、――自分の義務を遂行するという喜びのためにすることに、慣れさせなさい。あなた方は、子どものこれからの生活の準備をしているのである。ところで生活においては、すべての義務がおもしろいものとはいえない。だからもしあなた方が一〇歳になるまでも子どもを遊び半分に学習させるならば、かれらが後に、ときには全然おもしろくないこともある真面目な学習義務に遭遇するときに、恐ろしい苦しみを味わうよう準備していることになるのである。

授業の継続時間についていうと、最初は、朝は一時間、午後は半時間で十分であろう。次の年になったら、午前半時間ないし一時間半、午後一時間に増加することができよう。さらにすすめば午前二時間にすることができるが、少なくとも九歳までは、一日三時間を越さないようにせねばならない。はじめは、半時間ごとに、後には一時間ごとに、完全な休息を子どもに与えなさい。そして、子どもにしばらく駈けたりふざけ回ったりさせ、その遊びから仕事へ自分を移らせることに慣れさせなさい。

この年齢の子どもに宿題を課することは明らかに有害である。子どもが一〇歳になったときに、そしてそれ以前の予備的学級活動が立派におこなわれた後においてはじめて、小さな宿題を――わが国の大部分の学校においては、このような宿題が子どもを待っているのだということを考えて――課することが許される。私たちすべてに、このような宿題がどれほどの涙と苦痛をもたらしたか、そしてそれらがどんなにつまらない利益しかもたらさなかったかを、自分自身に思い起こしてみるがよい。教師にとって、本のなかの頁を爪や鉛筆によって印し、子どもにそれを次の授業までに暗記するよう言いつけることほどやさしいことはない。だが、このようにしてあまりにも早く自分ひとりに放り出された子どもが、この苦痛を与える頁とどのように苦闘しているか、それをどのようにわけもわからず暗記しているか（しかもそれがうまくできないために、かれらは自分の労働を数倍にもしながら暗記しているのである）、またどんなに帳面や手や顔をインキで汚しているか、どんなに傷ましい涙によってうまく覚えられない文字を一面に浸しているかを、見てみなさい。あなた方は、子どもの学習に対する嫌悪がどこから生じるのかがわかるだろう。そればかりではない。あなた方はあなた方の宿題によって、子どもがあなた方の前にいるときに子どもを苦しめるだけでなく、その子どもを夕方じゅう、あるいはもしかしたら一日じゅう苦しめるのかもしれないということ、そして子どもは遊びながらも、インキで線をひかれた頁あるいはまだ覚えていない行を思い出すと、蒼白になるということを、覚えていなければならない。

学齢期の子どもの生活は全部が学校に属していると考えるのは、私たちの大きな思い違いである。そうではない。学校は、子どもの自然的発達にはきわめてわずかな役割しか果たさないものである。この発達にはるかに大きな影響を与えるのは、時間・自然・家庭生活である。学校は、これら他の諸領域に干渉し、自分の授業によって他の偉大な人間教師――自然や生活――の影響を妨げるような権利はもっていない。このようなわけだから、初等教育においては、子どもは自己のすべての課業を教師の監督および指導の下で学級のなかでおこなわなければならない。教師が、はじめに子どもに学び方を教え、それがすんだ後にはじめて子ども自身に仕事を任せるようにしなければならない。このように学級のなかで、教師のもとで課業を学ぶときには、そこから多くの有益な結果が生じる。第一に、すでに述べたように、そのときには課業が、自然や周囲の人々の影響の下に家庭で子どもが自由に発達するのを妨げたり、子どもの睡眠や食欲を奪ったり、子どもの遊びを損なったりすることはない。第二に、課業を子どもに課した教師は、それが子どもによってどのようにおこなわれているかを知り、自分自身の授業における誤りをそれによって気づくことができる。第三に、課業を遂行しつつある子どもを観察することによって、教師は子どもをきわめて容易に研究でき、子どもにとってやさしいこともむずかしいことを知り、子どものあらゆる間違った理解を――それは、しばしば棒暗記を通じて後に徹底的に根絶されねばならぬような知能的欠陥に転化することがある――予防することができる。第四に、子どもは、教師の指導の下で学び方を習得する。これは、初等教育においては学習そのものよりも重要なことなのである。

しかし、ある人は私に言うかもしれない。授業にこんなにわずかな時間しか当てず、しかも宿題を課さないのなら、多くの成果をあげることはできないだろうと。それは確かだ。しかし、そんなに多くが要求されてもいないのだ。もし子どもが三年間、毎日二、三時間を学習に費やしたら、それも真に合理的に学習したのだったら、今日ギムナジウムの試験にやって来る一〇歳の少年のだれもがそのようには準備されていないほどによく、ギムナジウムの講義を聞く準備ができていることができよう。かれは、筋を通して明快に話しすること、流暢に内容をよく理解しながら読むこと（もちろん、それは子どもにも理解しうるような内容のものでなければならぬが）、暗算および筆算で四則の計算を素早くすること、二〇から三〇位の短い詩を暗誦すること、同じように小さな物語をうまく物語ること、短い思想を明快に・正確に・美しく・正字法上の重要な誤りなしに書き留めること、句読点の主なものをつけること、旧約および新約聖書の二〇ないし三〇位の事件を物語ること、四角形の枡にそってではあっても簡単なものを描くこと、自分の室・家・街路・町あるいは村の図を描くこと、その図について話しすること、あるいはドイツで言うところの図を読むことができるようになるであろう。しかしいちばん大切なことは、子どもが、学習の能力と意欲、かなりの長い時間にわたって自分の注意を集中させる能力、慣れないときわめて長くかかるものを敏速に習得する能力をもって学校へやって来るということである。一〇歳の子どもには、これだけで完全に十分なのである。

ではどうして大部分の場合、私が考えるよりも早く学習を始め、もっとたくさんの時間をそれに費やし、宿題も与えながら、私が述べた結果の半分も達成しえないのかと、みなさんは尋ねるだろう。それは、子どもの生活からたくさんの時間を奪いながら、その時間の大部分を無駄に、学習になんの利益ももたらすことなく、子どもの肉体的・知的発達に害を与えながら費やしているからである。また、一日四時間あるいはそれ以上も授業の席につきながら、子どもがこの四時間のうちの一五分、多くて二〇分も本当に勉強したのならまだよい方で、幸運な者たちは一日一度も質問されなかったら、一分も勉強することなしに教室を出ることができるようなふうに、私たちの初等教育が組み立てられているからである。私たちは、子どもの生活からたくさんの時間を奪いながら、恥ずかしいことにも、この人間の発達にとってきわめて貴重な時間を単に無駄に浪費しているばかりか、子どもに教室の中での不動と退屈の苦しみを味わわせながら、しばしば大きな害を子どもたちに与えているのである。もし私たちの授業を、その時間中絶えずすべての子どもが本当に作業するように組み立てるならば、おそらく私が指定した授業時間は短いどころか、長過ぎるほどに思われるであろう。しかし、すべての内容の充実した時間がそうであるように、個人的感覚のうえでは、その時間はきわめて急速に過ぎ去るにちがいない。私たちは、子どもたちが疲れを感じているのに気づくであろう。だがその疲れは、もはや退屈や不動の姿勢からくるのではなく、作業そのものからくる疲れなのである。そして、私たちもまた一時間に多くのことをしたことに気づくであろう。私は、教育方法の改善が、時間のもっと巧みな利用をもたらし、やがては今日最良の学校で初等教育に当てられている時間数さえ、多すぎると思われるようになるだろうと確信する。

読み書きを教えているわが国の小学校は、一年のさまざまな時期に学校へ入学する子どもが、クラス全体に系統的教育をほどこすことを不可能にしているという不平をしばしばこぼす。たしかに、もし子どもがまったく不定期に入学するとしたら――一人が今日入学し、一週間たって他のものが入学する。このようなことが一年中繰り返されていたら――どんな系統的教授も不可能となろう。しかし、親たちの便宜を思って、このような学校は一年に三回は入学を受け付け、学級そのものは三つのグループに分けるべきである。このように学級を能力別にグループに分けることは、もし教師が、一つのグループに自らあたると同時に他の二つのグループに有益な自主的練習を与えることができるなら、有害どころか、かえって有益でさえある。私は、スイスで素晴らしい学校をいくつか見た。そこでは、教師は、このようにして一度に六つの学年の生徒を教え、しかも六年制学校の課程に指定されているような多数のさまざまな教科を教えていた。特別な準備のいるこのような激しい多様な活動を、わが国の教師に要求しはしないにしても、初等教育にたずさわっているすべての思慮ある人間には、一度に一クラスの三ないし四つの少人数の組を教えることは――自分はこれらの組の一つを直接に教えながら他の組には自主的な練習を与えることは、とくにすべての学習が私たちの初等学校の限界を出ないものであるかぎり——けっして困難なことではないと私は思う。ある生徒は文を書き、第二の生徒は本を読み、第三の生徒は算数問題を解き、第四の生徒は教師と勉強している——これが学校のもっとも正しい活動状態なのである。それは、教師自身が学級全体を全時間教えているのよりも悪くないばかりか、はるかに優れているのである。

以前のスコラ的学校は、学習の全労働を子どもの肩に背負わせ、教師には怠け者を駆り立てるためのムチだけを手に持たせた。次に現われた学校は他の極端に走っている。それは、教師に全労働を背負わせ、子どもたちがなんらの努力もなしに発達するように子どもたちを導くことを教師に要求している。新しい学校は、反対に教師と生徒に労働を区分し、その労働を組織づける。それは、子どもたちができるかぎり自主的に労働することを要求するとともに、教師がこの子どもの自主的労働を指導し、その労働に材料を与えることを要求するのである。

それゆえに私は、発達および課業の順に従ったいくつかの組よりなるクラスは、発達および認識の成長の同じ子どもよりなるクラスよりも、正しい学習条件をより多く具えているとさえ考える。そればかりか教師が、このように一つのクラスでいくつかの学年をいっしょに同時に教えることに慣れ、自分の真の役割——子どもの自主的学習の指導者としての役割——をのみ込んだならば、かれは同一の子どもを二年・三年引き続いて教えることになるであろう。このことは、初等教育が成果をあげるための重要な条件となる。初等教育においては、さまざまの教師が同時に教えることだけでなく、毎年毎年生徒を教える教師が替わることも多くの害をもたらし、学習の教育的・発達的力を減殺することになるのである。

以上のことは、家庭教育において、しばしば両親が余分の出費を避けるために、同一のことをさまざまの年齢の子どもに教える場合のことにも当てはまる。これはきわめて有害である。ある子どもの力を法外に緊張させながら、他の子どもの力を然るべく練習させないこのような学習は、同時に同一の家庭の子どもたちの間にきわめて悪い感情を——羨望・虚栄、それに兄弟の愛情が支配すべきところにおいて、しばしば憎悪を——吹き込むのである。子どもたちの年齢の相違は、もし教師に、宿題を出すのではなくて、一人の子どもを教えながら他の子どもに自主的な課業を与えることができさえするならば、かれらを同時的に教えることを妨げないばかりか、反対に、それを助けるものとなる。

私は、私の教科書を構成する際、まさにこのことを念頭におき、教師が幾人かの子どもをあるいはいくつかの小さなクラスを同時に教えることができるようにと工夫した。だから、最初の課業から私は、子どもの自主的活動のための練習を用意した。

4　学校における最初の授業

入学したばかりの子どもに対する最初の二、三時間の授業は、子どもたちの間にいくらかの秩序を打ち立て、子どもたちを知り、子どもたちにかれら自身および学校を知らせるために使用することができる。したがって、それは、授業というよりもむしろ話し合いに近い。この話し合いの調子は、できるかぎり形式的なものでないようにせねばならない。教師は、子どもたちが自分たちの家庭で聞きなれたことばで――もちろん、ときに両親たちが使うようなばかげた言い方はやめて――子どもたちに話しかけねばならない。学校へ来る子どもたちがある特別の方言でしゃべるなら、教師もその方言でしゃべり、じょじょにロシアの標準語の理解に子どもたちを導かねばならない。子どもの片言を真似るようなことは全然する必要はない。しかし、子どもをまったくの大人として扱うようなこともしてはならない。私たちの可愛らしい愛称――コーリャ、ワーニャ、マーシャ（これらは、ニコライ、イワン、マリヤの愛称である――訳者註）――などは、まったく使うに適したものである。冷たいあなたという言葉の使用などは――人々はこれを私たちの間に普及させようとしたのだが――子どもを元気づける代わりに、恐怖させるものである。

教師は質問によってクラス全体に話しかけ、その後で答えるべき子どもの名を指すべきである。教師は、最初の授業で、このような問答形式に子どもを慣れさせねばならない。質問が新しくて、その答えがいくらかむずかしいときには、教師は、比較的よくできる・発達した・すばしこい子どもの一人に解答を求める。そうすれば、これらの子どもは自分の解答によって、小心な子どもたちをも元気づけるだろう。子どもの間違った答えは訂正してよいが、しかし発音の悪いくせや欠陥は一度に直るものではないし、子どもに自分が求められたことをする能力において欠ける点があるというように思いこませることはきわめて有害であることを忘れないようにして、あまりに執拗にならずに、主要な点だけを訂正するようにしなければならない。

この最初の授業で、教師は、命令に基づくいくつかの学級的動作に子どもを慣らすことができる。これらの動作が有益なのは、それが、子どもに動いて、着席のために疲れた自分の手足をもみほぐすことを可能ならしめるだけでなく、さらにもっとよいことには、教師がクラスの注意を喚起し、自分の言葉や動作にその注意を集中させることを助けるからである。子どもたちのそのような動作は、簡単でわずかのものでなければならない。起立・着席・手を机の上へ・手を後へ・右手を・左手を上げよ・腰掛から出なさい・席を替えなさい・第一列は立ち、第二列は着席しなさい等。教師が、これらの動作のいくつかをだまって、何かの合図で子どもにさせるようにするなら、いっそうよい。

学級を爽快にし調和させる素晴らしい手段は、学級唱歌である。学級が疲れ、不注意になり、ものうげに活動し、あくびや小さな悪戯を始めるのを認めたら、何かの歌を歌わせてみなさい。すべてが再びきちんとなり、エネルギーがよみがえって、子どもはもと通りに活動し始めるようになるだろう。

もし教師が歌うことができなかったら、子どもに学級全体で何かの祈り・詩・諺を読むことを教えるがよい。これが、いくらかは、疲れて不注意になった学級を爽快にする手段としての唱歌に、代わることができよう。

学校で最初の授業から、読み書きの学習を始めることを私は勧めない。なぜなら、子どもにとって新しい印象の数々はあまりにも多いし、したがって子どもに自分の周囲を見廻し、自分の新しい境遇に少しずつ慣れる時間を与えねばならないからである。そうした後でのみ、私たちはかれらの注意を当てにすることができるのである。

最初の授業では、子どもにいくつかの絵を見せ、それによって子どもたちを話し合いに導くのがよい。たとえば、教師によって黒板に描かれた二、三の簡単な図形がいくつかの棒によってどのように組み立てられているかを見て、棒を数えることを子どもに教えるのである。もし教師が他の学級をも受け持っているなら、新入生は早く帰してもよい。そして、かれらに、学級では何もしないで坐っていることもできるというような信念を決してもたせないようにしなければならない。

5　初等教育における国語の意義

子どもは、国語を通じてのみ周囲の人々の精神生活のなかに入っていく。また逆に、子どもの周囲の世界は、その同じ手段——国語——を通じてのみ、自己の精神的側面を子どものうちに反映させる。私は、すでに他の場所で、国語が初等教育においてのみならず中等教育機関においても持つ深い中心的意義について語った。したがって、ここでは、より直接的な目的を念頭におき、国語の準備の優劣が子どもの学習全体に及ぼす影響というものについて指摘するにとどめたい。

すべての教科の学習が、つねに言葉の形式で子どもに伝えられ、子どもによって習得され表現される。単語の意味を究めるのに慣れない子ども、その真の意味をぼんやりと理解するかあるいは全然理解しない子ども、話しことばや書きことばにおいてそれらを自由に処理する技能を得ていない子どもは、他のあらゆる教科の学習において、この根本的欠陥につねに苦しまねばならないだろう。もっとはっきりいうなら、教師は子どもに何かの聖書の出来事を物語るが、子どもは、多くの単語、形容詞・動詞の種類、副詞・接続詞の真の意味を理解しないために、物語の本当の意味は全然わからないのである。子どもが、文章のつながり、従属文と主文との関係を究めることをしたこともなければ、挿入文の意味も理解せず、どこに原因があってどこに結果があり、どこに偶然的なものがあってどこに必然的なものがあるかもわからず、また、この文は、だれのことをあるいは何のことを言っているのかというような質問を自分自身に出してみるようなことさえないとしたら、教師の話はすべて、子どもの頭の中に取留めのないごちゃごちゃになった文句となって反映するほかはないであろう。書物によって授業をすすめるときには、子どもはもっと大きな困難にぶつかる。なぜなら、書物のなかのどこが主要なもので何が第二次的なものであり、単に事のついでに言われているのは何かを示すことのできるような表情や声の抑揚をもった教師などはいないからである。だから子どもも、注意深く再三教科書を読んで、それを自分の新鮮な子どもの記憶で習得する代わりに、印刷された行をそのまま暗記し、どの行にどの単語があるかを覚えるだけで、その教科書に何が書かれているかは知らないのである。さらに、自分である課を物語るときになると、子どもには再び自分の国語の不慣れとの新しいたたかいが起きる。かれには、どんな単語をも他の語に置き換えることができず、二つの単語を自由に並べ換えるということもできない。かれの言葉は、かれが記憶した文の行の通りに並ぶ。子どもは単に逐語的に暗記するだけであり、そのごちゃごちゃした話は、むずかしい音にくるたびに、ごちゃごちゃにもつれ、間違いを起こすのである。然るべく国語の準備のできていない子どもは、同じことを、歴史・地理・理科・数学の学習においても経験するだろう。これらの学習においては、子どもは定理を説明したり、数学の問題を自分の言葉で表現したりせねばならない。このようにして、初等教育においては国語教授が主要な中心的教科であり、それは他のすべての教科に含まれると同時に、自己のうちにそれらすべての教科の結果を取り集めるものであるということ、したがって私たちには、国語教師を初等教育全体の指導者として眺め、かれにいくつかの一般的教育学的忠告を与える権利があるということは、いまや明白なことと言えるのではないだろうか？

そこで私は、いまやただちに、私がこの書で提起する国語の初等教授の方法なるものについて述べることにしよう。

新しい学級がいくらかきちんとしたかたちをとるようになり、教師の言うことを聞き、その要求を遂行することに慣れるようになったら、もう国語の系統的教授に取りかかることができる。私は、そのうえで他の課業を付加することが絶対に必要であるということを述べてきたのであるが、いまや国語教授そのものについて述べることにしよう。

国語の初等教授は、共同してすすむ三つの課業に分けられる。①直観教授、②綴り方の予備的練習、③読み方の準備になる発音の練習。これら三つの練習は、同時に、すべての授業において互いに入れ代わりながらおこなわれねばならない。しかし叙述を明瞭にするために、ここでは、これらを別々に語るほかない。

6　直観教授について

子どもの話しことばの発達を助成することは、疑いもなく国語教師のもっとも重要な責務の一つである。話しことばが練習によってのみ発達するということを疑う人は、もちろんいないだろう。したがって、国語教師には、子どもに話しことばの練習を与え、その練習を指導する義務がある。それに、話しことばは書きことばの土台ともなるものであるから、それはかれの主要な義務ともいえるだろう。しかし、話しことばというものは、思考に基礎をおくものである。したがって国語教師は、思想を呼び起こし、その思想をことばに表現させるような練習を子どもに与えねばならない。ところで、子どもに何かの事物や、あるいはそれを描いたものを見せることもしないで、子どもの思想を呼び起こしたり、子どもに自主的なことばを求めるようなことがはたしてできるだろうか？　それゆえに、私は、直観教授を国語教師の義務のなかの一つに数え入れ、それを他の二つの課業——綴り方と読み方の教授——の前におく。もちろん、これら三つの課業は、同時におこなわれなければならないものなのであるが。

直観教授については、わが国でも多くのことが言われもしたし、書かれもした。だが、それをじょじょにでも私たちの学校に、私たちの家庭に導入することについては、ほとんど何もなされていない。直観教授の理念そのものさえ、どうしてだか間違って広まっており、多くの反対者に出くわすことがある。私の考えでは、これは、私たちが好んで高踏的理念にふけり、教育についても大所高所から見おろすことをやめないで、けっして初等教育の理念そのものを究めるために努力するということをせず、これをあまりにもやさしい、あまりにもつまらぬことと考えているために、わが国においては初等教育の理念が何かはっきりとしない、暗くて意識の光が入り込むこともないようなかたちにおいて存在していることを、もっともよく証明するものといえるのである。そうでなかったら、私たちは直観教授を、子どもをはじめて教える場合に必要にして欠くことのできないものと考えるにちがいない。

直観教授とは何か？　それは、抽象的な表象や言葉にではなくて、教師の指導の下に学習そのもののなかで生徒が知覚するにせよ、あるいは子どもが以前に自分で観察したものにせよ、とにかく子どもが直接に知覚する具体的形象にもとづいて構成される学習のことである。後者の場合、教師は、こうして子どもの心の中にすでに準備された形象を見出し、それに基づいて学習を構成するのである。

このような具体から抽象へ、表象から思想への学習過程は、きわめて自然なものであり、きわめて明白な心理的法則に基づいたものであるから、人間の本性一般ならびにとくに子どもの本性の要求に教授を従わせることの必要を拒否しうるもののみが、この過程の必然性を拒否しうる。

私たちの内にある生得的な観念の力によって指導されるところの私たちの思考過程のすべては、私たちによって外界から知覚されたところの要素のみよりなる。観念は私たちの精神に属する。だが、この観念のはたらきならびに表現に必要な材料は、外的な・可視的な・感覚される世界が与えるもの以外の何ものでもない。私たちの言語のすべてには、この外的物質的世界の影響が滲透している。

外界から私たちによって直接に知覚される形象は、したがって、私たちの思考能力がその上にはたらきかけ、またそれを通してはたらくところの唯一の材料である。そのはたらきの観念は私たちに属するものなのであるが。

科学研究に従事していると、私たちは、じょじょに私たちの使用している材料から離れがちになる。もっとも、それから完全に離れることは一つの言葉においてさえけっしてできないのであるが。子どもは、いわば形・色・音、一般に感覚によって思考している。その子どもに別のしかたで思考させようとする人は、子どもの本性をいたずらにそして有害に強圧しているのである。このようにして、形や色や音で初歩学習を具象化することにより——つまり、それをできるかぎりたくさんの子どもの感覚に達しうるようにすることによって、私たちは、それと同時に私たちの学習を子どもに理解しうるものにし、子どもの思考の世界に自ら入っていくことになる。

私たちの結論の正しさ、私たちの思考のすべての正しさは、第一に私たちが論理的結論を導き出すもととなった資料の正しさに、そして第二に結論そのものの正しさに、依存する。私たちの結論が論理的にはどれほど正しくても、外界から知覚した資料が正しくなければ、その結論は間違ったものになろう。ここから、初等教育では、子どもに、正しく観察すること、そしてできるかぎり完全な・正確な・明瞭な形象によって——これらは、後にかれの思考過程の要素となるものである——自分の精神を豊かにすることを教える義務が生ずる。

すべての生き生きとした、無目的的ではない学習は、子どもに生活の準備をするということを教えている。だが生活においては、事物をそのすべての側面から、それをそれがおかれているもろもろの関係のただなかで見る能力ほど重要なものはない。ふつう、非凡な人々、さらには偉大な知者と呼ばれる人をよく研究してみると、私たちは、それが主として、事物をその現実のなかにおいて全面的に、それのおかれているすべての関係から見る能力をいうのであることに気がつく。教授が子どもの知性を発達させることを自任するものであるなら、それは子どもの観察能力を訓練するものでなければならない。

私たちが直観を通じて自ら知覚した形象は、私たちの記憶に特別に堅固に保持されるということ、このようにして私たちの内に深く刻み込まれた絵画には、それなしには急速に忘れ去られるような抽象的観念さえ、容易に確実に結びつけられるということを、自分自身において認めない人があろうか？

子どもの本性は、明らかに直観性を要求する。子どもの知らないある五つの単語をかれに教えてみよ。かれは、それらを覚えようとしていたずらに長いこと苦しむことだろう。だが、そのような単語二〇を絵と結びつけてみよ。子どもは即座に覚えてしまうだろう。子どもにごく簡単な思想を説明してみなさい。子どもは、なかなかあなたを理解しないだろう。その同じ子どもに複雑な絵を説明してみなさい。こんどは、すぐに理解するだろう。同じ程度の能力をもった二人の子どもに同じ出来事を、一人には絵を使って、一人には絵なしに、話してみるがよい。そうすれば、子どもにとって絵がどのように大きな意義をもつかがわかるだろう。

絵を示し、それにもとづいてお話をすることは、教師が子どもに近づくためのもっともよい手段である。子どもに絵を示して説明するときのように、速やかに大人と子どもとの間、とくに教師と生徒との間に立ちはだかる壁をつき破ることのできるものはほかにはない。もしあなたが、容易に発言を得ることのできないような学級（このような学級は、わが国にはざらにある）に入ったら、絵を見せることを始めなさい。学級は活動を開始するだろう。大切なことは、自由に強制的でなく話し始めることである。このことは国語教師にとって、かれが読み方や綴り方・正字法を子どもに仕込むことが自分の義務だとは考えないかぎり、欠くべからざることである。

直観教授においては、教師は、いわば子どもにおける言語の形成の過程そのものに居合わせ、その過程を方向づけることができる。その際、大切なことは、絵をつくることである。この絵が、間違った修飾語を訂正し、乱れた文句を秩序だて、抜けた個所を指摘するのであり、つまり教師が言葉だけでやろうとすればきわめて困難なことを、容易にやってのけるのである。

ドイツやスイスにおいては、もう直観教授に関する論争などというものはない。しかし、それを一つの教科とすべきか、それともすべての教科を直観的とすべきかということで、なお問題がある。私は、子どもがきちんと、たいした困難なしに読み始めるまでは、直観教授を独立におこない、その後は直観教授を学校で使われる読本の説明と融合させるのが、もっとも実際的だと思う。しかし、そのためには、もちろん読本そのものが系統的な直観教授に使えるようになっていることが必要である。私は、このことを念頭において『母語』を作成した。しかし、この本に挿入した絵は、もちろん部分的に読み方を直観化しているにすぎない。

学校の最初の学年における独立の直観教授に関しては、私は単にそれの大なる必要を指摘しうるだけで、この必要を満たすための何かをするということはできない。直観教授のためのいくらかでもきちんとした絵を出版することは相当に費用がかかることであるし、こうした絵の必要そのものが、私たちの社会や私たちの学校ではほとんど意識されていないのであるから、こうしたことに大きな資本を注ぐことを決心するような人はとてもいないのである。それゆえ私は、初等教育に従事している国語教師には、子どもをその内容によって話し合いに導くことができるような適当な絵を一〇枚ほど、どこかから手に入れるようお勧めしうるにすぎない。それは、風景画でもよいし、動物や植物・国民生活のなかの何かの光景を描いたものでもよい。教師は自らこれらの絵にもとづく話し合いのプランを立て、別に急ぐことなしにその話し合いを進めるがよい。しかし、あまりにくわしいことにまで立ち入って子どもを退屈させないようにしなければならない。絵は子どものよく知っているものや、教室に掛かっているようなものではいけない。そうでないと、子どもの興味を失ってしまう。教師は、教室には一つずつ絵を持ち込み、話し合いによって絵の内容のすべてが究め尽されたとき、子どもたちがその年齢としてはちゃんとその絵の話をする技能を獲得したときに絵を替えるようにしなさい。このような直観教授から得られる成果でも、相当なものであろう。しかし教師は、このような直観教授のみが、あるべき直観教授の姿だとは考えないようにしなければならない。正しい直観教授は、自らの体系や規則や方法をもつ。しかし、ここでそれらについてくわしく述べることは余計なことだと私は考えた。というのは、私たちには、まだこのような直観教授をおこなうための手段が手元にないのである。

7　綴字教科書の後の最初の読本について

先に述べたようなかたちのアルファベットの学習には、私は六カ月で十分だと考える。もちろん、子どもたちにもっと速く読み書きを習わせることもできる。しかし、私は、この仕事を急いでまで他に達成しなければならない目的があるとは思わない。子どもが理解できたり、読書に興味を見出したりする以前に子どもの前で本を広げたところで、何になろう？　私は、子どもに読み書きのメカニズムをゆっくりと教える方を選ぶ。しかし、それとともに私は子どもの注意力、話しことば、悟性を発達させ、子どもの記憶を生き生きとした形象、それらの形象を表現する的確なことばで豊かにし、少しずつ子どもを生きた国語のなかに導き入れるのである。

ところで、子どもは、一つ一つの単語を一音一音、一文字一文字分解し、読み、書いている状態であり、もちろん、それらすべてをきわめてゆっくりと、苦労しておこなっている。このような力不足の読者に、どのような読み物を与えたらいいか？　問題はきわめてむずかしい。実際、綴字教科書の後の最初の読本を書くことは、教授学のなかでももっともむずかしい問題だといってよいだろう。

この問題を取り上げるにあたって私はそれを十分満足のいくように解決しうるとはけっして考えなかった。この種のもので完全であると呼びうるような本が現われるのはまだ早いと私は考えている。私はできるかぎりのものを利用した。ドイツの教科書から取ったり、外国の学校の授業を参観したり、自分自身の実践から考えたりして、この小さな本『母語』の作成に長い時間を費やした。しかし、それにもかかわらず、この本に欠陥があることを私はよく知っている。そこで、どうかこの本を絶対視するのではなく、同じ目的をもって書かれたわが国の教育学文献のなかの他の本と比較しながら、批判を加えていただくことをお願いしたい。

教師は、この『母語』の第一部のなかに、次のものを見出すだろう。(1) 類と種に配列されたたくさんの物の名称、

(2)生徒が補充しなくてはならない不完全なフレーズ。あるいは、生徒が答えなくてはならない質問、(3)ロシアの諺、慣用句、警句、早口に発音するのがむずかしい連語、謎々、(4)あるものは子どものためにつくり直され、またあるものは、民話の型に従ってつくられたロシアのおとぎ話、(5)ロシアの歌、小さな詩、(6)挿絵。

これらおのおのの練習の使命を次に述べていこう。

(1) 類と種にわけた物の名称

なんらかの意味をもった物語の読み方にすぐさま移るのはむずかしい。一〇行の物語は、このような小さな読者には、読んだことを理解するのがたいへんむずかしいというほどに大きな努力を要求する。それぱかりか、読んでいるときには、当然、絶えず間違いを犯す。教師は、それを止め、訂正しなければならない。

これでは、どんなに興味ある物語でも、子どもにしては、あらゆる面白さを失ってしまう。すると、それとともに、読み方は機械的になってしまう。子どもは音を言い当てたり、単語を発音することに精いっぱいで、内容には注意を向けない。

したがって、最初の授業から、読んでいることの理解なしに読むという悪い習慣を身につけてしまうことになる。

これらの極端を避けるために、私は、小さな物語やおとぎ話と並べて、グループごとに配列した個々の単語をおいた。おとぎ話を読むときには、意味をまげてしまうような主な間違いだけを訂正して、絶えずこまかな訂正をしていることによって読み方を中断させてはならない。しかし、個々のグループの単語を読むときには、子どもの発声器官の発達からいって可能なかぎり、一つ一つの音を明瞭に発音させなければならない。

そればかりか、教師がこれらグループの単語——学用品、おもちゃ、家具、入れ物、食べ物、飲み物など——を生徒にいきなり読ませるときにも、生徒は間違いをするだろう。各グループの読み方を始める前に、そのグループの物に関する教師と生徒との学級での話し合いがなければならない。たとえば、まだ本を開けないうちに、教師が生徒に、教室にある物ぜんぶの名前をたずねてみる。子どもたちが一つ一つの物の名前を言い、大きな声で明瞭に発音したら、教師はそれらの物一つ一つについて子どもたちと、あまりくわしくならない程度で話し合いを始める。この話し合いの大部分は、次のような簡単な質問に答えるものでなければならない。それは何に使われるものか？　それはどのような材料でつくられているか？　だれがそれをつくるのか？　ときには都合によって、それの色や形や部分をたずねてもよい。一つ二つの物には長い時間をかけてもいいが、残りのものは簡単にすます。こうして、子どもが教室にある学用品ぜんぶをあげ終わったら、教師は子どもに質問する。だれはどのようなおもちゃを持っているか？　そして、おもちゃに関する話し合いをする。それも主として、この本に名前のあがっているものについておこなう。

このような話し合いの後、教師は、この本のその番号にある単語のなかでもっともむずかしい単語を音声法で分解する。たとえば、第一番では、**чернильница**（インキ壺）という単語を分解する。その後すぐに読み方に移る。たとえば、第一番に含まれる一二の単語はすべて、ぜんぶの生徒によってできるかぎり明瞭に読まれなければならない。その後、いくつかの単語、とくに子音が二つ並んだ単語は、上で述べた音声法によって分解したり、組み立てたりしなければならない。

普通の大文字で印刷された二種の単語の下に、同じ単語がイタリック体で、そして二種が入り混じって印刷されている。たとえば、第一番では、まり、ペン、じょうぎ、人形、本、こま、黒板、九柱、石筆、鉛筆、インキ壺。教師は、これらの各単語について、生徒に、それが学用品かおもちゃか、言うことを求める。たとえば、まり＝おもちゃ、ペン＝学用品、など。この方法はいろいろに変えることもできる。たとえば、ある生徒が物の名前を読むと、第二の生徒が、それは何かを言い、第三の生徒はまた物の名前を読み、第四の生徒が、それは何かを言う。生徒が、読まれた単語について考えていなかったら、いつも間違いを起こす。

その後、教師は、生徒に学用品の名前を除いておもちゃの名前を一つ読むことを求める。また、反対に、おもちゃの名前を除いて学用品の名前を読むことを求める。これは、子どもをだまって読むことに慣らす。

これらの練習の目的は明らかである。これらは、ある単語から他の単語へ急いで移行するようなことはしないで、単語の復習を求めながら、正しくはっきりと読むことを練習するほかに、読み方の最初の授業から子どもの注意力を訓練する。しかし、これらの練習の重要さを十分に評価し、私がなぜそれらに『母語』の全部においてこのようにたくさんの場所を与えているのかを説明するためには、ここで子どもにおける注意の意義と、それの発達する条件について数言述べなければならない。

注意は、意識のなかに入る外界からのすべてのものが常に通らなければならない、私たちの精神の唯一の扉である。したがって、この扉は、授業の一つの言葉も避けて通ってはならない。さもないと、その言葉は子どもの精神のなかに現われないことになる。この扉を開けておくことに子どもを慣らすことが、第一の重要な仕事であることは明らかである。この仕事の成否に、学習全体の成否がかかっている。

注意のくわしい心理学的分析はおこなわないまでも、私はここで、注意の二つの種類、もっと正しく言えば、注意の二つのあらわれ方について述べる必要があると考える。そのうち第一のものを私は受動的注意と呼び、第二のものを能動的注意と呼ぶ。

受動的注意というのは、対象自体が、それ自身の私たちにとっての面白さによって、この人間の精神の扉を、私たちの意志の参加なしに、ときには私たちの願望に反してさえ、開ける場合をいう。たとえば、私は、私にとって興味ある話は、たぶん、それを聞きたくないと思っていても、思わず知らず聞いてしまう。私は、私をおどかすようなものは見たくないと思う。しかし、よその方を見ようとするあらゆる努力にもかかわらず、それから眼を離すことはできない。これらは、受動的注意の鋭い極端なあらわれ方である。しかし、受動的注意は、このように鋭いかたちでは表われなくても、私たちに面白い本を読ませ、子どもたちには、子どもたちにとって興味あるおとぎ話を聞かせたり読ませたりする。このような受動的注意は、子どもの精神の一般的発達にともなって、子どもに周囲の世界に対する興味がじょじょにかきたてられるに従って、発達することは明らかである。

子どもにとって興味ある学習、読書、お話のすべてが、受動的注意の発達を促す。しかし、受動的注意だけではまだ不十分である。あまりに早く、いちじるしく、あとで述べる能動的注意の協力なしに発達した受動的注意は、病的な精神状態に転化することさえある。こうなった精神は、無力な怠惰な精神となり、絶えずおもしろい話やおもしろい読物による刺激を求めて、自分の扉を閉じることができず、自分のなかに深く入り込んで、自分自身が自分と相対することが不可能となり、自分自身から何かを自主的に引き出すこともできなくなり、きわめて受動的な生活を送ることとなる。一生を小説の読書に明け暮れ、つぎからつぎへ何十とそれらを乱読している読者、とくに女性は、このような精神的病にかかっているのである。周囲のものに対する興味を子どもの精神に呼び起こしたり、とくにおもしろい話を聞く興味を与える際に、私たちが気をつけなくてはならないことは、分別の限界を超えないことであり、子どもの精神にただ子どもにとって興味あるもの、つまり興味はあるが子どもの自主的活動を呼び起こさないようなものだけを与えて、子どもの精神を無力なものにしてしまわないことである。ところで、自主的活動は、なによりもまず、能動的注意に現われる。

能動的注意においては、対象が人間を支配するのではなくて、人間が対象を支配する。たとえば、私には生徒たちのノートを読み通すことは、退屈なことである。しかし、私は、それが私の義務であり、それに私が責任をもつ学習の成否がかかっていることを知っている。そこで私は、同じものを注意深く三〇回も読み、一つ残らずどんな小さな誤りをもチェックしていく。私は、このとき私の本を読みたいとか同じ室で始まっている私にとって興味ある話し合いに加わりたいという考えに強く引きつけられている。しかし、私は頑強に自分の注意を自分の義務の遂行に向ける。私の自分自身あるいは私の注意に対する支配力が強ければ強いほど、私は目的をより良く達成する。つまり、私の意志の力が強ければ強いほど、能動的注意も強いのである。注意の散漫な人々は、たいていそれと同時に性格の弱い、意志の弱い人々である。自分の注意を支配し、それを自由に方向づける習慣、自分の注意を引く対象から楽に自分を引き離し、なんのおもしろみもない対象に自分の注意を向ける習慣が、人間にとってどんなに重要かは、自ずと明らかであろう。生活においては、これはすべてのまじめな実践的な性格の持主に欠くことのできない条件であり、授業においては、これはすべてのまじめな生徒に欠くことのできない条件である。

子どもにおいては、意志も、したがってまた能動的注意も、常に弱い。しかし受動的注意はときには非常に強いことがある。子どもはだれも強制しなくてもあらゆることに目を向け、あらゆることに耳を傾ける。こうして、ことば、形象、印象の巨大な大群、おとなが一〇年かかっても習得できないほどの大群が、私たちの精神のようにいっぱいに積み込まれていない子どもの新鮮な精神のなかに深く横たわっていく。しかし、遊びながら耳のはしであなたたちの長い会話を聞き取り、その表現さえおぼえてしまう子どもが、四、五歳で外国へ移住すれば、外国語を一〇年かかってもおぼえられなかったあなたたち大人と同じように話し始めるその子どもが、何時間も五つの外国語の単語あるいは教科書の一〇行をおぼえるために坐って、泣いたり苦しんだりするのに、なおそれらを頭に叩き込むことができないのである。ここに、子どもの本性における受動的注意と能動的注意との間の鋭い相違が見られる。

生徒を罰のおどしでのみ学習させ、学習を子どもにとって興味あるものにすることに少しも気を配らなかった以前のスコラ的学習は、多くの悪をもたらしたが、子どもの能動的注意を発達させ、それを通して意志の力をも発達させた。昔のスコラ的学校では、何百という人々が鉄の鞭の下で破滅していった。しかし、何人かは、たとえ歪んではいても強い性格をもって巣立っていった。

ドイツの新しい教育学は、他の極端に陥り、別の誤りを犯してしまった。もっとも今では、イギリス人やイギリス人の教育を身近に知ることによって、その誤りから解放されてきているが。ドイツの新教育学は、すべての学習を子どもにとって興味あるものにし、子どもに読んだり話したりするものに対する興味を呼び起こすことによってのみ子どもを教え、発達させようとした。しかし、このような興味ある学習は、子どもを発達させても、子どもの意志にはなんらの訓練も与えず、したがって、子どもにおける自主的性格の発達を促さないばかりか、さまたげさえした。

真実の道は、ここでも、たいていの場合と同様、中間にある。学習は子どもにとって興味あるものにしなければならないが、それと同時に、子どもには子どもにとって興味のない課題の正確な遂行をも要求しなければならない。どちらの側にもあまりに傾くことなく、受動的注意に養分を与えるとともに能動的注意の訓練もしなければならない。子どもの能動的注意はまだ弱いが、発達させることができるし、発達させなければならず、訓練によって強化しなければならない。私たちの意志は、私たちの筋肉と同様、じょじょに強められていく活動によってのみ強化する。過度の要求は、意志も筋肉も痛め、これらの発達をおしとどめることがある。しかし、それらを訓練しなければ、あなたたちは、いつも弱い筋肉と弱い意志を持つことになろう。

このような心理学的根拠に基づいて、私は、私の教科書の第一部でも、その後のどこでも、子どもにとって興味あるおとぎ話とならんで、興味のない、しかし役に立つ訓練を、もっとも簡単なものから始めて、だんだんにそれらを複雑にしながら、取り入れた。このことについて、子どもの興味ある学習の擁護者たちが私を攻撃することを、私は知っている。しかし、私は正しいことに固執して、スコラ哲学を信奉するものというような非難を恐れはしないのである。

この教科書の各番号の下におかれた個々の単語のグループは、書き方の最初の訓練に役立てることができる。この訓練は、話しことばと読み方の訓練に常にともなわなければならない。読み方が終わったら教師は、生徒に、おもちゃと学用品の名前を三つか四つずつ書くことを命ずる。注意深く読んでいた子どもは、誤りなく書く。子どもが書くことに慣れてきたら、だんだん多くの単語を書かせなければならない。後には、同じようにして小さな簡単な単文を書き、その後で複雑な拡大文を書くことになろう。しかし、これについては、もっと後で述べることにする。

『母語』の第一番でおこなわれる練習について私が述べてきたことは、その後第一八番までにも当てはまる。第一八番では、月の名前が順にではなく、わざとまぜこぜに並べられている。これは、子どもたちが、月の名前を順に、季節ごとにおぼえるための教師との話し合いの後、自分で教科書の単語を必要な順序に並べることができるようにするためである。子どもたちは、次のように読む。十月＝秋の月、五月＝春の月など。それから、これらは春の月、これらは秋の月などと読む。そして最後に、すべての月の名前を、順に季節ごとに書く。

第一八番の後は、すべてこれと同じように、同一の類のさまざまの種の単語がばらまかれた文章がのっている。子どもたちとの予備的な話し合いなしには、これらの練習はなんの意味も持たないだろう。

(2) 生徒が完成しなければならない不完全な句、生徒が答えなければならない質問

ここでは、以前と同じ練習のほかに、一連の新しい練習が始まる。その新しい練習というのは、子どもたちがすでに習得している概念を含んだいくつかの小さな見本となる文のあとに、それと同じような文だが、読者が完成することができるし、しなければならない不完全な文がおかれているのである。たとえば、一月は冬の月ですが、五月は……？　子どもは、春の月ですと補って、この文を完成する。

この練習では、子どもの注意はすでに小さな文全体に向けられる。それを誤りなく補うためには、子どもは文全体を注意深く読み通さねばならない。そのほか、この練習では子どもたちが以前に習得した概念が、たいてい新しい組み合わせのなかで提出される。ここでは萌芽が示されるだけで、教科書の後の部分でより完全に展開されるこの新しい練習の必要性は、次のような心理学的法則にもとづいている。

私たちが習得した表象は、私たちがすでに習得している何か別の法則に基づいて別の順序に置き換えないかぎり、たいていはそれを習得したときの順序で、私たちの精神のうちに横たわっている。あまり発達していない子どもたちにおいては、かれらによって習得される表象は、いつも素早く習得の順序に並ぶ。いわゆる糞勉強家というのは、まさにこのようなしかたの習得を特徴とするのである。たとえば、かれらは、外国語の単語を、帳面に書かれている順序では暗記するが、ばらばらにされるとわからなくなってしまう。聖史もその最初の言葉をあなたが言えば、しゃべり始めるというように暗記している。それが止まったなら、次の言葉を忘れたのだ。その言葉をささやいてやれば、再び子どもはしゃべり出すだろう。すべての余分な質問は、かれを混乱させ、だまらせてしまう。どうしてか？　かれらの頭には言葉と概念が読んだときの順序で横たわっている。それらをその順序で自分の新鮮な記憶によって習得した子どもは、それらを組み合わせたり、置き換えたり、他の以前に習得した概念と結びつけたりすることには慣れ

ていない。そのような習得をもっていないということについては、もちろん、子どもには責任はない。以前のスコラ的学習は、このような習得で満足していたのだ。完全にスコラ的に教育された人間の特徴は、まさに無数の表象、概念、それに観念さえもが、伝説にある寒さで麻痺したつばめのように、かれの頭の中で動かない行列となって横たわっていることにある。各列は、互いにそばにいる他の列の存在も知らずに横たわっている。互いにきわめて近い、きわめて親しい二つの概念が、このような本当に暗い頭の中では、一〇年間も、お互いに気づくことなく、暮らすこともあるのである。私は、この現象を極端なかたちで提出した。しかし、このような極端なかたちでなければ、それはほとんどすべての頭で見られる。頭に存在するすべての表象・概念・観念がお互いを見て、知っているというほどに完全に明るい頭が、はたしてあるだろうか。しかし、できるかぎり多くの光が行き渡るように、あらゆる学習は努力しなければならない。ここに、子どもによって習得された概念を多様な組み合わせのなかに置かせようとする要求の根拠がある。このような高い目的に対して私が、この教科書に見られる練習のように小さなつまらない手段を考えていることを、笑う読者がいるかもしれない。しかし、第一に、私の教科書は七歳の子どもを対象にしているということを読者は忘れないでほしい。かれらにおいてはすべての高次な精神能力が萌芽の状態にあるにすぎない。第二に、私の教科書は、初等教育のすべてをけっして覆うものではなく初歩の国語学習のためのものにすぎない。したがって、他の教科——聖史、算数、後には歴史、地理など——ではなしうるような組み合わせを、そこでは提出することができなかったのである。私たちの仕事は小さい。その影響力も大きくはない。しかし、このような影響がすべての教科の教授でたくさん集まれば、結果は大きなものとなろう。

　教科書では、はじめに名詞の練習があり、後に動詞の練習がある。簡単な不完全な文を子どもが習得している概念によって完成するこの練習によって、第一学年のための『母語』第一部は終わる。

　この練習における書き方の課業は、自ずと明らかである。生徒は、不完全な句を書いて補ったり、教科書の問題に筆答で答える。これらの練習は多くない。しかし、私は、すべての優秀な教師は、私の本にあるもので満足せず、その手本に従って黒板に多くの新しい問題をつくって書き、生徒に、はじめは口答で、後には筆答で補わせるだろうと期待しているのである。

(3) ロシアの諺、格言、警句、謎々

ロシアの諺は、国語の初等学習にとって、第一に、その形式において、第二に、その内容において、意義をもつ。形式においては、それは母語の生き生きとした現われであり、母語の生きた深い源泉——永遠に若く、永遠に発達する国民の精神——から直接に飛び立ったものである。それ自身生命に充ちたこれら諺や格言は、たとえ無意識的にもせよ、子どもの精神に常に根づいている母語の種をよみがえらせる。

ドイツの教育学者も、綴字教科書に民族の諺を取り入れている。しかし、ロシアの諺の方が多様で意味深く、もっとも大切なことには、形式のうえでより美しく、精神のうえでより詩的であるというのは、けっして盲目的愛国心のせいではない。ドイツの諺は、理屈っぽい。功利的要素が支配的であり、そのうえ、教育学者が、子どもの理解に合わせたり、文法的に音節を直したりして、それらを台なしにしてしまっている。わが国の諺は、わが国の文法にしばしば矛盾している。ほとんどすべての主要なロシアの諺が、文法規則を嘲弄している。しかし、わが国の諺は文法的解剖には向いていないとしても、子どもを国語の生きた源泉に導き、子どもの精神にこの言語の手心を無意識のうちに教えるのには最良の手段ではないだろうか。

内容のうえでは、わが国の諺は、そのなかに、ロシアの国民生活がその生き生きとした特質をともなって、鏡のように反映しているという点で、初等教育にとっては重要である。国民的諺の意味を子どもに説明することほどに、子どもを国民生活の理解に導き入れるものは、おそらく他にないだろう。そこには、国民生活のあらゆる側面——家庭生活、家族生活、畑の生活、森の生活、公共生活、国民の欲求、習慣、自然について、人々について、生活のあらゆる現象の意義についての見解——が反映されている。

しかし、まだ子どもにきちんと読んだり書いたりすることを教えるのが問題であるときに、子どもに国民生活を認識させようとするのは、早すぎるのではないかと、言われるかもしれない。実際に、もし私がここで批判的認識を問題にしているのだったら、それはあまりに早すぎよう。しかし、私がここで考えているのは、直接的認識である。子どもが、子どもらしい鋭い眼で事物を観察し、それをたとえ文法上のあらゆる点を無視することはしばしばあっても、国語の精神に忠実な、的確なことばでもって表現することだけを望むのである。もちろん、わが国にも、子どもの理解を超えたような諺がたくさんある。しかし、子どもに完全に理解されるようなものも多い。ダーリが豊富に集めてくれたおかげで、私はそこから選ぶことができた。

私が、子どもにはその道徳的意味があまりにも深すぎるような諺をときどきもってきたのは、それらの諺には二つの意味があるからである。一つは、子どもにも十分わかる外的な、絵画的意味である。もう一つは、内的な、子どもに理解しがたい意味であり、外的意味は、それにとって絵画的衣裳の役割を果たしている。このような諺の場合は、子どもには、外的な意味だけを知らせればよい。たとえば、鉄は熱いうちに鍛えよという諺のような場合は、それの外的側面だけを子どもに説明すればよい。子どもには、鉄はなぜ熱いうちに鍛えなければならないか、冷えた鉄ではなぜいけないのかを言わせるだけで十分である。また、たとえば、壺と釜は仲間じゃない（「月とスッポン」のような意味——訳者注）という諺では、子どもには、なぜ仲間じゃないかを説明させる。諺の道徳的意味は、説明なしにすましてもよい。

諺にはたいてい、子どもが理解しなければならない何ものかが、その鳥のくちばしよりも短い文のなかに常にある。だからこそ、諺はいいのである。それは、子どもの力にも完全にあった小さな知的課題を出している。

私が、ときには意味もないような、格言、警句、早口ことばを取り入れたのは、子どもの舌をロシア風に折り、母語の音声美に対する感覚を子どもに発達させるためである。私がその際とくに考えたのは、いわゆる教養階級の子どもであった。この階級は、自分の母語を、その色、詩や生活の色調をそれから抜き去って、台無しにしてしまったのである。

謎々は、子どもに謎そのものを解かせることを、目的として取り上げたのではない。そういう場合もしばしばありうるとしても。多くの謎は簡単なものだからである。そうではなくて、子どもの知能に有益な練習を課することが目的である。おおかた教師によって言われる解答を謎に合わせること、興味ある有益な学級の話し合いの機会を与えることが目的なのである。子どもにとって興味ある生き生きとした謎は、それに関連するすべての説明とともに子どもの記憶に固く横たわるために、このような話し合いは子どもの知能に深く定着する。たとえば、次のような詩的謎々には、子どもにとってどんなに興味ある有益な説明が結びつくことだろう。夕やけ、夕やけ、美しい娘が、森を散歩して、鍵を失った。月は見ていたが、何も言わなかった。太陽はこれを見て、拾い上げた。仮に、子どもが、鍵は露を意味するということを解けなかったとしよう。そのときは子どもに説明させる。夕やけはなぜ美しい娘と呼ばれるのか、夕やけが露を失うというのはどういうことか、太陽は露を拾い上げたのに、月はなぜ、露を拾い上げなかったのか？　この絵のような生き生きとした謎によって、子どもの精神にはどんなに生き生きとした有益な話し合いが定着することだろう！　要するに、私は、対象の絵のような描写として謎々を見ているのである。

(4) ロシアの民話

ロシアの多くの民話は、もちろん、それらが単なるお話ではなくて、国民の心からの信仰であった、遠い異教の古代から伝わっている。しかし、それらのうちの多くは、明らかに、国民によってつくり替えられたり、あるいは子どものためにわざわざ新しくつくられたりしたものである。それは、ロシアの国民的教育学の最初のかがやかしい試みであった。私には、この場合の国民の教育学的天才に比肩しうるようなものがいるとは思われない。民話は、子どもでも容易に読める。それは、子どもの民話には絶えず、同一のことばや言い回しが繰り返されているからである。物語の教育的意義にこの上もなくかなったこのようなたえざる反復から、ある調和した、容易に見渡すことのできる、動きや生活や興味に満ちた全体が形成される。だから、民話は子どもの興味をひくだけでなく、また単語や言い回しを絶えず繰り返すことによって初等読み方そのもののすぐれた練習となるだけでなく、その生き生きとした細部や国民的表現全体が子どもの記憶のなかにきわめてすみやかに記録される。話の道徳的意味は、ここではたいして重要でない。実際、それはまったくないこともある。生まれながらのロシアの教師――おばあさん、母、ストーブから降りないおじいさん――は、道徳的格言は子どもに利益よりも害をもたらすことの多いこと、道徳はことばにではなく、子どもをあらゆる側面から取りまき、いたるところでいつも子どもの精神のなかに浸透している家庭生活そのもののなかにあるということを、本能的に理解し、経験から知っていたのである。

私は、断固として民話を、子どものためにわざわざ書かれた教養書のあらゆる物語よりもはるかに上にあるものと見た。これらの物語は、教養のある大人が、子どもの理解水準にまで降りようと骨折り、子ども風の空想に耽って、自分自身、書かれていることを一つも信じないのとは違う。このような童話をどれほどうまく偽造したとしても、それが偽作――老人の顔の上につくった子どもの渋面――であることには変わりない。民話では、偉大な、詩才に満ちた国民、子どもに自分の子ども的空想を話す。そして、少なくとも半分は、自分自身、その空想を信じているのである。

それゆえ、私は『母語』の第一部・第二部に多くの民話をのせ、第三部には歴史的な伝説や民謡をのせた。これらの詩的物語と並べて教養書の童話を私がその間にまぜるとすれば、それは単にやむをえない事情から、また部分的には普通の文語に子どもを慣らす必要から載せるにすぎない。

私は、民話をそこここで短かく縮めることにした。それは、私たちの臆病な道徳にそのことを求めるかもしれないような箇所を省いたり、ときには話をもっと単純にしたり、一つの民話に含まれている二つ三つの事件から一つだけを子どもに伝えるためにである。私は、また既成の民話集に必ずしも従うことなく、私の少年時代から民話の知識をたくさん持ち出した。実際、それらの編集者に従うことができなかったのは、それらの大部分に本質的でない変更が持ち込まれ、ときには、疑いもなく、最近の語り手による誤りが見られるからである。たとえば、「きつねとおおかみ」

という民話がそうである。百姓が冬、荷馬車に乗って出かけた。きつねが、死んだようなふりをしてとぐろを巻いていた、など。文学的目的ではなく教育学的目的を念頭にする私は、これに似た変更を恐れるものではないが、できるかぎりはどんなところでも国民の見方や表現を守ることにした。

ある理屈っぽいモラリストは、私が魔法使いの出る民話を子どもの本の中に持ち込んだということで私を非難するかもしれない。そして、これは子どもの想像を有害な形象で満たすことになると言うだろう。私は、ここでは、童話に巨人、化け物、魔女を持ち込んだグリムやドイツの教育学者の権威には従わない。しかし、このような民話の人をおどかすような性質は、それらが日光の下で、教室で教師といっしょに読まれるときには、完全に消え失せてしまう。子どもが何かの暗い隅を恐れるようだったら、子どもをよそへ連れ去るのではなく、反対に、その隅に光を持ち込み、そこへ自分自身が坐りなさいと言う。子どもの恐怖は、永久に散ってしまうだろう。

『母語』の第一部に私は繰り返しのある民話をのせたが、これはそれらがやさしくて初歩の読み方に適しているからである。「大きなかぶ」、「小さな円パン」、「交換」などがそうである。子どもは、同一の単語や表現を繰り返しながら、このような民話を、たとえまだ読み方はへたでも、たいした苦労なしに読み通し、明瞭な発音の練習をする。散文体の民話をときどき中断している詩は、子どもに容易に暗記され、数回繰り返すと、非常に好んで暗誦するようになる。

これらの民話はどのように読むか？　方法はいろいろあるだろう。ときには教師が自分で読んだり、話してやったりした後、生徒にそれを読ませるようにしてもいいし、ときには、生徒に最初から読ませてもいい。民話はすべて、数回読み、その間いくらか時間をおいて、再びそれに戻るようにせねばならない。子どもは、民話の反復を好み、すでに何回も聞いた話をまた話してくれとせがむものである。しかし、民話を朗読することだけで終わってはならない。子どもに後で、かれらのもっとも好きな話を自分で話させるとよい。読んだ民話についてのこのようなお話は、次のようにするとよい。最初に、もっともできる生徒にお話をさせ、他の者はそれを聞いていて、かれが抜かしたところ、本に書いてないように言ったところを指摘する。学級全体がいつも民話を本当のかたちで再現する。学級全体によるこのような民話の再現は、そのすべての細部を子どもの記憶に明瞭に印象づける。私は、この方法を子どもに話しことばを発達させる最良の方法としてとくに勧める。学級のお話は、ほかのものもすべてこのようにおこなわなければならない。

最後に、私は子どもの想像力を特別に発達させることが必要だとは考えないが、それにしてもこの重要な能力をなんの養分も与えずに完全に放置するのは有害であると考えるということを言っておこう。教育者は、私たちの魂《ドウーフ》は観念を養分とし、肉体は食物を養分とし、精神《ドウーシャ》とそのすべての能力は活動を養分とすることを忘れてはならない。

民話のほかに私は、さらに数行の小さな物語をのせた。それらのうちのあるものは、国民の創作したものだが、他はつくり足したものである。この後の小さな作品の使命は、子どもが、二、三行のこのような小さな物語を読んで、ただちにその内容を把握し、それを口で言い伝えることができるようにすることにある。私は誤って、これらをあまりにも早くのせたとも思える。たぶん、第一部の終わりか、第二部にのせた方がよかったかもしれない。私は、教師が後でこの短い物語を、子どもに正しい文語の口頭および文章での使用を教えるのに利用することをすすめる。ここでは、一つ一つの文の完成に気を配るべきである。長い物語の場合は、このようなことをしてはいられない。こんなことをすれば、子どもをたえざる訂正でいやにしてしまうからである。三、四行の物語を口頭で文法的に完全に正しく伝えたら、その後、黒板にすべての記号をつけてそれを書かなければならない。このようにして、生徒は、正しい綴り方の機械的習慣を獲得する。周知のように、このような習慣は、文法のどんなにくわしい学習をもってしてもそれに代わることはできない。文法のあらゆる規則を明瞭に理解し、知っている生徒でも、正しい綴り方の機械的技能をもたないときには、絶えず綴り方の誤りを犯すことになろう。

(5)　詩

わが国の文学には児童詩は極端に貧しい。わが国の著名な詩人のなかに教育学的目的を思いわずらったものは一人もいない。かれらの作品のなかに子どもの本にもふさわしいものを見かけることがあったとしても、それはまれな偶然である。また、このような詩であっても大部分は、そのなかに削ったり、つくり替えたりしなければならないような詩句が二、三ある。そればかりか、わが国の詩における文学的要素の支配は、このような選択をも困難にしている。民謡も、民話がしたような役割を果たすことはできない。民謡は、大部分が、おとなの感情の産物であり、そのような感情はまだ子どもを感動させず、それを子どもに引き起こすのは尚早である。強盗の勇悍な歌、私たちの物思いに沈んだ、ときには悲哀に満ちたメロディー、私たちの恋愛詩は、もちろん、子どもにはふさわしくない。わが国の民謡のなかから教育的なものを探し出すことができたとしても、歌の一部だけを取ったり、削ったり、ときには単語や詩句を取り替えたりしなければならない。私もそのようにしたが、このような変更は教育的目的によって是認されよう。残念ながら数は非常に少ない、断片的ではあるが良い詩の間に、私の本には、大部分ドイツのものをつくり直したまったく月並の詩がある。このようなまずい詩をのせたことについて私を攻撃する人があるかもしれないことを私は知っている。しかし、わが国の文学のなかでこのような欠陥を充たすものを示してほしい。詩のなかで思想がゆがめられておらず、子どもにも理解されるような情景や感情のひらめきがあるときには、私は子どもが喜び、子どもに良い印象を与える拍子やリズムのために、その詩をのせた。

詩を学習する方法は、その内容によってさまざまに異なる。しかし、一般に、この年齢においては、詩は学級で暗誦することをすすめる。教師がはじめに詩の内容を子どもに話す。その内容がいくらかでもむずかしいときには、もちろん、小さな詩に長い説明をくっつけるようなことはしないで、すべての思想、すべての単語を説明する。その後、教師が部分ごとに詩を朗読する。子どもは、拍子やリズムに導かれて、それを学級では容易に次々と暗記する。いくらかのち、第二学年のはじめには、子どもにかれらの暗記した小さな詩のすべてを誤りなしに書くことを要求することもできよう。これは正しい綴り方の習熟のためにはきわめて重要なことである。

(6) 挿絵

わが国における直観教授のための絵の不足をできるかぎり補おうとして、私は『母語』にいくつかの挿絵をのせた。それがきわめてまずい代物であることを私は知っている。しかし、何もないよりは、ある方がいい。これら挿絵のほとんどは、教師と生徒との間に小さな話し合いを呼び起こすことができる。文章に関係のある挿絵のほかに、私の本には、子どもに話し方や綴り方の練習を与えることを目的としてのせた挿絵がある。たとえば、教科書『母語』（ウシンスキー教育学全集2、一九六頁、明治図書）の農家の内部とそこにある物を描いた挿絵がそうである。子どもには、この挿絵に描かれているすべての物の名前を呼ばせ、その後それらの名前をすべて書かせなさい。その後、子どもが小さな文を書くようになったら、同じ挿絵に戻って、子どもに一つ一つの物について何かを言わせ――たとえば、外套が壁にかかっている。すきはペチカのそばの隅にある。たきぎはペチカの下に置いてある、など――その後それを書くように要求することもできる。子どもがいくつかの文をまとまった話に結びつけることができるようになったら、三たびその挿絵に立ち戻り、子どもにそこに描かれているものすべてについて話したり、記述することを要求することもできる。同じ目的で私が『母語』第一部にのせたこのような絵は、ほかにも見られる。

いまや私は、教科書に星印で示され、この本の各章に関する私の一般的覚え書きのなかでは説明のされなかった単語や表現についてのいくらかの個別的注と謎々の答えを書くだけになった。しかし、その前に私はここで一般的な結論を述べておく必要があると思う。

多くの人々には、たぶん、私が、『母語』のような子ども向けの小さな本を編集したうえ、それにこのようなたくさんの注意書、説明、弁明を書いているのが不思議に思われることだろう。しかし、私はそうせざるをえなかったのである。教師が教育に従事する生徒の年齢が少なければ少ないほど、よりたくさんの教育学的知識が要求される。そして、この要求は、生徒の年齢とともに増大するのではなく、減少するのである。教育学は、きわめて広い底辺ときわめて狭い頂上とをもつ。初等教育の教授学は数巻を充たすことができるが、大学の講義の教授学は、二つのことばで表現することができる――「自分の科目をよく知り、それを明瞭に叙述せよ。」それゆえ、心理学や教育学を専門に研究したことのない教授の大部分には、教育学的解釈や論争のまじめな内容がいつも不思議な、余計なことのようにさえ思われるのである。しかし、これらの人々に自分で小学校を建て、そこで教育をさせてみるがよい。そうすれば、かれらはじきに、初等教育にはよく考えなければならぬこと、研究せねばならぬこと、論争になるかもしれぬことがたくさんあることを確信するだろう。私は、教育学は科学ではなくて技術だと考える。しかし、この技術の理論には、人々に十分に知られる必要のあること、訓育や授業の実践に取り入れられる必要のあることが、きわめてたくさんあることを私は確信している。

8 第一学年の結果

『母語』の第一部が学級でしかるべく、急ぐことなしに、そのなかにある練習を抜かすことなしに学習されたなら、子どもたちは、疑いもなく、たいそう速かったり、たいそう機敏ではないとしても、十分な意識をもって読むことができるだろう。読み方の速さは、理解の速さに応じて発達しなければならない。もし子どもが、理解しうる速さ以上の速さで読むようだったら、子どもは無意識的に読んでいることになる。昔の学校の生徒は、このようにして、ときにはおしゃべり家のような速さで読んでいた。そして、すずめも驚くその速さが、両親や教師たちに大きな満足を与えていた。だが、このような読み方は、私の読本を編集するさいの目的とはならなかった。読み方の速さは、理解の発達にともなって自ずとやってくるものである。教授の最初においては、それはなんの役にもたたないばかりか、かえって有害である。

『母語』の第一学年の練習では、多数の名詞およびいくつかの動詞を間違いなく書く能力とともに、動詞を名詞と正しく結びつける技能、したがって、小さな簡単な、主語と述語だけの文をつくる技能を、獲得することができるだろう。

子どもの話しことばも、もし教師が『母語』第一部にあるテーマですべての話し合いを子どもたちとしかるべくおこなっていたら、いちじるしく発達しているにちがいない。もしすべてのおとぎ話が子どもたちによって話され、いくつかの詩が暗記され、謎々や諺が説明されて、その多くが習得されたならば、子どもたちの言語は多くの単語、純粋にロシア的な表現によって豊かにされているにちがいない。

しかし重要なことは、子どもの注意と悟性の訓練が正確におこなわれたならば、これらの重要な能力がいちじるしく強化され、子どもたちが一つの対象に自分の注意をかなり根気強く向けていたり、一度にいくつかの対象を観察する能力、悟性の活動によってそれらの表象を一つの正しい概念にまとめる能力を獲得するということである。

子どもたちのこのような発達を考慮に入れて、私は『母語』の第二部では、いくらか方法を変えることにした。

9　『母語』第二部の概要

『母語』第二部は三編に分かれる。はじめの二編は、本来の読本からなり、第三編には、単語練習・綴り方練習の見本が体系的に叙述されている。

はじめの二編では、文章の配列に際して二つの異なる原理に従った。「まわりの世界」と名づけられた第一編では、文章の配列は場所の原理に従い、「四季」と題する第二編では時間の原理に従った。私はすでにこの指導書の第一部で、なぜ子どもの学習する対象の体系を変える必要があるかの理由を述べた。『母語』の第二部では、この目的やそれを達成する手段がより明瞭に表現されている。

第二学年のこれら三編は、同時に学習されねばならない。主要な基盤となるものは、対象がそれの見出される場所に従って配列されている第一編でなければならない。場所はだんだんとその範囲を拡大していくが、その中心となるのは生徒およびその教室であり、最後の領域は、子どもたちの住む町または村の特徴である。第二編の読み方は、後でくわしく述べるように、そこで描かれている季節や祝祭日と一致しなければならない。第三編、すなわち、単語練習と綴り方練習の学習は、学年の始めから終わりまで、読み方やそれによって引き起こされる話し合いにともなっておこなわれねばならない。

次に各編について説明をしていこう。

10　第一編「まわりの世界」の内容——事実的文章とその意義

この編には、おとぎ話、詩・歌・諺・謎々（これらの意義や使い方についてはすでに第一部（本書八二—八八頁参照）において説明した）のほかに、新しい種類の文章、たぶんけっして上出来とはいえないのだが、私が事実的、論理的文章と呼んだ文章が入っている。この新しい文章の意義と使い方をここで説明しなければならない。

私は、子どもにとって興味ある読み方への信奉者の多くが、たとえば「学校のなか」「私たちの教室」「着物」「食器」その他これらに類するような無味乾燥な文章に反対することはよく知っている。しかし、私はすでに以前、読み方の直接的興味が授業を活気づける必要があるとしても、それが学習の労働をなくしてしまうほどにすすんではけっしていけないこと、なぜなら、まさに労働はいつも興味あるとはかぎらないが、いつも意味の理解された有益な労働こそが人間および人類の知的・道徳的発達をおしすすめる最大の原動力であるからだ、ということを述べた。*

＊　労働の精神的意義については、国民教育省雑誌一八六〇年七月号にのった論文「労働とその精神的意義」においてくわしい解明を試

みた。——邦訳ウシンスキー『教育的人間学1』、『ウシンスキー教育学全集6』明治図書

意味のわかった有益な労働としての意義のほかに、これらの文章は、もっと別の、同じように重要な意義をもっている。これらは、まわりの現実の正しい観察によって子どもたちに与えられる単純な印象を簡単・明瞭に表現することに子どもたちを慣れさせる。まさにこれらの文章によって、私が前にその必要性を述べた教授の直観性が可能となる。これらの文章では、子どもたちが見ている、あるいは最近見てその詳細をすべてたやすく思い出すことのできる事物が話されている。この本にあげられているこのような事物の記述は、もちろん、子どもの記憶にあったり、眼前にある事物と完全には一致しないだろう。しかし、そのような相違からは、生き生きとした正確な比較の可能性が生まれる。比較は、周知のように、発達し強化されつつある悟性のもっともよい練習である。悟性そのものが、比較する能力以上の何ものでもない。

子どもにもっぱら興味のある物語を擁護する人たちも、もし子どもに興味ある何かの物語とこのような事実的文章とから同時に知的練習や綴り方の練習を引き出してみるならば、このような一見無味乾燥に見える文章の利益を納得するだろう。そのときには、かれら自身が、知能訓練や綴り方の練習には、結論を出したり、比較や推論をおこなうには、どれほど前者よりも後者の方が適しているかがわかり、内容のうえでは子どもに少しも興味のない文章が、それの与える作業によって、本来そのために文章の書かれた練習によって、子どもに興味あるものとなることを確信するだろう。

これらの論理的文章はすべて、互いに関連をもっている。このような関連は、もちろん、逸話の間には存在し得ない。この関連が、教育者にとっては非常に重要である。かれは、一歩一歩、中断や飛躍なしに、以前のものを忘れ去ることなく、絶えず子どもの視野を拡大し、知的課題・口頭や筆頭の課題のじょじょに増大する困難性によって子どもの知的能力を有機的に強化しつつ、前進することができる。

ドイツやスイスでもっとも広く使われている初等読本では、このような事実的文章が上位を占め、ときには読本の

ほとんど全体が、これらに聖書物語とわずかの児童詩をつけ加えたものからなっている。しかし、これも他の極端である。そこでは、子どもの悟性だけをあてにして、子どもには、そのほかに想像力も感情もあることが忘れられている。私は、この両極端を避け、論理的文章の間におとぎ話・詩・物語・歌を豊富におりまぜることにした。

ある人々は、事実的内容の文章に直接に反対はしないが、それらが絵画的形式で記述されていることを要求する。しかし、その際、この人たちが忘れていることは、絵画的形式は記述を長く引きのばすだけでなく、子どもたちに気に入っているときでさえ、子どもにはむずかしい形式であるということだ。子どもたちにとってこのような絵画的記述から内容を引き出すことは、あらゆる飾りの除かれた単純な論理的記述から内容を引き出すことよりはるかに困難である。子どもが発達すればするほど、物語もだんだんと複雑で、絵画的なものにしていくことができ、その内容もより大きく隠すことができる。子どもにとって読み方や理解の過程が困難であればあるほど、文章はより短く、簡単で、事実に近いものでなければならない。『子どもの世界』の批判者たちはこのことを理解しようとしなかった。かれらは、私が、おもしろい物語を本の終わりにもってきて、単純で相当に無味乾燥な物語を始めにおいているということを非難した。だが、子どもの本を大人にとってのおもしろさでもって評価すべきではないし、書物の対象とする年齢が上になればなるほど、書物はその内容において一般的おもしろさをより多くもちうるようになるのは当然のことである。

11　事実的文章の使い方

なによりもまず、これらの文章は読み方だけを目的とせず、教師と生徒との話し合いの題材ともなるものであり、ここでの口頭の話し合いは読み方と同様に重要なものであることを指摘しておかねばならない。話し合いは、読んだことを解説し、読み方は、話し合いのなかで習得したことを強化しなければならない。このどれかを欠けば、教授の目的を達成することはできない。

しかし、どちらが先行すべきか――話し合いかそれとも読み方か？

はじめ、生徒がまだ読んだ内容の扱いに慣れないときは、話し合いが常に読み方に先行しなければならない。その後は、読み方が話し合いに先行してもよい。

話し合いと読み方が終わったら、正確なはっきりとした質問によって、読んだことのすべての内容を生徒の答えのなかに呼び出し、それを話し合いから引き出されたことによって補充し、最後に、これらの質問と解答によって綴り方の練習をおこなう。

読んだ内容をあますところなく汲みつくすような質問は、一見思われるほどに容易ではない。教師は、あらかじめ文章の内容を自分自身で十分に習得し、それに対する質問を頭の中に準備しておかねばならない。最初は、それらの質問をあらかじめ書きとめておいた方がよい。

質問は、文章の内容に十分に当てはまり、その内容をあます所なく汲みつくすとともに、子どもの力を超えるようなことはなく、子どもの発達段階に一致するものでなければならない。こうしてはじめは、質問は、子どもがその質問を解答形式にかえ、一つ、多くて二つ三つの単語をつけ加えるだけで答えられるようなものにしなければならない。学習がすすむにつれて、質問はだんだん簡単となり、解答はだんだん長く、複雑となる。質問を出し、その解答の複雑さやむずかしさをじょじょに強めていく能力は、もっとも重要で、もっとも必要な教育的習慣の一つである。この習慣を書物から習得することは、もちろんできない。まして、すべての教師は自分自身の方法をつくり出すことができるものであり、その方法は自主的なものであればこそ優れたものとなる。それゆえ、読み方の方法のくわしい叙述には深入りしないで、私はここに一つの授業の順序を、それが必然的なものであるとはけっして主張しないのだが述べてみることにしよう。その見本としては、第二部の最初にある、「学校」と題する文章の読み方を取ろう。

　教師は、授業を話し合いによって始める。クラス全体に向かって、子どもたちが前の授業で何をしたかをたずね、子どもたちの解答のなかにこれから読む文章のほとんどが表われるように、話し合いをすすめる。これについでおこなわれる読み方は、説明によって中断されることはない。なぜなら、必要なことはすべて、前の話し合いのなかで説明されているからである。読み方は次のようになされる。はじめに、一人の生徒がいくつかの文を読む（文章全体は短い文からなっている）。ついで第二の生徒が、第一の生徒の止まったところから、読みを続け、こうして、さらに二、三人の生徒によって文章全体を読み通す。読み方で、可能なかぎりの明瞭な発音が得られたら、教師は次のような種類の質問をする。教室にはだれがいますか？　先生はどこに坐っていますか？　生徒はどこに坐っていますか？　先生のそばには何がありますか？　黒板には何で字を書きますか？　生徒の前にはどんな板がありますか？　など。これらの質問に学級のすべての生徒が正しく、大きな声で、速く答えるようになったら、教師は、質問のいくつかを次のように結びつけることができる。先生はどこに、生徒はどこに坐っていますか？　先生のそばには何があり、生徒の前の机の上には何がありますか？　黒板にはなんで字を書き、石盤にはなんで字を書きますか？　など。

　これがすめば、生徒はもう質問なしでも、文章全体を繰り返すことができる。

　この後、本に書かれてある学校でされていることと生徒がいる実際の学校でされていることとの比較をする。この比較から子どもの頭には、現実やかれのまわりのことがらについてとともに、読んだ文章についての明瞭な表象が生まれる。

　綴り方の練習は、教師が、すでに子どもによって口答で解かれたいくつかの質問を黒板に書き、生徒がその質問に対する解答を書くことによってなされる。これはほとんど間違いなしにおこなわれる。なぜなら、文章だけでなく、単語の輪郭までが、まだ生徒の記憶に生き生きと存在し、かさなる反復によって記憶のなかに根づいているからである。*

＊　一般に綴り方の課題は、生徒がそれをおこなう際、けっして間違いを起こさないで、あるいはごくわずかの間違いだけでできるようなものでなければならない。多数の間違いの訂正は、多くの時間を取るだけで、たいして利益を与えず、教師や生徒をしばしばいらだたせるだけに終わる。間違いは、できるかぎり事前に予防し、訂正などしないですむように事を運ばねばならない。

これと同じことは、次の文章にも当てはまる。黒板、石盤、私たちの教室、家、私の家はどんなか？　家はどのようにして建てられるか？　私たちの家族、食べ物と飲み物、パン、など。

たとえば、「机といす」という文章についての質問は、次のようになる。机はだれがつくりますか？　机は何でできていますか？　机にはどんな部分がありますか？　机の上にはどんな板がおいてありますか？　いすはだれが何からつくりますか？　いすの部分は？　いすの席はどうなっていますか？　いすは、しょうぎ、腰かけ、安楽いすとどこが違いますか？　いすにあって、机にないものは何ですか？　机にあって、いすにないものは何ですか？　机はだれが、いすはだれが使うものですか？　このあと読本の机およびいすと、教室にあって、それの直観学習から授業の始まった実際の机およびいすとの相違と類似に関する質問をする。最後に、この授業から引き出される綴り方の練習がおこなわれる。

次に、犬のビーシカ、猫のワーシカ、ねずみ、馬、牛、山羊などの動物に関する文章に教師の注意を向けることにしよう。これらの動物の記述があまりにも表面的であると見える人には、この本が八歳の子どもに向けて書かれたものであることを思い出してもらわなければならない。この年齢の子どもが、もっとも眼につきやすい二つ三つ、さらには四つもの特徴を習得できれば、十分である。ここで、完全性や完成をねらうものはだれもいない。それらは、いまにやってくる。

いつでも折をみて、前に読んだことを思い出させる必要がある。たとえば、「家」の文章では、「学校」の文章を思い出させるべきだし、「ワーシカ」の文章を読むときには、可能なかぎり、猫と犬、それから猫と馬の比較をさせねばならない。

ほとんどすべての事実的文章の近くに同じ対象に関する詩や物語があり、ときには、それらが二つも三つもある。

これは、第一に、意識的に読まれた事実的文章が、教師を、物語や詩の対象について説明を加える必要から免れさせるためであり、第二には、教師に、同一の対象をさまざまの側面から見回す時間と可能性を与えるためである。挿絵を本のなかに入れる都合から、しばしば物語や詩がそれと関係する事実的文章に先行している。しかし、実際の授業では、常にこの後者から始めるべきである。

おとぎ話は、編の最後においてある。しかし、もちろん、これらの読み方や話し方は、他の授業と混ぜ合わされて、それらを多様化しなければならない。

12　近隣の学習

教師は、第一編にいくつかの平面図があるのを見出すだろう。教室の平面図、家の平面図、そして最後に、庭と野菜畑のある農家の平面図。これまでのところ読本に平面図が混ざっていることはふつうないことなので、私はこれについてはいくらかくわしく述べなければならない。

スイスの学校ではどこの国よりも多く近隣の学習がおこなわれ、順を追って生徒の視野を拡大している。私は、この私たちにとっては新しい仕事を注意深く見守り、それがすべての可能な学校で、また家庭教育においてさえも、役に立つ、有益な仕事であることを確信した。*

* この学習に対するロシア語の名称を考えることはむずかしい。ドイツ語の Heimatskunde（郷土科）も、この仕事を十分には表現していない。私は、むしろ近隣学と呼びたい。この言葉がそんなに奇異にひびかないとしたら。しかし、問題は名称ではない。

はじめに子どもたちは、自分たちのいる教室をくわしく学習し、教室の平面図を読むことをおぼえる。すべての教室が、事前に教師によって描かれ、板紙にはられた、自分の平面図をもっている。子どもたちは、この平面図を読む。

すなわち、そこにある各線・各記号の意味を話す、言いかえれば、平面図によって教室をくわしく描写する。それから教師の助けを受けながら自分たちで同じ平面図を黒板に描く。他の学校では、既成の教室平面図はなく、生徒たちが教師に助けられて、教室を測量し、測った線を一定の縮尺で描き、じょじょに教室の平面図を再現している。この後の方法の方が、私には、前者よりも有益に思われた。なぜなら、この方が子どもにより多くの自己活動を与えるし、それは一見考えられるほどにはむずかしくないからである。子どもたちは、この作業に非常な興味をもち、すぐに測量や測った線を一定の縮尺で引くことに慣れ、教師はただ仕事を説明し能力の劣る子どもを指導するだけでよいのである。はじめに教室の縦の長さを子どもに測らせ、黒板に直線を引かせる。しかし、教室の縦の長さの直線を黒板に描くことはできないので、子どもたちはすぐに縮尺の意義を理解する。ついで子どもたちに横の長さを測らせ、縮尺に従って、教師の助けを得ながら、四角形を描かせる。それから、この四角形に家具を配置し、ストーブなどの位置を記す。さらに子どもたちは四方に倒した壁を描き、その上に扉・窓・地図などの位置を記すこともできる。

平面図を読むときには、対象の縦・横を数字によって正確に言い、それらの相互の位置を言葉で表現し、対象が何でできているか、だれがつくったか、どのように使われているかを話さなければならない。また、形・色、古いか新しいか、何かの特徴をもっていないかなど、要するに、対象を正確に示すことのできるすべてを描写しなければならない。

この練習は、子どもに鋭い観察力を与え、思考の厳密さ、表現の正確さを教えるという意味においてもきわめて有益である。これらはすべて、子どものなかに根づかせ、発達させねばならない貴重な資質である。

二番目の平面図は、家の平面図である。しかし、もちろん、これは都合によって、学校の平面図に取り替えることもできる。とくに学校が建物のある階全体を占めていたり、独立の建物となっている場合は、そうしてよい。第三の平面図は、同じ家の庭、野菜畑などをともなった平面図、すなわち、子どもたちがこの本で読むすべての付属物をともなった家の平面図である。第二学年では、学習はこの三つの平面図に限ることができる。第三学年には、家か学校の建っている街の平面図、学校のある村か町の平面図、近郊の平面図、そして最後に、子どもを近くの土地から広い祖国にまで導くにちがいない川の平面図を私はあてがっている。こうした準備をへた第四学年では、祖国の地理の学習が都合よく始まり、今日やられているよりも生き生きと、はるかによくこの学習がすすめられるのを期待することができよう。いまは、子どもたちにあらかじめ地理的本能、ドイツ人の言う土地感覚（Ortsinn）を発達させることもなく、子どもたちのとても理解できないような巨大な対象から地理の学習が始められている。

この土地本能は、ときには強い、生まれつきの能力であることもあるが、それよりも多くは強化し、発達させねばならないものであり、いずれにしても、学習においても実際生活においてもきわめて有益な能力として指導しなければならないものである。

13　第二編「季節」の内容

この世で起こるいっさいのことがらは、一定の場所で、一定の時期に起こるほかはない。学習が無味乾燥で、抽象的、一面的となることを欲しないのなら、そして、生き生きとした、調和的な自然の完全性のなかで子どもを発達させようと思えば場所や時間を視野から取り除くことはけっしてできない。どんな出来事も、それが生徒の知った場所で、出来事にあれこれの季節性を与える色彩とともに生徒に示されるときには、子どもの心に深く根づいて、多くの実を結ぶ。それゆえ、歴史の学習に際しては、子どもに事件の起こった場所、その場所の自然、そしてできたら、その事件の起こった季節を生き生きと示すことがきわめて有益である。しかし、このような学習には、子どもたちを前もって準備しておかねばならない。私は、そのためには、読み方や話し合いの題材に、もちろんできる範囲でのことであるが、子どもの周囲の場所や学習のおこなわれている時間を取り上げるのが、もっとも良い方法だと思う。そうすれば、本で読んだり、学校で話される印象が、子どもにも生き生きしたものとなり、子ども自身の経験や感覚で確かめることも可能となろう。このような場合は、子どもは自分の見たり感じたりしたことを話し、そのことばは真実に満ちることとなろう。ことばの真実性は、だんだんと発達させねばならないことばの貴重な性質にほかならない。

これが私に、第一編の場所に従った文章記述のほかに、第二編で時間に従って文章を記述させた第二の理由である。この目的のために私は、詩や描写とまぜあわせた短い物語のなかで、子どもの一年を、順に回想的に叙述した。そこでは、言うまでもなく祝祭日が、もっとも重要な地位を占めている。だれにでもよい、自分の少年時代を想い出させてみよ。子どもにとって祝祭日は、私たちとはまったく違ったものであることに気づくだろう。それは子どもの一年の生活における実際の出来事であり、子どもは、私たちが自分の年を私たちの生活における重要な事件から他の事件までで数えるのと同じように、自分の日数を祝祭日から祝祭日までで数えるのである。荘厳な儀式のおこなわれる教会、四季の変化をともなう自然、独特の祝祭日の慣習、楽しみや気苦労をもった家族――これが私の記憶のなかの少年時代の祝祭日を明るく照らす三つの要素である。この少年時代から祝祭日を取り去ってしまったら、それはどんなに薄暗い灰色の時代となろう！　そして今日でも子どもは、少なくとも、その生活から昔からのあらゆる良い慣習・あらゆる詩興を根絶することによって、その生活をまったくの無色にまで洗い流してしまった家族でないかぎり、かつて、私たちが生活していたのと同じようにして生活しており、白樺、ライラック、柳などが、ロシアの子どもの生活を同じように充たし、またこれからも長く充たすであろうと、私は考える。

私は、ロシアの読本にいくつかの小ロシア的慣習や表現さえ取り入れたことについて非難を受けるかもしれない。しかし、これは第一に、私は、小ロシア人はモスクワ人と同じように等しくロシア人だと考えるからであり、なぜペルミやヴィヤトカの祝祭日の慣習が、小ロシアの慣習よりもロシア的なのかわからないからである。第二には、大ロシア人自身の意識においても、小ロシアの祝祭日の慣習には、工業の影響によって消されていない、すべての純粋な農民の国民性と同じように、より多くの生活と児童的詩興が保持されているからである。二つ三つの小ロシア語は、もちろん、ことを台なしにはしない。他の地方の子どもは、文章を読むことによって、自分たちの祝祭日について知っていることと本で読んだことを比較することができる。

教育的目的を考えて私は、詩を分解し、同一の詩人のさまざまの詩から、自然の季節的生活のある何かの様子を描いた詩をまとめあげた。この生活は何にもまして、人間の心に詩的感情を呼び起こすものである。子どもにとっては、復活祭と春、クリスマスと冬、スパス（八月の祭日）と熟した果物、聖霊降臨祭と緑の白樺が、一つのきわめて印象的な、新鮮な、充実した生活と結びついているのである。

私は、あれこれの祭日に思い出される福音伝道者の事件の挿絵をつけ加えた。これは第一部の読み方ですでに始められたお話の継続のためのものである。福音伝道者の事件をはじめて知らせる場合には、間近な祭日の説明と結びつけておこなうのがいちばんよい。そこでは、教会の勤行も、母親の話も、子どものお祭り気分も、すべてがいっしょになって、あれこれの事件を活気づけることとなろう。

この第二編の読み方は、すでに上で述べたように、第一編の読み方と平行しておこない、季節や祝祭日に合わせておこなわなければならない。そして、子どもたち自身はどのように行動したか、お祭りを迎えてどのように考えているかについての話し合いがもたれなければならない。そうすれば、有益な綴り方練習をするのも容易であろう。

14　第三編「模範練習」

この編では、第一部で始められた話しことばと綴り方の練習をさらにすすめることになる。これらの意義や方法についてはすでに前に述べた。当然、練習の形態は、前よりも複雑になる。この編の練習の特別の目的は、簡単な拡大文をじょじょにつくっていくことにある。

練習の大部分は、子どもの記憶のなかから自ずと呼び起こされるような言語形式の使用された諺から始まる。これら諺の多くは、形式上の価値のほかに、教師が利用することのできるような内容上の教育学的価値をもっている。諺の説明は、たいてい何かの有益な興味あることがらを子どもに解説してやることを意味する。この解説は、子どもの頭に強力な民族的表現を定着させる。私は、すでに第一部において、諺はどのように解説しなければならないかを述べた。しかし、ここで諺のすべてが簡単に説明されるものではなく、ある種の諺に適切な解説を加えるためには、教師の準備が必要であるということをつけ加えておくのは余分なことではないと思う。

この本には、練習の手本だけがのせられている。その数は多いが、しかし子どもをあれこれの言語形式の正しい使用に訓練するには、なおはるかに不十分である。しかし、この手本に従って多くの練習をつくり、黒板にそれらを書いて、生徒に問題を読ませ、それにはじめは口答で、後に筆答で解答させることほど楽なことはない。

第二部のこれらの練習の利益や目的は明瞭である。それらは、問題によって子どもの心のうちから国語の形式を呼び起こし、子どもにそれらの形式を自由に容易に呼び起こし、正しく利用する技能を与える。このようなしかたでは、もちろん、母語だけを教えることができる。母語は、外国語のようにして、教えてはならない。母語は子どもの精神によって直接的に、学校の援助なしに習得されるものであるが、しかし、学校はこのような無料の資源を速やかに折よく利用する方法を教えなければならない。精神には国語の多数の形式を携さえながら、それらを速やかに折よく利用する習慣をもたないでいることがある。このような習慣は、練習によってのみ発達するのである。

そればかりか、この練習は、疑いもなく、後の文法学習への準備ともなる。子どもは、半意識的に、文をたびたび使用し構成することによってのみ、品詞や文の部分の意義の評価に慣らされる。単語はすでに、自ずとその使用によって、子どもの頭の中で文法的順序に分けられている。だから後は、ほとんどすでに自ずと実践的練習によってグループに分けられている単語の形式のさまざまの部門にレッテルをはることだけが、文法に残されている。

練習は、じょじょに問題によって、よく知られた一般型（locatopica）によって、№26に模範のあるような完全な拡大文を想起させるようになる。この一般型は、私がすでに別のところで述べたように、修辞学的にはなんの意味ももたないものであるが、ここでは、あらゆる文を構成要素に分解させる母語の初歩的学習においては、きわめて有益である。子どもにこのような問題に答えることを教えるだけでなく、自分でそのような問題文をつくること、問題によって文を組み立てるだけでなく分解することを教えなければならない。さしあたっては、これらすべてをなんの用語や定義も与えずにおこなう。

練習はすべて、この本では何も述べられていないような対象についての小さな自主作文で終わる（No.36）。言うまでもなく、このような練習にはすべて、話し合いと可能なかぎり対象の直観的学習が先行しなければならない。子どもの最初の作文のテーマは、常に子どもの周囲の対象や自分自身の生活のなかでの感覚経験より選ばれねばならない。子どもが教室でしたこと、お祭りのようすなどを書かせるのである。

多くの練習、たとえば、時称の練習（No.11～16）、人称と数（No.18）の練習は、この本のあれこれの文章の読み方に適用しても大きな利益をもたらすことができるということをさらに言っておく必要があろう。たとえば、何かの文を現在形で読んだ後、子どもに動詞を過去形にかえることを要求したり、第三人称で書かれた物語を第一人称の物語に変えさせるのである。スイスのある優れた読本のなかには、このような問題がすべての文章の下に書かれていた。しかし、私は、第三編に模範のあがっているようなあれこれの練習をおこなう時間や文章は、自分で選ぶ自由を教師に与えた方がいいと考える。

最初の二年間の学習では、子どもが簡単な拡大文を正しく言ったり書けるようになれば十分である。第三学年で、複雑な文や最近スコットランドの教育実践家たちによって重要な教育学的意義をもつものとされている語源論の学習をおこなうことになる。

私の本にいまいちど目を通して気がついたことは、ここには最初の数年における学習の主要な教授学的規則がかなりくわしく述べられており、初等教育の教授学を書くのでなかったら言い残されたことはわずかしかないということである。しかし、わが国にはいまのところ教授学の完全な教程が一つもないということもあって、この問題についての必要な助言をまとめた小さな論文集は、それなりの意味をもち、相当の利益をもたらすことだろう。私の本の終わりに小さな付録をつけるようにしたのは、そのためである。私がここで述べるのは、付録1「教室でのお話」、とくに聖書の物語について、付録2「計算の初歩教授」について、付録3「初等図画」について、である。

付録1　教室でのお話

生徒が聞いて、後で自分もそのお話をする教師の口頭の話は、初等教育に欠くことのできない補足である。子どもは、読むことよりも聞くことの方が好きである。それだから、最初の二、三年はまだ読書の過程そのものが子どもを疲労させる。またそればかりでなく、子どもには、読むことだけでなく、注意深く聞いて、聞いたことを覚え、後で話しすることにも慣れさせる必要がある。

教室でのお話を巧みにおこなう教師に出会うことはまれである。それは、そのような天分をもつ人がまれだからではなく、十分に教育的なお話をする能力を自分のうちに形成するためには、天分のある人さえたいへんに苦労しなければならないからである。

教育的なお話は、単に他のあらゆるお話と同様、おもしろいものであることが必要であるだけでなく、純粋に教育的な性質というものを内に含むものでなければならない。それは、子どもの頭に容易に印象づけられるようなものでなければならない。子どもが話を終わりまで聞いたときに、その中間や始まりを回想しうるようなものでなければならない。また、話のこまかな点が話の主要な点をぼやかしたり、逆にくわしいことが欠けているために、その主要な点が、無味乾燥なものになったりしないようなものでなければならない。

話の題材は、子どもに理解しうるものならなんでもよい。もし教師自身が、童話のうんちくをもたないのだったら、子どもの本や選文読本からそれを引き出してもよい。しかし、このような借りてきた話は、単に教師があらかじめよく会得しておく必要があるだけでなく、聞きなれない文句が話のなかに出てくるようなことのないように、完全にそれをつくり替えてしまうことが必要である。

私は、さきに書物で読んだ物語やおとぎ話を学級全体が再生することについて述べた。これと同じことが、口頭のお話についても当てはまる。最初、学級全体が教師の話を再生し、その後一人ひとりの生徒がその話を再生しなければならない。お話のしかたそのものについては、聖書の物語について語りながら述べるのが私には都合がよい。なぜなら、これらは、その内容においても、また部分的にはその調子《トーン》においても、他のどの物語よりも抜きん出ているからである。

聖書物語の調子は、ペダンチックな、あるいは書物臭のあるものではなくて、十分に真面目な、そして特別の誠実さによって際だつようなものでなければならない。ひょうきんとかしゃれは、他のすべてのお話ではきわめて折よいものとなるのだが、聖書物語の際にはけっしてそういうことはない。しかし、話の真面目さが、それを退屈でものうげなものにしてしまってもいけない。

私が外国でもわが国でも聞いた聖書の歴史的事件の優れた語り手は、これらの事件を遠い過去の事柄としてではなく、つい先頃かれらが見たり聞いたりしたばかりの出来事であるかのように話していた。かれら自身が物語の事件に対して寄せる興味が、それに対する子どもの興味を呼び起こし、教師のことばのなかに表われる信念が、子どもの心のうちにも信念を呼び起こしていた。

聖書からの物語を最初にするときには、けっして子どもに聖史の全事件を伝えるというような考えをもってはならない。七歳から一〇歳の子ども、あるいはもっと後の子どもでも、このような広汎な分野に対する展望をもつことはけっしてできない。かれらには、一つのあまり複雑でない、あまり長くない事件を見渡し、その始まりをその結末と結びつけることがやっとできるにすぎない。それゆえ、最初の聖書物語においては、旧約および新約の個々の事件を伝えるようにすべきである。外国の最良の学校では、最初の学年（六歳から八歳の子ども）に一〇以上の話はしない。第二学年では、これらの物語が全部もう一度新しい詳細な説明をつけて繰り返され、それにさらに一〇ないし一五の物語がつけ加えられる。第三学年でも、第一学年および第二学年の物語が再び新しい詳細な説明をつけて繰り返される。そして、個々の聖書物語が一つの共通の糸で結びつけられるほどに、子どもの記憶に完全に具体的に印象づけられたときに、はじめて聖史を秩序づけて述べ始めるのである。

後には世界史にも及ぼされるこの教授法は、正しい心理学的基礎をもっている。

たくさんの印象が盛りだくさんに積み重なってはいない子どもの心は、あらゆる種類の具体的形象をきわめて容易に習得するが、それと同時に、歴史学習において要求されるような抽象性とか順序性は、いまだもちあわせていない。子どもに知覚されたこれらの具体的形象は、単に将来、広大な歴史的建物を建築する際の材料として役立つにすぎない。この建築を早ばやと始めようと欲するのは、子どもの心にできもしないことを要求するものだ。

このようなわけだから、子どもに聖史の個々の事件を物語るときには、教師は、将来の建築のための堅固な材料を与えるということだけを念頭におくべきである。この材料が子どもの心により確実に横たわり、子どもがより自由にそれを支配し、その形象がより明瞭・明確であるほど、やがて建築そのものもより容易に・より快適に・より速やかにおこなわれ、より堅固な建築となるであろう。それゆえに、一度話した聖書物語は、その後も絶えず反復されねばならない。それは、忘れたことを更新するためにではなく（このように何かが忘れられるということは、すでに良くないことである）、忘却の可能性を予防するためにおこなわれねばならない。

忘れたことを思い出すためにおこなう反復は、授業の欠陥、一般に学校の下手な教え方を表わしている。下手な学校は、下手な建築と同じように、絶えず修繕やら修理をおこなって、けっして良くなるということがない。だが優れた学校は、前にしたことを絶えず反復するが、けっして修理を必要とすることはない。子ども自身、一度覚えたのに忘れてしまったことを反復することはたいへんきらうが、覚えていることを話したり、伝えることはたいへん好むものである。子どもの本性のこのような指示を利用して、忘れたことを反復するような必要のけっして起こらないように、忘却を予防する反復を絶えずおこなわねばならない。忘却は、幾分かはやはり悪い習慣である。人々がたくさんの意味もわからないようなことを教えた子ども、そして覚えたことを絶えず忘れていた子どもが、後に悪い記憶によって人から注目されることになるのである。

わが国の学校は、特別子どもの忘れっぽさに苦しんでいる。わが国の学校は子どもにたくさんのものをばらまくが、それらのものが居残っているかどうかを調べることはめったにない。生徒が忘れることの方が、覚えることよりも少ないなら、まだいい。もし収入と支出とが等しかったら、後に残るのはゼロであり、さらにゼロよりもっと悪いことには、何ものをも確実に覚えず、すぐに忘れてしまうという習慣が残るのである。

個々の物語を伝達する場合の方法は、さまざまでありうる。しかし、いずれの場合にしても、教師はつねに自分の物語を前もって慎重に計画し、まだ話をすることに慣れないときには、それを書きとめておくことさえ必要である。聖書のテキストからもっともよい物語を取り出したら、それを自分自身注意深く読み通し、何を子どもに説明したらよいかを考えなさい。その後で、最初に話し説明することと、同一事件を二回目、三回目に話すときにつけ加えることとを分けなさい。

ある事件を最初に話すときには、単にそれの主要な特徴と二、三の興味ある絵画的細目を語るにとどめなければならない。最初のときにあまりに多くの説明と細目を加えると、子どもの頭の中の物語全体が崩壊することになろう。はじめは少しのことを確実に固めるようにしなさい。そしてじょじょに、そのように固定された堅固な基礎の上に物語を組み立てるようにしなさい。

物語の本質を構成する事実・固有名詞あるいは表現を強調しながら、子どもに事件を語ったら、子どもにいろいろと質問を向けてみなさい。それも、はじめは、子どもがそれに答えて、事件の主要な特徴を伝えるような質問をしなければならない。そしてその後に、細目を余すところなく尽すような他の一連の質問をなすべきである。

このようにして、あなたの話全体が、質問に対する答えにおいて子どもにより伝えられるようになったら、そのときはじめてあなたは、もっともできる生徒に聞いたことのすべてを筋を通して順々に話すことを要求することができる。その際には、どうしても必要であるというとき、生徒が主要な話の筋を歪めているのに気がついたようなときにのみ訂正するようにして、非本質的な細目に関しては見逃すようにしなさい。生徒が話を終えたら、他の生徒に抜けた個所を補足させ、このようにして私が前にも述べたように、学級全体によって物語の全体が完全に正確に再生されるようにするのがよい。

子どもの覚えた物語は、できるかぎりたびたび反復させねばならない。そして反復のたびに、教師は何かを新しく説明したり補足したりするとよい。

また教師自身が、いくらか間をおいた後に、たとえば翌年あたりに、子どもが覚えた物語を、新しい細目やあるいは子どもがまだ知らない挿話を交えて話すのもきわめて有益である。生徒はその際、教師の話のなかで何が新しく加わったかに気がつかねばならない（またそれに気がつくのは容易なことである）。そうすれば、その追加は、子どもの記憶にしっかりと横たわることになろう。

付録2　計算の初歩教授

計算の初歩教授においても（算数《アリスメチカ》という子どもを威すような名は、高学年までとっておくべきである）急いではいけない。前にすすむということは、以前のものを完全に習得することにほかならない。また何かを習得したら、けっしてそれを実地に絶えず応用することなしに放っておいてはならない。

なにより最初に、直観的対象を一〇まで数えることを子どもに教えねばならない。指、くるみ、とくに短い棒がよい。これは、二分の一、三分の一などを直観的に示すようになったときに、折っても惜しくないようなものでなければならない。子どもが一から一〇までを数えることも、一〇から一までを数えることもまったく同じようにやさしくできるように、前からも後からも数えることを教えねばならない。次には、子どもたちを二つずつ数えることに慣れさせねばならない。二、四、六、八、一〇。また逆に、一〇、八……。ついで、三つずつ、三、六、九と一つ余り。さらには、四つずつ、四、八と二つ余り。そして最後に、五つずつ。そして、子どもがここで、一〇の半分は五、八の半分は四、四の二倍は八、五の二倍は一〇となるということを理解するようにしなければならない。要するに、ここでは、大げさな名称——足し算・引き算・掛け算・分数・整数など——に気後れするべきではなく、単に子どもを一〇までの数を完全に自由に処理すること——割ったり・倍にしたり・細分することまで——に慣れさせればよいのである。

子どもが完全に一〇までを習得したら、そこからただちに直観的なしかたで一〇〇までに移行すべきである。すなわち、一〇本の棒が束になったものを一〇集め、子どもが最初から、一〇〇というのは一〇のものが一〇集まったにすぎないこと、一〇の一〇あるいは一〇の束についても、一の一〇あるいは一〇本の個々の棒についてなしたことと同じこと——すなわち、足したり・引いたり・分けること——をなしうるのだということを、完全に明瞭におぼえるようにしなければならない。

子どもが、このようにして一〇の成分および一〇〇の成分に関する完全に明瞭な概念を獲得したら、はじめてそこから一〇位と一位から成る数に移り、その次に一〇〇位と一〇位と一位から成る数に移るようにしなければならない。

前から数えたり後から数えること、二つ・三つあるいは四つずつ足したり、引いたりすることなどの練習は、計算に役立つのみならず、一般に注意を訓練するうえにもきわめて有益である。このような計算には、学級全体が参加しうる。たとえば、ある生徒が三と言うと、次の生徒は六と言い、第三の生徒は九と言わなければならない。反対に、最初の生徒が一〇〇と言ったら、次の生徒は、九七と言うのである。

　できたら、子どもに物差しやよくできた（ひもあるいはなわの）巻尺・はかり・少しのお金を与えるとよい。そして、子どもに、長さや重さをはかったり、金の勘定をさせるのである。これは、授業をきわめて生き生きとさせ、子どもに気に入り、かれらの計算の力を強めるものとなる。

　子どもの頭に一〇を単位とする一〇〇の構成、一を単位とする一〇の構成が確実に明瞭に反映され、これらの表象を完全に自由に処理すること――前から・後から数えること、割ったり・倍にしたり・細分すること――に子どもを慣らすことができたら、私たちはいまや筆算にはいることができる。

　九までの数字を子どもに書くことを教えたら、一〇のための特別の数字はないということ、一〇はそれを置く場所によって示されること、空いている場所を示すために〇というものがあることを説明しなければならない。

　そして、はじめに二〇は、二と〇で、二〇〇は、二と二つの〇で、書かれることを、子どもに示しなさい。次に、〇を数字に取り替えて、一位の数・一〇位の数・一〇〇位の数を一列に並べることを教え、数の右のような構成に子どもを慣らしなさい。

　これらはすべて、子どもに十進法とその数字による表現を明瞭に習得させるためにおこなわれる。そしてそれが、計算能力の、したがってまた算数の主要な基礎を構成することになる。筆算問題の解き方には（これまでは、私は直観的計算と暗算についてのみ語った）子どもをじょじょに導いていかねばならない。はじめは子どもに、すでに頭で解いた問題を黒板に、最初は言葉で、そして最後に数字と算数記号で、書くことの練習をさせなさい。たとえば、上掲の数式。この練習は、子どもがあらかじめ頭の中で解いたあらゆる問題を、数字と算数記号で黒板に手早く、間違いなしに書くことに慣れるようになるまで続けられる。それが終わったら、黒板にある教師が解いた問題を読むこと、すなわち

ごとさんは，はち
5と3は8
5＋3＝8

```
  2 0 0
    3 0
+     5
-------
  2 3 5
```

数字や算数記号を言葉で速やかに伝えることに、子どもを慣れさせねばならない。

これらの練習は、子どもを算数言語、すなわち算数的書き方や読み方に慣れさせることを目的とするものである。算数のできない子どもと考えられているものの多くは、算数言語に慣れないことからきている。子どもに筆算問題を課しながら、同時にかれらにとって新しい言語に子どもを慣れさせようとする教師は、重要な教育学的誤謬を犯している。子どもに同時に二つのことを要求しているのであり、したがって子どもを過度に苦しめているのである。子どもは、なすべきことを一つも遂行できないであろう。それゆえに、私は、すでに解かれた問題について子どもに書いたり読んだりすることをあらかじめ教え、その後に筆算問題の解き方に移ることを勧める。

いうまでもなく、子どもは、どんな算数規則にしてもそれを教え込まれるべきではなく、自分で発見すべきである。だから、たとえば一位数から一位数を引くことができないときには、一〇位数から一位数を借りてこなくてはいけないということなどを、子どもに言ってはいけないのであって、こういう場合には、まず子どもに一〇本の棒の束を二つといくつかのばらの棒、たとえば三つを与え、次に子どもに棒を四本渡してくださいと言うがよい。そうすれば、子どもは自分自身で、一つの一〇本の束をほどかなくてはならないということがわかるだろう。そして、残った棒を数えるなら、子どもは容易に、一〇や一〇〇から借りてくるということが理解できるであろう。子どものすべてが、ある簡単な算数法則を理解し、それを頭の中でも、言葉でも、筆算でもおこなうことに慣れたら、あなたは、その法則を——実は、子どもを正確な表現に慣れさせるために——算数規則に、定式化することができる。問題の内容は、できるかぎり、子どもの周囲の世界から取ってこなければならない。たとえば、子どもたちに教室を測定させたり、壁・扉・窓を測らせたり、自分の本や帳面の頁数を数えさせたり、自分の年を数えさせたり、祭日までの週・日・時間を数えさせたりするとよい。

もちろん、問題はじょじょに複雑化していかなければならないが、けっして実際的・直観的な性格を失わないようにしなければならない。後には、その問題は、家庭経済や政治経済学の最初の課業となることもできる。たとえば、子どもに自分の上衣がいくらするかを正確に算定させるのである。その際、羅紗の値段とか労賃は、当てずっぽうに与えるのではなく、できるかぎり本当の値段に近いものにしなければならない。

スイスの学校で、私は、教師が算数問題を利用して、どのように子どもを経済活動の理解に導くことができるかを示す例を見る機会をもった。たとえば、私はあるスイスの教師が、子どもたちが朝食で食べたパンはいくらするか、どうしてそのような値段になるかを、学級の生徒と計算しているのを、聞いた。それは、きわめておもしろい授業であったし、しかもきわめて有益なものであった。子どもたちは、単にパンの値段のなかに入るいくつかの値段を知るだけでなく、パンの生産・パンの値段の設定に参加するあらゆる人々の関係をも知った。かれらは、粉屋がどれだけ取るか、どうしてそれほど取るのかを知った。また、パン屋にはどれだけの報酬が与えられるか、それはなぜかを知った。

付録3　初等図画

子どもはすべて、ほとんど例外なしに熱心な画家である。学校は、この法則的な有益な情熱を満足させる義務がある。そればかりでなく、図画は、子どもにとって知的労働の後のきわめて楽しい休息であり、したがって教師に、学級活動を多様化し、だれもが仕事なしにいるようなことのないようにすることを可能ならしめるものである。

初等図画では、方眼紙に描くようにさせるのがいちばんよい。このために、教室の大きな黒板の一部、あるいは壁にかかる特別の小さな黒板があればなおよいが、それを細い赤い線で小さな正方形に分かちなさい。また同じように、生徒の石板も、もし赤い線でできなかったら――このために、石板を特別に注文する必要があるだろう――鋭い釘で引かれた単なる線ででも、小さな正方形に分かちなさい。生徒の石板の正方形は、教室の黒板の正方形よりも四分の一位に小さくなるだろう。かなり正確に直線を描くことができる教師ならすべてが、ちょっと準備したら、黒板の正方形にそって、私が『母語』の最初の数頁に描いておいたような簡単な図形を、うまく描くことができるだろう。子どもは、もちろんアルファベットといっしょでも、何度でも描くことができる。子どもはたいへん好んでそれをするだろう。しかし、教師がどのように描くか、どのようにして図形がじょじょにつくられていくかを、かれらが見た方が、はるかによい。というのは、何からどのようにして始めたらよいかを知らないと、子どもも自分自身悩まなければならないからである。たとえば、子どもは下から上へ線を引いたり、こまかな点から始めたりすることがよくある。

正方形の桝にそって描くことの主要な長所は、それが子どもの非常な興味をひくという点にある。正方形に導かれて、まだ始めたばかりの子どもでもたいした苦労なしに、家・机・階段などにきわめてよく似た図形を描くことができる。正方形なしには、これをすることはかれらにはできない。この予期しない成功は、子どもを喜ばせ元気づける。子どもは、ますます喜んで描くが、その間に子どもの眼や手は、有益な技能を獲得する。そればかりでなく、この課業に従事しながら休息することによって、子どもたちは、学級の他の組を教える教師の妨げにもならなくなるだろう。

もちろん、最初は直線図形から始めるべきであるが、後には曲線で描かれる簡単な図形に移っていかねばならない。しかしこれらの図形はすべて、子どもの知っている物――長靴・手袋・時計など――であることが必要である。子どもは、たいへんに喜びながら一〇回も時計を描く。だが、子どもに単なる円を描かせてみよ。それは、たちまち彼を退屈させるだろう。

曲線図形を網の目にそって描き続けながら、他方でごく簡単な直線図形を、綱の目なしに、はじめは石板の上に石筆で、後には紙の上に鉛筆で描かせてみるようにすることもよい。

このようにすれば、図画の興味が弱まらないばかりか、それと同時に手や眼の正確さが増大し、このようにして、教師がそれを利用することができさえすれば、教授の直観性は、図画のなかに強力な助手を見出すことになるであろう。

第4章　文法教育論[5]——『母語』指導書第二部

1　序文

『母語』の当初の計画には独立の編としての文法はなかった。私たちは、私たちの教科書の第三学年および第四学年用は、論理および文法の練習に適切な材料を与えることのできるような自然科学の小さなコースと初等地理および祖国の歴史にあてようと考えていた。初等教育から文法を除いたのではなく、第二学年用『母語』にある文法の予備的練習を始めた教師は、自ずとそれを継続し、実践的方法により、文を解剖するなかで、子どもに文法と正書法の重要な基礎を伝えることになろうと考えたのである。

一つには病気が、しかしもっと大きくは別の仕事が（その産物として『教育的人間学』の二巻が生まれたのだが）理由で、私は長い間『母語』に立ち戻る機会をもたず、そのための材料だけしか準備してこなかった。しかし、この期間に、私自身の子どもを教えてみた経験、さらにもっと多くの『母語』や『子どもの世界』を教えている人々の仕事の観察は、文の解剖や話しことば・書きことばの文法的練習において、国語文法の初歩的実践的知識を与えることは、その目的で特別に用意された文法入門書なしには、不可能なことではないとしても、少なくともきわめてむずかしい仕事であるということを確信させた。

『母語』が対象としている年齢の子どもには、まだ体系的文法は要らないとしても、文法の初歩的認識には実践的な解剖の形態がもっともよいとしても、その際、教師自身の頭には、目的にまっすぐかれを導くような——余分な時間の浪費なしに、何かの本質的な事柄の脱漏なしに、無益な繰り返しなしに、すでにしたことを忘れてしまうことなしに——簡単なものから複雑なものへ、やさしいものからむずかしいものへ、要するに、十分に教育学的な順次性と漸進性をもって目的へ導くような、厳密に考慮された実践的初等文法の体系がなければならない。このような授業がおこなわれるところでのみ、入門書は要らない。しかし、このような体系をつくることそのものがすでに容易なことではないのだが、生徒の毎日の指導に力と時間をすっかりうばわれているすべての教師に、その体系を自分で考え出すようなことはけっして要求できないのである。

このようにして経験から、私たちは、体系的文法ではないとしても、それの学習に子どもを十分準備するような、そして大切なことは、子どもの時代にのみたやすく獲得することのできる正しい書きことばの技能を子どもに伝えるような、実践的入門書の必要を意識するようになった。私たちは、わが国の文法教科書をいろいろ調べてみたが、そのなかには私たちが考えているような目的にそい、私たちの主要な仕事を果たさせるような教科書は一つも見出せなかった。ある教科書は、文法の初歩的実践的学習に先行するのではなく、その後で学習されるべき文法体系を表わしていたし、ある教科書はベケロフスキーの見解にあまりに熱中して、自分の主な目的から遠ざかり、文法のなかに事をむずかしくするにすぎないような論理主義を持ち込もうとしていた。論理と文法とはけっしていつも一致するものではない。そこでやむをえず自分自身にこの仕事を課さねばならなかった。私たちがどれほど努力したとしても、最初にはけっして満足しうるような仕事はできないということを、はじめから意識はしたのだが。

2　現代ロシア語文法の不安定な状態

　初等文法の著者には、たとえば自然科学や地理・歴史がそうであるように、すでに完全に準備された一定の材料をただ教育的に加工する仕事だけが残っているというのであったとしても、この仕事は簡単ではないだろう。なぜなら、文法では、子どもの注意を抽象的対象に向けねばならず、いわば子どもの眼を外的・可視的世界から人間の内的・不可視的世界へ向きかえねばならないからである。しかし、この困難は、子どもに与えねばならない対象そのものが、現在のロシア語文法のように混乱した状態にあるときには、さらに増大する。

　以前の文法のこの破壊からどんな積極的なものが残ったかという問いを出すためには、アクサコフ、ブスラエフ、ネクラソフ、ボゴロディツキー氏らの文法書を見るだけでよい。昔の文法書がきわめて悪いものであったことは疑いない。言語の特質についてのより正確な観察、国民文学に関するより広い認識、綿密な歴史的研究は、私たちの強力な、いまもなお発展しつつある言語にむりやり着せられた以前のドイツ・ラテン語文法が、どんなにそのあらゆる縫い目からほころびつつあるかを示した。しかし、これらの研究、その言語学的批判のすべては、けっして一〇歳の子どもに、ロシア語文法に代わって与えうるような性質のものではない。ブスラエフ氏は、このような過渡的状態の文法教授に差し迫っている乱脈の危険をたぶん感じながら、古い区分や定義・規則を、ときどき自分自身の研究にも矛盾しながら、守ることに努力している。しかし、かれのより果敢な勇気ある弟子たちは、この点における自分たちの先生の矛盾を証明し、ロシア語文法のなかからほとんどすべての古い概念を抹殺している。「ロ、シ、ア、語文法の、仕事は、新、た、に、始、め、な、け、れ、ば、な、ら、な、い」と、ブスラエフ氏のもっとも勇敢な弟子の一人ネクラソフ氏は語っている。しかし、かれがこの仕事を有名な論文『ロシア語動詞の形態の意義について』によって始めたと考えているとすれば、疑いもなく、かれ自身、この始まりが終わりよりどれほど遠いものであるかを知っているのである。

3　文法初等コースの必要

しかし、教育学は、文法のこのような反教育的状態に対して何をなすべきか？　古い文法の教授を続けること、間違った非論理的な、教師自身が信じてもいないことを故意に教えることは、もちろん、やめるべきである。しかし、一〇歳の子どもに何か不明確な、未完成の、まだ論争や学問研究の過程にあるものを教えることも、もちろん、できない。少なくとも、なんらかの成果をあげることは不可能である。初等教育は、絶対的な明瞭さを求める。だが、自分自身の頭の中だけでなく、学問においても不明瞭なものを、教師がどうやって明瞭なものにするか？　しかし、文法を教えることは必要である。ロシア語文法が、現在の混乱状態から、子どもにも与えることのできるような確定的資料をつくり出すにいたるときまで、ロシア語文法がすべての初等教育において必要な光を持ち込みうるようになるときまで、子どもを文法的に間違いだらけの状態においておくことはできない。

ロシア語文法初等教授のこのようなまずい状態は、実践にもただちに反映された。すでに一〇年前、すなわち、言語の歴史的研究が大学の講座から私たち教師の間に反映されるようになったときから、中等教育施設におけるロシア語教授は期待されるほどに進歩しないばかりか、以前の古い教師が古い文法を教えていたときよりも少ない成果しかあげていないという公式声明が始まった（これらは『国民教育省雑誌』のなかに少なからず見出すことができる）。わが国のギムナジウムのこのような文法的間違いの強化は（神学校では授業は旧式のままおこなわれている）、多くの、ときにはきわめておもしろい説明を呼び起こした。しかし合理的説明はただ一つしかない。すなわち、昔の方が文法教育がうまくいったのは、それがどんな文法であったにせよ、それの正しさを教師自身が信じていたからである。現在、それがうまくいかなくなったのは、旧文法は破壊されたのに、新しい文法がまだ建設されていないからである。わが国のギムナジウムにおける文法の凋落について、私たちがロシアの言語学やその優れた代表者たちを非難しようとしているなどとは、どなたも疑わないでほしい。科学はその対象の研究においてそれ自身の道を行く。教育学的考慮は、科学自体の仕事ではない。科学が、自分の探求する真理とは関係のないなんらかの考慮によって、自分を束縛しなければならないとしたら哀れである。科学と教育との仲介者には、教育学者がならなければならない。だが、このことはいままでよく認められてこなかった。今日にいたるまできわめて多くの人々が、なんらかの科目を小学校あるいは中学校でうまく教えるには、その科目についての大学教育を受けておりさえすれば十分であると考えている。ところがすでに、実践的にはこのような考えの誤りであることが少なからず証明されていると思われる。わが国では今日にいたるまで、大学とギムナジウムとの違いがよく明らかにされてこなかった。だから、多くの人はいまでも、大学に属すべきはずのものをギムナジウムに持ち込んでいるし、また、反対に、多くの大学をギムナジウムと取り違えているように思われる考えや事実にも絶えず出会うのである。

しかし、ブスラエフ氏の『歴史的文法』が明らかにした国語研究の新しい歴史的方法は、以前の間違った文法でも達したところの文法水準にまで生徒を高めるだけでなく、もっとはるかに高い水準に、そして大切なことは、それが正しい歴史的資料と言語の特質に関する正確な言語学的観察から導き出されたものであるだけに、はるかに根拠のある文法水準にまで生徒を高めるのではないかと、注意されることがある。もちろん、それは可能なことだが、一〇歳から一四歳までの子どもにではない。書きことばの文法的正しさ――わが国のギムナジウムの生徒たちは、まさにこの点の間違いをするのである――は、まさにこの年齢で、正しい話しことばや書きことばの基礎をなす多数の習慣・技能が容易に適切に習得される最初の数学年で、得られるものである。話しことばや書きことばの文法的正しさは、単なる知識ではなく、習慣であり、もっと正確に言えば、自分の思想をことばや文章に正しく表現する細々した技能のきわめて複雑な広大な体系である。文法上の間違いを犯さないためには、人間は文法規則（それは数多いが）を知っているだけでは足りず、とっさにそれを遂行する習慣をもっていなければならない。習慣、それもとくにこのような細かで複雑な習慣は、もっとも若い青年時代にのみうまく獲得され、深く根づくことができる。それゆえ、七歳で外国に移住した子どもは、五・六カ月くらいで外国語を流暢に話すことをおぼえてしまうが、おとなはその言語を五・六年かかってもそれと同じ水準にまで習得することはできないのである。私たちが少年に正しく話したり書いたりすることを一二・一三歳までに教えなかったならば、かれの文法上の誤りはきわめて長い間、ときには一生の間、繰り返されるだろうということ、その人の精神的本性が活発であればあるほど、それはより長く、より執拗に繰り返されるだろうということを断言できる。一五・一六歳の青年が、自分の思想や感情を表現しながら、自分の表現の文法的正しさを考え、習慣的となっている誤り、破格、方言を自制しているならば——本を読みながら、ъ、ь、コンマにじっと目を配っているならば——自分の思想を文に書きあらわしながら、それのъ、ьを考えているならば、この青年の精神生活が興奮することはきわめて乏しく、そこにはかれの興味をひくようなまじめな思想は何一つ生まれず、率直に言うなら、かれは愚鈍で、将来に伝えることはほとんど何もないということを断言できよう。だから、きわめて愚鈍な書記が申し分なく正しい文を書いているときに、ゲーテやプーシキンは、一生、正書法上の間違いをしていたのである。まただから、文法上の間違いを青年の大学教育に対する準備不足のあらわれと見たり、その誤りから青年に高等教育の門を閉じることは、大いなる誤りである。そのようなことをしていれば、私たちは大学にまったくのばかを住まわせ、すべてではないとしてもきわめて多くの才能ある人々に対し、高等教育の門を閉じることになろう。

しかし、私たちは以上のようなことで、話しことばや書きことばの文法的正しさは、教育の体系のうえで何か余分なものであると言おうとしたのではけっしてない。反対に、私たちはそれの必要性をおおいに認めるのである。ただ、この言語の正しさを教養の一つに入れることは、文法上の間違いのために青年に対し大学の門を閉じるようなことでなくてもできるということだけは言いたい。そのようにするのは、青年を自分の仕事の準備不足のために——かれ自身ではなく、かれの教育にあたるものの準備不足のために、すなわち、かれの初等教育の誤りのために、ギムナジウムの低学年でかれがロシア語の悪い先生に悪い教科書、悪い学習方法で教わったということのために——罰することを意味するにすぎない。これがはたして正しいことだろうか？　悪の根源に目を向け、人間が読み書きのできるようになるべき学年における学習を改良する方が、合理的ではないだろうか？　青年を私たち自身の誤りのために、まだ一〇歳位の少年であるかれらの教育において私たちのおかしている誤りのために罰するのではなく、将来一六歳になった青年が、もはや正書法の授業を必要としないように努力する方が、合理的ではないだろうか？

4　子どもと国語との関係

話しことばや書きことばの文法的正確さは、もっとも下の学年で子どもに教えなければならないという確信に到達するとき、私たちは同時に、国語文法をたとえばブスラエフ氏やポリヴァノフ氏の教科書のように、ロシア語の法則が歴史的に、スラヴ教会語とか、ときには他のスラヴ方言との比較から導き出されているような教科書で、子どもに教えることはできないという確信に達する。これらの教科書がどんなに価値あるものであろうと、これらの教科書は、それらのたどった方法そのものをもってしても、文法の初等教育にはけっして適しないということは明らかである。もっとも、これらの著者はともに、このことを自ら意識している。ブスラエフ氏は『国語教授論』という自分の本のなかで、文法の初歩学習には、かれが自分の『ロシア語文法教科書』でとったのとはまったく違う方法を示している（この教科書が本来どの学年用につくられたものか、かれは明らかにしていないのだが）。ポリヴァノフ氏は、自分の教科書の序文において、かれの語源学が説明している正書法規則は、「低学年で習得される技能」であることを前提としたものだと直接述べている。しかし、これについては、私たちは、何かの規則に従う技能は、規則そのものについての概念はもたなくても習得されうるが、その技能の規則は習得されるものではないということを、指摘せねばならない。書記は、このようにして正しい手本を多数書き写すうちに正書法を習得するのである。しかし、このような習得は、もしその援助に、ああではなくてこう書くという規則の意義が学ばれないなら、子どもにとってはあまりに長い苦しい仕事となろう。ネクラソフ氏は、ロシア語教授は、最近の研究がロシア語を陥らせているような混乱状態からそれほど大きな害を蒙りはしないと自らを慰めるかのように、「文法は正しく話したり書いたりすることを教えはしない。それもこれも、習熟により、実践によってはるかにやさしく獲得されることを、経験は示している」と語っている。私たちは、これが、ロシア語文法はロシア語を正しく話したり書いたりすることを教えるという、これとは反対の考えがかつてそうであったように、今日流行のありふれた考えであることを知っている。これら二つの考えはともに、同じように一面的であり、したがって間違っていると、私たちは考える。ロシア人は文法からロシア語の正しい話し方をおぼえるのではないとしても、正しい書き方は、文法の助けのあるときよりも、文法なしに、習熟だけのときの方がやさしくおぼえられるとは、けっして言えない。習熟だけで、文法規則のいっさいの助けなしに、正しい書き方をおぼえるには、文法的に書かれた手本を一〇年間も絶えず書き写さねばならない。実際、すべての新しい単語が、このような書き手を面くらわせることになるだろう。いくらかでも経験のあるすべてのロシア語教師は、子どもが正しい書き方を習得するには、もちろん実践が必要だが、それは文法に指導された実践でなければならないということを、ネクラソフ氏に語ることができよう。

しかし、ロシア語文法は正書法だけのためにロシアの子どもに必要なのだろうか？　国語文法のあらゆる学習が、当然、主張することのできる論理的思考の発達についてはさておき、仮にロシア語教師が、文、主語、述語、動詞、副詞とは何か、法、相、時制とは何かなどを、まだ科学はロシア語文法のこれらの問題をどれも解決していないからといって、説明していないギムナジウムの生徒を考えてみよう。これらの生徒が、ラテン語、ギリシャ語、フランス語、ドイツ語の文法のためにギムナジウムに腰かけているところを考えてみよう。そうすれば、私たちは、かれらの苦しいたいへんな状態を理解できるだろう。私たちの知るかぎり、ネクラソフ氏自身も、別の論文で、このように外国語の文法をロシア語文法の前に教えることに反対している。

したがって、私たちは、無意識的な習熟だけでなく、文法的概念や規則の説明も、ブスラエフ氏やポリヴァノフ氏の教科書で文法を学ぶ前に，前もって低学年でおこなわれなければならないということは証明されたものと考えることができよう。しかし，このような習熟をやさしくすると同時に，言語の歴史的研究はまだできない子どもにも理解しうるような基本的文法概念や規則の説明を，私たちはどこに見出したらいいだろう。文法の初等教授と後の研究との違いはどこにおくべきだろう？　文法の初等教授と歴史的研究との違いが，言語の法則や特質の発生の歴史的探求はやめて，それらの法則や特質を最後的に形成された概念や規則のなかで直接に説明することにあるのだとしたら，低学年のロシア語教師は，ロシア語文法の大家や立法者自身がまだやっと始めたばかりの仕事の完成を背負わされることになるだろう。私たちは，さらに今日のロシア語文法の最大の権威者でも，自分たちの言語に関する歴史的研究から，正確な定義，明瞭な命題，疑いをいれない規則，つまり，小学校教師が自分の小さな生徒に提示しなければならないようなものを導き出せと言われたときには，どんなに困り，驚くかを見出すだろう。ロシア語の小学校教師がたいてい，子どもにすでに出来上がったかたちで存在する歴史的・言語学的判断をご馳走することの方を，自分の教師もなしえなかった，それらを最後的教育学的形態に自分自身でつくり上げることよりも好んだとしても，なんの不思議があろう？　また，そのような大学の講義を聞く生徒が文法的な間違いをし続けるとしても，なんの不思議があろう？

これは，今日，文法の教程を構成するすべての者が当面する困難である。文法の基本的命題がこのようにまだ未整理であるし，とりわけ教育的目的を念頭にいれて，私たちは，多少なりとも重要な革新をせざるをえなかった。このようなことは，どんな教科書でも，とりわけ初等教科書においては，きわめていやなことである。しかし，この不快さは，子どもに何かの非論理的な，不可解な，ときにはまったく意味のないことがらを説明しなければならないときに教師が体験する不快さと比べれば，はるかに小さいものである。このような場合は，新しい方法（革新）を決意した方がよい。あらゆる良心的な初等文法の教師が一様に経験しなければならない，そしてあれこれのしかたで脱している状況は困難なものである。しかし，それは自分一人，自分のクラスだけのものである。私たちは，多少とも成功したこのような試みのいくつかをすでに知っている。しかし、どうして自分の立場を公然と説明しながら、この困難を自分一人のためだけでなしに克服しようと試みないのか？　このような試みの一つとして、私たちの初等文法も見てくださることをお願いする。これは、そのように表現できるとすれば、暫定的文法であり、初等ロシア語文法のあらゆる教師が、一方では、もっとも基本的な文法概念が未確定のために、他方では、そのような概念を子どもに教える必要から、陥っている不快な状態から抜け出るためのもっともおだやかな試みである。

5　国語と子どもとのこのような関係から導き出される教師の責務

今や私たちは、私たちの文法書でとったけっして通常のものではない叙述の方法を弁明し、文法だけに限られはしない国語の初等教育全体系のなかで、私たちがそれにどのような地位を与えようとしているかを明らかにせねばならない。

私たちの所有する言語が、何か人間に生得的なものであるとか、天から人間に降ってきた何かの偶然的な天分ではなくて、遠い太古の時代に始まり現代にまで続く人類の無限に長い労働の結果であり、それの種族から種族へ、世代から世代へと遺伝的に伝達されたものであることがわかるためには、たいした観察力もたいした学識も必要としない。言語学は、私たちが今日所有する言語、私たちがロシア語と呼び、私たちのものと呼ぶ言語のなかの多くのものが、私たちがその名も知らないような私たちの種族の遠い祖先、そして同時に、ギリシャ人やローマ人その他私たちの言語とは一見全然関係のないような言語を話していたし話している多くの国民の祖先でもあるような人々によってつくられたものであることを、はっきりと証明している。人類のこの意識的創造は、緩慢に何千年という長い間におこなわれたのであった。人類は、自分の感情や思想を表現するうえに自分にきわめて従順な道具をそこで作成したのであり、原始人が多くの動物と等しく、それによって自分の感情や欲望を、自分自身どのようにして、またなぜだかということも知らずに表現していた数少ない生得的な本能的な音声から、それを作成したのであった。

このような感情の本能的な音声反射——そのなごりはいまでも、私たちの間投詞において聞くことができる——からの自由な言語の形成が、創造主が地球上の他のすべての動物からそれによって人間を区別したところの自意識や自由によって、意識的に自由におこなわれたものであることは疑いない。しかし、すでに獲得された言語的資本の祖先から子孫へ、一世代から他の世代への伝達は、そのようにはおこなわれなかったし、いまでもおこなわれていない。聴覚をさずかったすべての子どもは、すでに用意された、彼以前に創造された言語を習得する。この意味においては、母親・子守、要するに家庭は、子どもの国語の最初の教師である。仕事が学校の教師の手に回るころには、子どもはすでに巨大な、子どもの欲求をもはや凌駕するような宝を所有している。六歳の子どもはすでに、感情や思想を表現するための単語や言い回しを、感情や思想そのものよりもはるかに多く所有している。子どもは多くの場合、単に人間の生得的模倣性にのみもとづいて大人の言語を模倣する。しかし、自分自身はまだその言語の程度にまで成長していないため、子どもが機械的記憶の痕跡のかたちで、神経的習慣のかたちで習得した多数の単語や言い回しは、まだ完全には子どもの精神的財産となっていない。

子どもたちに先行する無数の世代の自意識や自由意志によって創造され、子どもたちによってあれこれの言葉や表現の欲求の理解によるというよりは、むしろ子どもの生得的な模倣性により、神経反射の伝染性によって、生半可に習得された言語と子どもとのこのような関係から、国語の小学教師の多様な責務が容易に導き出される。次に、それらを簡単に列挙してみよう。

(1)　教師は、子どもが単に模倣によって半意識的に、またときにはまったく無意識的に、機械的に——というのは、しばしば自分の使う単語や言い回しの本当の正確な意義も知らずに、時ならぬ時にそれらを使っているからである——習得したところの母語の財宝を、子どもがだんだんと精神的に支配するように気を配らねばならない。それが、たやすく速やかに達成されうると考えるのは、大間違いである。よく考えてみると、私たちのすべてに、また私たちの一生を通じて、このような、私たちが記憶によって獲得した言語を多少なりとも活動的に精神的に習得する仕事が続いているのを、私たちは見出す。そして、このような絶えざる習得にもかかわらず、もっとも発達した人さえ、かれがその意味を自分自身に十分に意識しない多様な単語や言い回しを使用していることを、確認できるであろう。しかしそれにもかかわらず、単なる模倣によって半意識的に、あるいはまったく無意識的に習得した母語のこのような漸進的意識化の作業は、学習の最初の日から始められねばならず、人間のあらゆる発達にそれが抜群の重要性をもつことから、それは教育のもっとも重要な配慮の一つとならねばならない。ある偉大な思想家（私の思い違いでなければ、コンディヤック）は、科学自身は、立派に作成された言語以外の何ものでもないと言った。この表現は、完全には正当といえないにしても、多くの真実を含んでいる。すべての発達した国民の言語のなかには、その国民ばかりではなく、その国民が言語を継承した他の多数の国民の無数の個人的生活・感情・思想の結果が集積されている。この何千年もの間に集積された、無数の人々の精神生活の巨大な遺産が、母語によって子どもに伝えられるのである！ 子どもが、この巨大な遺産を長い間、あるいは多分けっして十分に処理しえないのは、それを真に自分の精神的財産となしえないのは、当然のことである。

(2) 子どもが大人から模倣する言語は、必ずしも申し分のないものではない。ある面では豊富であっても、他の面では極度に貧しいということがよくある。そのほか、間違い・言い残し・方言・野卑な言葉が点在している。子どもがそのなかで成長した領域が、狭かったり貧しかったりすればするほど、子どもの言葉の貯えはより貧弱である。しかし、こうした単語や言い回しの貧しさが、つねに子どもの貧しい社会的状態によって生ずるものだと考えるのは正しくない。金持ちの階級の子どもの方が、農民の子どもよりもこの点においてより貧しいこともある。そのほか、子どもの言語のなかには、かれの周りの環境から多くの醜悪なものが、下層階級では方言が、上層階級では他国の言葉や言い回しが、入ってきている。また最後に、子どもが母語を習得する社会環境において、多くの狭い意味の単語や言い回しが広い意味において使われていたり、反対に、広い意味の単語や言い回しに何か特別の狭い意味が与えられていたりすることが、よくある。こういうところから、教師には、子どもの語彙を母語の要求に従って訂正したり、補足したりする責務が生ずる。その際、そのような訂正や補足は、単に子どもの知識に加えられるだけでなく、子どもが話しことばや書きことばの要求に従って軽快に敏速におこなう数々の習慣にも加えられねばならない。

(3)　子どもは、言語を模倣によって習得する。しかし、言語は、前にも述べたように模倣によって創造されたのではなく（人間はだれを模倣することができるか?）、自意識によって、すなわち人間が自分の心の中でおこなわれていることを観察することによって、また人間がはじめは動物と同じように本能的にあれこれの音で、それらの音のあれこれの結合によって表現したことを観察することによって、創造されたのである。自意識のこの道をたどることは、言語学の独自の仕事をなすものである。言語学は、いわば人類が数世紀にもおよぶ長い期間に、無数の歴史的偶然性のさなかで、原始的音声反射からつくり出したところの音の網を解きほぐすのである。言語学は、人類の自意識が、地球を何百という言語・何千という方言で覆うこの網を編み出すときの基礎となった精神法則や歴史的影響を発見しようと努める。このような科学は、無限に広大なものでなければならぬこと、そしてそれが前途に横たわる道をいまだほんのわずかしか通過していないことは、言うまでもないことだ。しかし、それにもかかわらず、言語学、すなわち言語がそれに基づいて創造され存在するところの精神法則および歴史的影響の意識は、学習の最初の年から始まる。――すなわち、子どもが、主語と述語の結びつき、あるいは形容詞と名詞との呼応を意識する瞬間から始まるのである。このようにして、文法は、言語学の初歩となると同時に、自分の精神生活に対する人間の自意識の初歩ともなる。この意味において、文法学習はきわめて重要な意義をもつ。それは、子どもたちの注意を外界から引き離して、かれら自身の精神状態・精神過程に向けさせる。多くの科学は、子どもたちにだんだんと新しい事実を与えることによって、子どもたちの意識を豊かにするにすぎない。だが、文法は、論理的にそれが教えられるとき、人間の自意識を、すなわちまさにそれによって人間が動物界のなかで人間となるところの能力を発達させ始める。それゆえ、文法を、人間を人間らしくする科学（humaniora）のなかに数え入れるのは、理由のないことではない。

文法学習についてのこのような見解は、一般教育の体系におけるこの学習の重要性を指示するだけでなく、この学習のたどるべき道をも示している。もし言語が自意識の産物であり、それが無意識的な模倣によって後に習得されるものであるとしたら、言語の文法学習は、子ども自身が自分の話すことを観察することからおこなわれねばならない。そして、この自己観察がより自主的になされればなされるほどよい。しかし、もちろんこの自己観察は、その対象が抽象的なものであり、異常に複雑なものであるからして、教師の指導なしに、子ども自身がいくらかでも速やかに上手におこなうということはできない。一〇歳の子どもには、このような自己観察の材料はすでに十分にある。かれらは、すでに話しするし、人間として自分の精神状態や音声によるそれらの表現を観察する能力をもっている。だから、質問によって子どもの思想をその思想そのものに、かれの言語に向けさえすればよいのである。それはやさしいことではないが、一〇年も生きていれば完全に可能なことである。それゆえ、この年齢で文法学習を始めることはすでに可能であり、それが、言語学への、また心理学への自然な入り方である。そのほか、学習を始めた子どもやそれに現代ではすべての大人が、印刷された言葉を非常に多く扱わねばならないから、子どもに書物と理性的に対話する習慣を与えることは、初等教育の一つのもっとも重要な課題となる。このことをつねに念頭において、私たちは、私たちの初等教科書を、小さな読者に書物と対話することを余儀なくさせるような、そしてぼんやりと行から行を追ったり、一行一行を無意味に棒暗記することをさせないような問題でもって満たそうと努めた。

(4)　学習の最初の年から、子どもに書きことば・印刷された言葉を明瞭に理解したり、書字や活字の記号を完全に、正確に理解することに慣れさせることの必要性を、ここでくどくどと述べる必要はないであろう。ここでの教師の責務は、わかりきったことだ。

(5)　他方また教師には、子ども自身に、自分の話しことばや頭の中のことばをすべての教養ある人間に完全に理解されるように、したがって一般に採用されている書きことばの規則に従って、書きことばに速やかに表現することを教える責務がある。これを遠く後に延期することはできない。なぜなら書きことばは、国語教師にも他の教科の教師にも、すぐさま必要とされるものだからである。もし子どもが正しい書き方の習慣を習得しなかったら、間違った書き方の習慣を習得するだろう。そうなれば、言語の無知だけでなく、悪い習慣ともたたかわねばならない。このような習慣は、その内容となる行動がより長く、よりしばしば反復されればされるほど、より堅固なものとなる。

6　国語学習の三つの主な形態

国語学習のこのような多様な広汎な目的は、すべてがいっしょに達成されねばならない。三種類の合同的課業が、これら目的の達成に導く。(1) 子どもとの話し合い、(2) 説明読みと模範的文学の暗記、(3) 文法学習。ここでは第三の課業、すなわち文法学習についてとくに言及するわけだが、前の二つの課業についても、それらの文法学習との関係を明らかにするために、ふれておかねばならない。

(1)　子どもとの話し合い。わが国の学校では、国語の教師には、生徒の書きことばだけでなく話しことばをも発達させる責務があるということ、そればかりでなく、優れた書きことばは、主として優れた話しことば、あるいは少なくとも考えことばに基礎をおくものであるということがたいてい忘れられている。考えことばは、話しことばと同様単語によって構成され、単に音に現わされないということだけで、話しことばと区別されるにすぎない。さらに、私たちにもっと知られていない真理は、真に優れた話というのはけっして流暢なおしゃべりなのではなく、また真の内容のないおしゃべりを子どもに発達させる必要はまったくないのであって、反対になんらかの悪い生活条件の影響の下ですでにそれが発達している場合には、それを押しつぶす必要があるということである。このような悪影響の典型は、現代でもとくに金持ち階級の子どもにおいてきわめてしばしば見かけることができる。かれらは、小さいときから、流暢だがしかし空虚なおしゃべりを（それもときには数カ国語で）教えられている。このようなおしゃべりは、後にかれらの思考や発達を明らかに妨げるものとなる。それは実際ときには、どんなに辛抱強い教師さえ、このような子どもがそのなかで成長した、空虚な絶えずしゃべりまくっている環境によってつくられたところの障害をどうしたらいいかわからないほどに、妨げるのである。実際、このようなもっぱら舌だけの教育によってもたらされた当然の結果に、私たちはどんなにしばしば出くわすことか！　また、このようなおしゃべりが社会的意義をもつようになったときには、どんなにたびたびこのような人格とたたかわねばならないことか。だが、そのたたかいはたいていはなんの効果ももたらさないのである。というのは、このような自分自身に聞きほれて、自分自身の文句の美しい網のなかに、しばしば思想上のはなはだしい綻び——すなわち、かれよりもっと発達していない人間であっても、自分自身の弁論においてしどろもどろになるようなことのない人だったら気がつくにちがいないような綻び——があるのもわからないような主人の頭の中に、現実についての理性的な思想を導き入れることほど、むずかしい仕事はないからである。私たちは、もっぱら言語学的教養のみを得てきた人々において、このような弁論法が強度に発達しているのをとくにしばしば認める。自分の少年時代・青年時代のすべてを、さまざまの国語の語句の研究に費やしてきたかれらは、ついには、それを通しては、一つの明らかな思想・現実的な思想も通りえないような網をそれによって織ってしまうのである。学校がこのような間違ったことばの扱い方を教えるのではなくて、それを予防しなければならないことは、言うまでもないことだ。

合理的な、純粋に人間的な話の基礎は、正しい論理的思考のうちにある。ところで、この正しい論理的思考は、私たちが前にも述べたように、正しい正確な観察からよりほかには出てくるところがない。表現しなければならないことを、多くもなく少なくもなく表現するところの話が、本当に優れた話である。その内容になんの関係ももたないような話のあらゆる美化は、話を害うにすぎない。ところが周知のように、なんとしばしば学校は、そしてとくに言語学だけを基礎とする学校は、このようないわゆる雄弁術の花への情熱を発達させてきたし、またいまでも発達させていることか。その花は、率直に言えば、子どもの飾りや玩具にすぎない。それらは、単に他人を妨げるのみでなく、話している本人自身さえが自分の話の本当の意味を悟ることをもしばしば妨げる。もう一度言うなら、優れた学校は、このような雄弁術の花を植えたり、殖やしたりするのではなく、根もとから取り去らねばならない。そして、子どもが対象を自分の心に意識した通りに表現することを、またできるかぎり真実に近く、すなわち観察通りに意識することを教えねばならない。それゆえに、子どもとの話し合いにおいては、子どもたちが容易に便利に観察しうるような対象、したがって直観的な対象、それも子どもに理解しうるような世界からとられた対象を、選ばねばならない。このような観察、そしてそれに基づく話し合いは、無秩序な脈絡のないものではなく、新しい話し合いが前の話し合いを補足し、前の話し合いが新しい話し合いの補充・解明に役立つように、配列されねばならない。

このような観察の連関そのもののなかに、健全な人間的論理が存する。それゆえ、話し合いの対象としては自然科学の対象ほどによいものを選ぶことはできない。これらの対象は直観的であり、相互につながりをもっている。実際、論理そのものも、私たちの知性に反映された自然の事物や現象の連関以外の何ものでもない。個体・種・類・特徴・性質・対象・現象・関係・条件・原因・結果・状況などの観念――これらの論理的カテゴリーは、人間による外界の現象および人間自身の心の現象（これも心にとっての外的世界となる）の観察の結果でなくてなんであろうか？　事物、そのはたらきやその性質のあらゆる名称は、観察の結果であり、話のなかの論理的なものは、自然や自分自身についての人間の観察から生じたものである。話のなかの他の二つの事実――感情と歴史的伝達――は、すでにこのような話の論理を乱すものである。この意味において、文法は、言語の論理以外の何ものでもない。すなわち、言語そのものは、一部の文法家たちが言っているように論理だけで創造されたものではけっしてなく、あらゆる論理を絶えず引き裂くような感情や歴史の創造物でもあるのだが、文法は言語についての観察の結論にほかならない。しかし、私たちが論理と言語との間の関連を明らかにし、人の言語にできるかぎり多くの論理的要素を持ち込もうとするときには、自然の事物や現象を観察することによるほどに良いやり方はない。なぜなら、言語のあらゆる論理は、そのような観察から出てきたものだからである。

しかし、このような直観的事物についての筋の通った話し合いは、ロシア語の教師をかれの主要な仕事から遠ざけるのではないか？　教師がもし自分の仕事がどこにあるかを理解しなかったなら、あるいはその仕事をやろうと欲しないのであったら、もちろん、かれは遠ざかることになるだろう。このような教師は、まずい国語教師からたやすくもっとまずい理科教師に転化するだろう。あるいは、何か流行の世界観の教師に転化するだろう。かれらは、大人の間に我慢強い聴衆をもつことができないために、自分の未熟な哲学を一〇歳の子どもに、自分がどんなに恐ろしい専制君主であり、子どもの人権をどんなに無残に犯しているかも知らずに、しゃべり出すのである。かれは、大人が自分のあり余った肉体力をふるって子どもを片輪にするのを見たら、もちろん喚き出すであろう。だが、自分自身は、自分の知的力を濫用することによって子どもの正常な自由な発達をおしとどめ、子どもが自分で科学から、自然・精神・社会生活についての直接の観察から、自主的な世界観を形成するのを妨げることによって、それよりもはるかにもっと悪い行為をしているのである。

このような熱中的国語教師は、その内容はなんであろうと、あらゆる話し合いに同じように熱中することができる。クルイロフの寓話などは、道徳的体系・哲学的世界観・社会的ユートピアへの、はるかに直接的な機縁とはならないであろうか？　クルイロフの羊・がちょう・ぶたなどが機縁となって、四足の羊種の羊などの記述にはもはや進まずに、ずっと遠くにまで進むことはないであろうか？　寓話やさらにはラテンの古典の予言者・回教托鉢僧・異教の祭司・ジュピターなどは、きわめて危険な性質の説教に、じゃがいもやかぶなどの記述よりも、はるかに直接に導くのではないだろうか？　話し合いの主題が高尚なものであればあるほど、教師の一面的な熱中はより危険となる。だから、もし私たちが、教師を信用することもできないが、同時にかれが私たちの子どもと話し合うのを、不幸にも許さざるをえないときには、その話し合いの題材に福音書などを選ぶことは、もっとも禁じなければならない。

そればかりでなく、その内容が道徳・宗教・歴史・社会生活の世界からとられた話し合いは、それ自身が、その内容のむずかしさだけでロシア語教師を、馬とか松などの対象のようにすでに子どもにも知られ、その直観性によって子どもにずっと理解しやすい対象についての話し合いよりも、はるかに多くかれらの主要な仕事から遠ざけるにちがいない。これらについての話し合いにおいては、ほとんどなんらの説明も必要としない。すべてが自明である。教師は、自己の主要な目的――これらの簡単な観察から同じように簡単な論理的判断を構成し、これらの判断を口頭および文章で、同じように簡単・簡潔な、無用な装飾で重苦しくされていない、しかし明瞭で、その簡単な内容に忠実な、正しい文法の言葉に表現すること――に直接にすすむことができる。歴史についての話し合いや何かの文学作品の話し合いでは、教師にこのような便宜をこのような程度に与えることはけっしてできない。それらの内容は、人間の道徳的世界とか人間の社会生活であり、一〇歳の子どもがそれらを観察し、それらについて考え、書物や教師の言葉を多かれ少なかれわけもわからずに反復するのではなしに何かを語るには、あまりにも複雑で抽象的な現象なのである。これらが、子どもに、論理についてにせよ、言語についてにせよ、自主的な練習を与えるものでないことは、言うまでもない。

私たちは、もろもろの話し合いを互いに関連があるようにして、ある対象から他の対象に跳び移るようなこと、すべての話し合いにおいて新しいものに手を出し、けっして以前に戻らないようなことはしないのを勧めるが、その理由は、ここで多くを語る必要もないほどに明瞭なことである。第一に、私たちは、どんな場合にもせよ、子どもと対象から対象へ跡形もなく跳び越えることは、断じて有害であると考える。このような跳躍は、子どもの記憶のなかに取りとめのない、絶えず荒れ果てていき、けっして更生することのない残り物を集積することによって、その力を弱めてしまう。第二に、このような対象から対象への跳躍は、子どもの自主的作業を一歩も前進させない。すべての新しい対象に対して子どもは、最初の対象の場合と同様に無力なのである。第三に、話し合いのたびごとに新しい対象を選ぶときは、教師はそのたびにまたかれを、かれの主要な仕事――つまり論理――から遠ざけるところの内容の説明をおこなわねばならない。だが論理は、あらゆる文法、その名に価する人間のあらゆる理性的言語の裏面を構成すべきものなのである。

話し合いの間のつながりには文法を役立てるべきだと、言われるかもしれない。しかし、私たちは、そのつながりは論理であるべきだと主張する。論理なしには、文法そのものもつながりをもたないのである。論理的判断は論理的話の基礎である。この論理的話をも国語教師は発展させねばならない。少なくとも、学習の最初はそうあるべきで、その後に修辞学的装飾へ、もしそれが何かのために必要であったら移行するようにすべきである。そして、生徒の知識の貯えが科学の多くの領域についていちじるしく増大し、生徒そのものが子どもから青年になった後にはじめて、私たちは、かれらと地理あるいは歴史の対象について話し合ったり、子どものために書かれたのではなく大人のために書かれた文学作品を研究することができるのである。

国語教室において必要な子どもたちとの話し合いの最初の頃には、自然の直観的対象を選び、その話し合いを話し合いの対象そのもののもつ体系に従っておこなうことを、私たちはつねに勧めてきたし、いまも勧めているのだが、その理由は以上のようなものである。なお、私たちはここでは、学級での話し合いの教授学上のこまかな点については立ち入らないが、それらは、すでに私たちが何度もふれてきたことであるし、『教育的人間学』の第三巻のなかの私たちの教授学において、それの完全な叙述が見られるはずである。

(2) 国語教師の第二の仕事は、説明読みと模範的文学作品の暗記でなければならない。この課業において、教師は、さきに私たちが述べた目的のいくつかを達成せねばならない。作家の使用している言葉や言い回しの正確な理解は、一方においては、子どもを彼自身の言語的財産のますます意識的な支配に向かわせると同時に、他方においては、その財産を補足し・修正し・最後には子どもに優れた言語的習慣を与える。このことは、自ずとどのような種類の論文が、低学年の読み方や暗記に選ばれねばならぬかを決めるであろう。その論文は、言語の正しさと論理的ならびに歴史的正しさを特徴とせねばならない。言いかえれば、論理的であると同時に国民的でなければならない。言語の正しさは、単なる外面的なものであってはならない。なぜなら、このような正しさ、流暢さ、快適さは、もしそれらに論理性がともなわないのであったら、かえって有害でさえあるからだ。すなわち、それらは、飾りや玩具によって子どもを引きつけながら、私たちが子どもをそれから守ろうとするおしゃべりをまさに子どもに教えることになる。子どもの読み方や暗記に指定される論文は、子どもに理解されるような内容のものでなければならない。なぜなら、そうでないと、それらは自己の主要な目的を達しないことになるからである。すなわち、子どもたちを言葉の財産の意識的支配にいたらしめず、それでなくても多い子どもたちの無意識的・半意識的言葉や言い回しの貯えをますます増大させることになる。ここから、また次のような要求が出てくる。その論文は、子どもにはまだ発達しえないような感情を扱ったり、深い感情によって創造された言葉を感情なしに使用するというような破滅的な醜悪な習慣を子どもに与えるものであってはならない。最後に、その論文は道徳的なものでなければならない。すなわち、そこにウソや無道徳的な教訓があってはならない。こういうところからすでに自ずとわかるように、わが国の文学からいくらかでも大きな子ども用選文読本を構成することはきわめてむずかしい。わが国の文学においては、有能なペンの才能が子どもに捧げられたことは、一度もないように思われる。しかし、ない袖は振れない。できるかぎり良いものを選べ——私たちが言わんとしているのはそれだけのことである。

　私たちは読み方や暗記のこまかな叙述にも立ち入らないであろう。これらも、私たちの一般的教授学において述べられることになろう。いまは、第三の仕事、すなわち文法の真の地位を明らかにするというその目的のためにのみ、国語の初等教育のこれら二つの領域について言及したのである。ここで、私たちが特別に扱うのは文法である。だが私たちは、文法がロシア語教師の仕事の一つであるということ、その仕事は、疑いもなく重要なものであるが、しかし独占的なものでも、もっとも重きをなすものでもないことを示したかったのである。

(3)　初等教育における国語の文法学習は、二つの目的をもつ。その一つは外的目的であり、他は内的目的であるということができる。というのは、両者ともに実践的なものであるから、一つを理論的と呼び、他を実践的と呼ぶことはできないからである。

国語の文法学習の内的目的は、文法が人間の自分自身の思考および言葉によるそれの表現に対する自己観察の基礎としてもつ意義から出てくる。したがってまたここから、国語文法の初歩的学習においてはどのような教授学的方法が支配的であるべきかということの直接的指示も出てくる。

人間が自分自身の言語を観察した結果が文法なのであって、文法の結果が言語ではないのであるから、文法学習のもっとも合理的な方法というのは、子どもの注意をかれがどのように話しているかに向けさせること、そして子どもが模倣によって習得した自分の言葉（それは、しかし、もともとは自意識によって創造されたものなのであるが）においては無意識的に従っている文法法則を、子ども自身が観察するのを単に指導することであろう。この場合の教師の指導は、疑いもなく必要なものである。一人放っておかれたんでは、子どもは、けっして歴史的に論理的に組織されたこの人間の言葉のような複雑で広汎な、しかも目に見えない現象を、自分で観察するというようなことはしないだろう。しかし、その際の指導は、できるかぎり生徒の自主性を保存するものでなければならない。このことの必要性を意識したために、私たちは、いわゆる質問的叙述方法を採用した。それは、読者が容易に気づくように、私たちの初等文法全体でとられている。そこでは、質問の方が、ドグマ的命題よりもはるかに多いのである。

子どもの自意識を指導する教師、それにまた教科書には、子どもが簡単な現象から複雑な現象へじょじょに移行するよう、また以前の観察で導き出した結論を、新しいより複雑な現象の解明に利用しうるように、言葉の現象を選ぶ責任がある。

しかし、子どもが一度おこなった観察が、最初からもう子どもの頭にとどまっていると考える必要はない。子どもは、文法においては、直観的対象のように、子どもにおいてもっとも感受性に富む強力な視覚的記憶が、それの習得を強く促進してくれるような対象を扱うのではなくて、目に見えることのできない言語現象を扱うのである。したがってその観察は、はるかにむずかしく、その結果はすぐに失われてしまう。それゆえに、文法においては他のどの学習におけるよりも、絶えざる反復が、それも主として練習の形式における反復が必要とされるのである。

国語文法の学習の外的目的は、自分の思想を口頭ならびに主として文章で、文法的に正しく表現することに子どもを慣れさせることにある。話しことばは早いために、それの訂正が文法学習を促進するということはきわめて少ない。文章における正確さを熟練ひとつで得ることができるとしたら、きわめて長い期間には、機械的筆写によってもある写字生たちが得たように、正しい文章のひな型を獲得しうるのではないだろうか？　しかし、このような獲得の仕方は、学習の最初の年から人のものを書き写すのではなく、自分の思想あるいは口頭で自分に伝えられた思想を表現しなければならない子どもには、絶対にふさわしくない。子どもに正字法を教えるときには、熟練ももちろん必要ではあるが、それを援助するものとして、その熟練を軽減し速める文法規則をなぜ呼び出さねばならぬかは、すでに自ずと明らかなことといえよう。この仕事は後に延ばしておくということもできない。なぜなら、子どもが、間違った書き方を長い間していればいるほど、後でその間違いから脱け出ることはますます困難になるからである。そればかりでなく、子どもに書き写しをさせるときには、つねに、たとえそれが必要なことであったとしても、意識の機械的作業は、手や足の機械的作業よりも、はるかに強く思考を妨げるものであるということを念頭に入れておかねばならない。手や足の機械的作業の場合には、頭は自由にはたらき続けることもできるのである。

7　この教科書の内容とそこで用いられている教授学的文法の解説

初等の文法教授の意義と目的を説明することによって、私たちは、同時に私たちの教科書で用いられている教授学的文法の意義を示した。私たちの教科書の原理は、最初はそのために特別に選ばれた例文について、後にはプーシキンの物語「漁夫と魚について」の一部について、最後にはわが国の文学（とくにクルイロフの寓話）の一五の模範的作品について、言語の形態と法則を観察することにある。最初は、完全な文学作品の一つも構成しえないような単純な模範文を与えなければならなかった。古典的作品の言語はどんなに単純であるとしても、またこの点ではプーシキンの物語が唯一のものであろうが、それから始めることはできなかった。しかし、プーシキンの物語は、ほとんど単文だけからなっているので、文の複合や結びつきを最初に観察するときには、やはりこの目的のために特別に選ばれた例文によらねばならなかった。そしてその後でのみ、クルイロフの寓話の筋の通った話を観察する可能性が得られた。

私たちが、文法的観察やそれから導き出される定義・規則のすべてを、子どもが誤りなく発音したり書いたりできるように暗記する模範的文章と結びつけた目的は、きわめて明瞭である。ジャコトの時代より（かれはこの方法を濫用し、極端にまで推し進めた）教育実践に広く普及したこの方法は、まったく合理的なものであり、私が『教育的人間学』においてその詳細を述べようとした記憶活動の特質に基礎をおくものである。何かの典型的な詩を記憶のなかに容易に、くっきりと、強固に記憶しながら、子どもはそれに、その詩の分析で知った文法規則を結びつけていくのである。

すべての観察は、私たちの教科書では可能なかぎり、はじめは生徒が自分で答えなければならない質問によって導かれる。その後で、その観察から文法的定義や文法規則が構成される。ついでその定義や規則を記憶に定着させる一連の練習がおこなわれる。生徒が、教科書に出された質問に答えられないと思われるところでは、その答えを出しておいた。この場合の質問は、生徒の知識の欠陥を指示し、それによってその欠陥の補充を助けるのである。よく理解された質問は、すでに半分の解答である。これが、私たちの教科書で取られた叙述の一般的方法である。

観察やそれから導き出される規則は、はじめはまったく分類されていない。少なくとも、生徒に気づかれるようなかたちでは分類されていない。構文法上、語源学上、正書法上の定義や規則があい並んで、もっぱらそれらの相対的単純さ、わかりやすさに従って、また部分的には、多数の作文練習による正書法上の必要に従って配列されている。それゆえ、短文の構成に関する最初の概念とならんで、単語を音節に、音節を音に分解する作業、文字による音の表現、語根の発見、正書法にも必要な単語造りの練習、文字の書き方の主な規則が練習されることになっている。語根に文字bをおく練習には、子どもの眼と手にこのロシア語正書法上最大の困難を克服する技能を与えるべき諺が選ばれた。

私たちの選んだ模範文の分析が、まだ完全に説明することのできないような単語現象に私たちを導いていくときには、私たちはそれらを抜かすか、それができない場合には暫定的な説明――間違った説明ではなく、どんな場合にもけっして子どもに間違った説明を与えてはならないのだが、不完全な説明――この場合にはそれで十分だが、他の場合を網羅しなかったり、その現象の根底にまではおりていない説明を与えることにした。これらの暫定的説明は、あとで新たな機会に、それに必要な知識がすでに獲得されているときに、完全で十分な説明を与えることを念頭において与えられる。このような暫定的定義や規則は、あらゆる観察で見られる普通の現象である。私たちは、生徒自身が観察をおこない、教師の指導を受けるだけで、できるかぎり生徒自身が文法的規則や概念を導き出すことを望んでいるのである。ここに、生徒の一般的発達に対して文法がもつ主要な意義もある。深い哲学的分析や言語の歴史的研究、たとえば、ロシア語と教会スラヴ語との分析によってのみ十分可能となる多くの説明も、初等文法では暫定的なものにとどまらざるをえないのは明らかである。教師が自分ではもっと正確で根拠ある説明をなしうるときでも、子どもを自分の立場においてはならない。教師にはできることでも生徒にはまだ全然できないこともあるということを教師は常におぼえていなければならない。文法に関する説明は、まだ将来において、たびたび遭遇することができるのである。

意味上のあるいは事物の分析は、子どもの注意をわきへそらせないように、できるかぎり少なくしたい。そのために、意味上の説明はほとんどなんら必要としないような簡単な文を私たちは選んだ。

定義や規則がいくらか集まって、それらを概観したり、反復によってそれらを生徒の記憶に定着させることができるようになったときには、それまでに出てきた文法上の定義や規則のすべてを覆いつくすような一連の質問を立てた。その際私たちは、かれらが分析の際に、したがってばらばらに獲得した文法概念や規則のすべてを、生徒の頭の中で普通の文法体系にじょじょに引き入れていくように質問を立てた。このようにして、私たちは、教授学的体系をじょじょに科学的体系に移し替えていった。私たちは、これは重要なことだと考えている。なぜなら、体系だけが、多数で多様な文法知識を記憶のなかにとどめることができるからである。しかし、完全な科学的文法体系は、文法の第二コース――体系的文法――の問題である。私たちは子どもをこのコースへ準備しているにすぎない。

プーシキンの物語の一部を分析し、質問によってこれまでに獲得した文法教材のすべてをいくらか体系的に復習した後では、分析を意味的、構文法的、語源学的、正書法的なものに分けることができる。生徒は、もはやこれらの質問の体系にじょじょに準備されてきている。私たちは、ここでは、復習の体系《システム》そのものをも変えた。これまでの体系は、集積された多数の知識のためにすでに不可能となっているからである。これからは、復習は質問によってではなく、分析によっておこなわれ、教師の指導下にある生徒自身にまかせられる。私たちは、ただ分析の模範だけを提出し、その体系を示したのである。この体系はまだ十分なものではない。意味的分析のうちから事物の分析と論理的分析とを分けなければならない。しかし、これはもっと後の仕事である。

新しく分析され暗記されるすべての文章の最後で、私たちは主として正書法のための一連の作文練習を提出した。生徒ができるかぎり速やかに、自分自身に無害であるとともに誤りを正す教師をも疲れさせないで、作文活動ができるよう十分に正しい書き方を生徒に教えることは、私たちの教科書の主要な目的の一つをなすものだからである。私たちは、しかるべく暗記され説明されたこれら一五の小さなやさしい詩は、一二歳位の子どもにきわめて満足のいく正書法を与えるだろうと期待している。それはあとで部分的に補足されるだけでよいのである。いまは、生徒たちのノートはしばしば誤りでいっぱいで、教師が綿密に註釈をつけて訂正することができないほどである。だが、訂正を受けなかったり、生徒に説明されることも気づかれることもなかった誤りは、間違った書き方を根づかせてしまう。

私たちは実践的文法の最後に、部分的にはそのために特別に書かれた私たちの創作を含む小さな選文読本をつけた。私たちは、これを文法的選文読本と名づけたが、それはこの読本が、はじめは実践的文法学習の参考書として、後にはすでに学んだ規則、とくに正書法や記号の規則の復習や補足のために利用されるものだからである。もちろん、選文読本のこれらの文章のいくつかが、文法において分析されたように完全に分析され暗記されても、けっして害にはならない。私たちは、とくにそれにはプーシキンの「サルタン王」の物語の断片を勧める。これは、子どもがなんの苦労もなしに暗記するほどにやさしい詩で書かれている。……

8　この教科書のいくつかの細目の説明

私たちの初等文法の意義と全体的構成を説明したので、次にそのいくつかの細目の説明に移ろう。その説明は二種類からなる。一方では、私たちの使ったあれこれの特殊教授学的方法の意義を述べることになるが、他方では、私たちが採用した文法のいくつかの改進を説明することになろう。しかし、照らし合わせるのに便利なように、これらをもとに教科書の頁に従って順に述べていき、後で私たちの文法的定義を一つの体系にまとめることにする。また、たとえ教師には理解できても、子どもにはまだ理解できないかもしれないような根拠をそこで示すことにしよう。

9　なぜ文から始めるべきか

私たちは、私たちの文法を簡単な単文の分析から始め、それからじょじょに拡大文に移っていく。私たちがなぜ文から始めて、個々の単語から始めないのかは、自ずと明らかである。文は、子どもにより理解しやすいある全体である。人類のまた各個人の言語そのものも、個々の単語からではなく、文全体から始まっている。幼児の最初の言葉――ママ、ニャニャ（子守）、ちょうだい、いたい、など――のなかには、子どもにとっては、もちろん個々の単語ではなく、感情とか欲望とか、もっと成長すると思想をも表現した文全体が含まれている。そればかりか、私たちにとって重要なことは、最初から子どもを記号のつけ方に慣れさせることで、それは文やその部分の知識なしにはできないのである。

10　なぜ主語でなく題目を最初に取り上げねばならないか

私たちは、最初は単文のなかの二つの部分——述語と題目——だけを示す。私たちがここで主語について話さないのは、主語の正確な理解は、格の概念なしにはすでに不可能だからである。主語はまさに主格の題目にほかならない。また語尾変化の概念なしにも不可能である。なぜなら、主語のいま一つの重要な特徴は、主語と述語との文法的一致にあるからである。

文の分析から始まるわが国の文法教科書のほとんどすべてが最初に、主語を題目（話の対象）として規定しておきながら、それにすぐ続いて、主語のない無人称文について語っていることほどに非論理的なことを考えることはむずかしい。主語が文で語られている対象であるとしたら（わが国の文法書はすべて主語をこのように定義している）、同じものを同じもので取り替えて、無人称文は、題目のない文、あるいは同じことだが、何についても語られていない文だということになってしまう。だが、何についても語られていない文というようなものがあるだろうか？　ところが、このような明らかにばかげたことが、主語や無人称文についての普通の定義から出てくる論理的結論なのである。そればかりか、たとえば「私は欲しい」という文には人称があり、「私には欲しい」という文には人称がないということ、だから後の文は無人称文と呼ばれるのだということを子どもに信じこませるのは、はたして合理的なことであろうか？文法をこのようなばかげたこと、このような子ども自身にも歴然と目につく明らかな矛盾から始めているのだから、子どもにとって文法がすべて何かの虚構であり、生徒を苦しめるために教師が考え出したものであって、子ども自身もなしうるような言語についての単純な正しい観察の結果だと見られないのは、驚くに価しないことである。……

　子どもに伝えられる最初の文法概念がこのように不確かなものであるということは、教授学上きわめて重要な欠陥であると認めざるをえない。明瞭さ、明確さが第一の条件である初等教育は、けっしてこのようなところから取りかかることはできない。

　いわゆる無人称文では題目は必ずしも明瞭でなく、それはしばしば補語と区別することができないということが指摘されるかもしれない。たとえば、「私には金がない」という文の題目はなんだろう？　この文では何について話されているか――私についてか、金についてか？　この指摘はまったく正しい。しかし、それはいくつかの人称文にも当てはまる。たとえば、「金は貴金属の一つである」という文の主語はどこにあるだろう？　この文を呼び起こした質問によって主語は金という単語かもしれないし、金属の一つという単語かもしれない。この指摘は、さらに次のことを加えて、生徒に伝えることができる。つまり、このような場合は、文全体の意味に従って題目を知るべきである。たとえば、「私には金はないが、パンはある」という文では、題目は金である。「私には金はないが、かれにはたくさんある」という文では、題目はむしろ私という代名詞と見るべきである。しかし、いわゆる無人称文やいくつかの人称文における題目のこのような不明確さは、無人称文は題目がないとか、無人称文ではだれについても何についても話されていないというようなばかげた主張に教師をおいやってはならない。

　述語と題目を私たちは文の主成分と呼ぶ。なぜなら、文の部分（части предложения）という呼び名はしばしば、子どもによって品詞（части речи）と混同されるということが、教育実践において指摘されているからである。また品詞をある実践家たちのように単語の種類と呼ぶことはしない。なぜなら、子どもにとってはこのような場合、試験官の陳腐な質問「どの品詞か？」を理解することができなくなるからである。私たちは、私たちの文法の特質が、生徒の学業の途を破壊するようなことがあってはならないと常に考えた。

二つの単語から成る文より私たちは、いわゆる拡大文に移り、子どもに質問によって文を拡大することを教える。すなわち、私たちがすでに『母語』の第二部で使用した方法を続ける。この文法はきわめて有益であると私たちは考える。それは、子どもたちに文の構成を知らず識らず教え、子どもの記憶をむずかしい用語で苦しめないで、単語の文法的一致や支配に生徒の注意を向ける。

〔中略〕

11　品詞の論理的・体系的分類

単語を品詞に分類することの重要な意義を考え、またこの分類が私たちの初等文法が達成せんとする主要な科学的成果の一つであることを考えて、私たちはここで単語の品詞への配分に関して私たちが述べてきた個々の意見を一つの、できるかぎり整然とした体系にまとめることにしようと思う。私たちは、もちろん、これを生徒のためにではなく教師のために、教師に生徒たちをなんらかの明確なものに導く可能性を与えることを目的にする。このような品詞の分類と意味についての考察は、文法をよく知り、それに固い確信をもった教師には必要ないと言われるかもしれない。しかし、わが国でもっともよく使用されている、あるいは最良の文法教科書を分析し、比較した結果、私たちは、そのような堅い文法的確信はきわめて多くの文法教師にないのではないかということを知った。それだけでなく、私たちはすでに完全に地位の定まった教師のためにのみ私たちの本をつくったのではない。同時に主として、家庭教師や両親自身によって指導される家庭における中等教育施設への準備のためにつくられたのである。品詞の分類とそこから導き出される品詞の定義、そしてこれらの分類や定義の困難性のすべてが教師の頭の中ではっきりしていなければ、その不明瞭さは常に生徒の頭にも反映される。もちろん、なんらかの人為的図式によって子どもに単語の分類を教えることもできる。しかし、それは単なる教え込みになり、生徒はそこまでは考えるのでなく、教師の満足する答えを出すことに慣れるだけとなろう。もちろん、一〇歳の子どもに文法概念を十分に深く説明することはできず、しばしば表面的な説明で満足せねばならないだろう。しかしその説明は、生徒がそのなかにじょじょに深まり入っていくことのできるような、なんらかの非論理的な矛盾した真理を含まないものでなければならない。そのためには、初等文法の教師も、子どもに完全にではなく、部分的にしか説明しないことでも、十分に理解していなければならない。それゆえ、私たちはここで単語の品詞分類のしっかりとした論理的基礎を与えることが必要だと考える。

すべての分類は、分類される事物や現象の観察から引き出されるなんらかの本質的特徴に基づいてなされる。それゆえ、なによりもその言語で使用される単語が品詞に分類される際の特徴を正確に定義しておくことが必要である。その特徴というのは次のようなものである。(1)単語の独立性と補助性、(2)語形の変化と無変化、(3)独立品詞の独立的意味と補助詞の補助的意味。補助詞、すなわち独立的意味をもたない単語は、文のなかの補助的役割によってしか分類できないことは自ずと明らかである。したがって、これはすでに独立品詞ではそうあるべきような純粋な形態論的分類ではない。それゆえ、初等文法においても品詞の分類と定義の前に、文の成分の知識がどうしても先行しなければならない。

独立性と補助性の原理によって、言語活動で使用されるすべての単語は、独立品詞と補助詞に分けられる。独立品詞は、個々に取り上げても、なんらかの概念を表わしている。補助詞は、文のなかでのみ意味をもち、文における独立品詞の結合、文と文の結合に、それが独立品詞の個々の語形変化ではできないときに役立つ。独立品詞にはふつう名詞、形容詞、動詞、形動詞、副動詞、副詞、間投詞があげられ、補助詞としては代名詞、接続詞、前置詞があげられる。

しかし、容易に知られるように、独立品詞といっても一様ではない。名詞・形容詞・数詞・動詞・副詞は、常になんらかの概念を表わしているが、すべての単語は単に概念の条件的音声記号にすぎず、間投詞に近いいくつかの擬声語を除いて、それの表わす概念とは、音声上なんの共通点も持たない。間投詞は、記号ではなく、また概念を表わしているのでなくて、感情や欲望を表わす。感情や欲望の概念ではなく、蒼白や寒気が驚きを表わし、涙やうめき声が苦しみを表わすように、感情や欲望そのものを表わす。要するに、間投詞は、感情や欲望の無意的な音声反射である。純粋には、間投詞は、何かの強い精神運動——すなわち感情または欲望——によって強制的に私たちに引き起こされる無意的な叫び声にほかならない。そこから、すべての真の間投詞は、感情（喜び、悲しみ、恐怖、驚き、愛情など）を表わす間投詞と欲望を表わす間投詞とに分けることができる。不活動体の何かの音（ぱたり！　どん！　など）や動物の叫び声を文字に表現したものが間投詞に入れられることがあるのは、これらの音はなんの概念も表わさず、ただの音にすぎないという消極的理由によるものである。しかし、すべての独立品詞は概念の記号にほかならないのであるから、間投詞を単語と呼ぶことはできない。それゆえ、間投詞は文法のなかでも他とは離れて位置せねばならず、厳密には、単語の分類に入ることもできない。そればかりか、すべての単語が、私たちがそれについてよく考えるときには概念を表わしていても、言語活動のある瞬間において無意的に、なんらかの概念の条件的な、したがって自由な記号としてではなく、感情や欲望の無意的記号として、思わず発せられるときには、間投詞に入れられることもできる。仮にだれかが、よくあることだが、何かの単語をなんの意味もなく、語につまるたびにいつも使用する習慣を獲得したとする。このときには、その単語は単語たることをやめ、当惑の無意的な叫びとなる。つまり、ここでは間投詞となるのである。同じようにして、何かの感情や欲望についての概念を表わす単語、たとえば、悲しみ、喜び、しあわせ、不幸、感謝などが、間投詞として、思わず発せられる叫びとして、使用されることもある。しかし、そのことから、ある文法書がいっているように、これらの単語が間投詞となることはない。概念のシンボルとして使用される単語はいずれも、真の間投詞ではありえない。

これによって、間投詞に要求される句読点も説明される。たとえば、私たちが名詞・形容詞・動詞あるいは代名詞に無意的叫びの性格を与えようと思うときには、それらの横に間投詞をおき、それをコンマで分けるようなことはしない（o rope!）。反対に、間投詞そのものを叫びとしておきたいときには、それのあとにコンマか感嘆符をおく。なぜなら、その間投詞は完全な文だからである。たぶん、人類の言語はこのような文から始まったのである。すべての子どもの言語はこのような文で始まる。そして最後に、動詞はこのような文で自分の感情や欲望を表現するのである。

このようにして間投詞に文法のなかの特別な地位を与えたうえ、私たちは、次に、間投詞の属さない単語の分類に取りかかることにしよう。

変化の原理によって単語は、なによりも、変化するものと変化しないものとに分けられる。ただし、ここで考えられるのは語形変化であり、語構成や語の派生法則による変化ではない。すなわち、ある時代の言語を構成する単語が、文や言語活動を成立させる際に受ける変化だけを考える。このような変化としては、性・数・格・時・法による変化があげられる。相・体・比較級による変化・形動詞・副動詞の形成は、語の派生に入れる。なぜなら、これらの場合は、新しい特徴をもった新しい単語が表われるからである。語形変化は、外界における物体の物理的変化に相当する。これに対し語構成や語の派生は化学的変化に相当する。その結果は常に新しい物体ができるのである。私たちは、確立された語形変化を常に利用した。新しい単語はまれにしか表われず、常に他の既成の単語の間における市民権の承認を国民から得なければならない。

変化する品詞には、周知のように、名詞・形容詞・数詞・動詞・形動詞・副動詞・代名詞が入り、変化しない品詞には、副詞・接続詞・前置詞が入る。

しかし、副詞が真に無変化の単語であるためには、そこから私たちがしたように、中性の性質形容詞を除かねばならない。形容詞が真に変化する単語であるためには、そこからいわゆる比較級の語尾省略形を除外せねばならない。

これまでの分類によって、独立品詞および変化する単語と補助詞および無変化の単語との間には、完全な一致は存在しないことを私たちは見た。この一致を妨げているのは、副詞と代名詞である。もし代名詞がなく副詞がなかったら、変化する品詞は同時に独立品詞であり、補助詞は無変化の品詞であったろう。だが、副詞は独立品詞であると同時に無変化の品詞であり、代名詞は補助詞であると同時に変化する語である。副詞と代名詞のこの特徴は、それらを定義する場合の重要な特徴とされねばならない。だが、代名詞はそのほかにもまだ特徴をもつのに対して、副詞はいまのところこの形態的・外部的特徴しかもっていない。すなわち、独立品詞で無変化の語としてのみ定義しなければならない。それらの意味上の共通の性格は、これまでのところつかまれていない。実際、それをこのような異常な多様性のなかでつかむことはおそらくできまい。その多様性はまったくすべての品詞を思い起こさせるし、副詞の起源そのものがそれを説明している。

〔中略〕

変化する単語は、なによりもまず名詞・形容詞・数詞と動詞とに分けられる。この分類は深い心理学的根拠をもっている。

私たちに意識される外界のすべては、常に二つのカテゴリー――空間のカテゴリーと時間のカテゴリー――のなかで反映される。時間には関係なく存在し、空間のカテゴリーにおいてとらえられる意識の対象は、言語では名詞・形容詞・数詞によって、狭義には名詞によって表現される。その同じ対象が時間のカテゴリーでとらえられるときには、すなわち、私たちがそれについて何かの生起しつつあるものとして考えるときには、現象として受けとられ、動詞で表現される。私たちの意識のすべての対象は、第一のカテゴリーにおいても第二のカテゴリーにおいても反映されることができ、空間的条件のなかの対象として理解されることも、時間的条件のなかの現象として理解されることもできる。場所的条件のなかの対象は、常に他の同じような対象と場所的関係のうちにある。この場所的関係は、言語のなかでは前置詞によって、あるいは語尾変化によって表わされる。この語尾は、おそらく、歴史的起源においては前置詞と多くの類似性をもっていたのであろう。同じ対象が時間のカテゴリーのなかで、現象としてとらえられるときには、他の現象あるいは私たちの意識に対して時間的関係のうちにある。私たちの意識における対象のこのような反映は、名詞・形容詞・数詞によってではなく、現象相互ならびに私たちの意識と現象との時間的関係を表現することのできる動詞によって表現される。

言語における名詞・形容詞・数詞と動詞の最初の発生はこのようなものである。名詞・形容詞・数詞と動詞と、どちらが最初に表われたかという問題は、根拠のない問題であると思われる。原始的言語には、たぶん名詞・形容詞などがあるだけ動詞の単語も存在した。その後、この名詞・形容詞・数詞と動詞との分離は、抽象的概念にも移された。なぜなら、抽象的概念は、言語学が明瞭に証明しているように、はるか後に発生したものであり、それら概念の名称そのものも感性的対象の名称から取られたものだからである。それゆえ、善・悪・美などのもっとも抽象的な概念も感性的対象との類推に基づきながら、私たちの意識には、やはり二つのカテゴリーのなかで反映される。すなわち対象として、場所のカテゴリーにおいて反映され、名詞・形容詞・数詞で表現されるか、現象として時間のカテゴリーにおいて反映され、動詞で表現されるのである。

そのほか、人間は自然に生起する現象を観察するだけでなく、自分自身でも現象をおこない、人間の意志が対象の多くの変化あるいは多くの現象の原因となる。それゆえ、動詞は時間のカテゴリーにおける現象相互のさまざまの関係を表現する可能性を得るだけでなく、現象とそれを引き起こす原因との関係も、動詞の法や相で表現される。現象のあらゆる原因のうち、人間が疑いもなく知っているのはただ一つ、自分自身の意志である。人間の意志に依存しないその他の現象の原因については、人間は仮定するだけである。それも、なによりかれ自身の意志に似た原因を仮定し、したがってあらゆる現象の原因あるいは作用する対象が、意志をもった人物とみなされ、そこから動詞の人称変化をもつことになる。この現象と人間自身の意志、あるいは人間の外部に仮定された意志との関係は、時間との関係よりもはやく言語に表現された。この時間との関係は、長い間、場合によっては永遠に、あまりはっきりしないままにとどまっている。

現象との関係における時間そのものは、二つの形式でとらえられうる。すなわち、現象はすべて、他の現象や私たちの意識との関係において生起しつつあるもの、生起したもの、あるいはこれから生起するものとしてとらえられ、すでに上で述べたように、時称で表現される。それとともに言語は、現象そのものの範囲内での時間を表現しようと努め、それを体で表現する。

名詞から形容詞が分離したり、形容詞から抽象名詞が形成される精神史も、きわめて明瞭である。私たちの意識において固まるすべての対象は、私たちに認められた特徴の多少とも恒常的な総和以外の何ものでもない。たとえば、鉄とは何か？　鉄とは、第一に物体、すなわち、私たちの運動を妨げるある弾性体であり、重い物体、すなわち、地上に落下する物体であり、溶解性の物体、すなわち、熱によってやわらかくなる物体である。鉄を私たちがどれほど定義しようとも、私たちは常にその特徴を列挙するだけで、他の存在の間で独立の地位を占める一つの独立の存在にそれらの特徴を結合させるものをつかむことはない。すなわち、対象の本質をつかむことはけっしてない。しかし、同一の特徴の恒常的総和に気づくことによって、私たちはすでにある特別の本質を仮定する。私たちの気づいた特徴はそのなかに、それによって結合するのである。このことに基づいて、この存在に個々の名称——名詞 имя существительное（本質の名称）——が与えられる。この名称はきわめて特徴的であり、正しい、ただし、それはこの存在という名の下に、私たちが当然そうすべきである、存在するものすべて*、私たちの頭において、意識の他の対象とは独立に存在するものすべて、私たちの五官に達するものだけでなく、あらゆる思想やあらゆる概念をも、それらが個々独立のものであるかぎり、考えるときにかぎられる。

＊　ところで『子どもの世界』の批判者の一人は、私たちが新聞を存在と呼んだことを非難している。わが国では論理的概念がこのように確立していないのである。ところが、私たちはどこでも、とくに文法では絶えずそれを使用しており、しばしば野蛮な使い方をしているのである。

名詞によって表わされる対象を、活動体、不活動体と知的対象あるいは抽象的対象に分けることは、初等文法では役に立っても、厳密な批判には耐えられない。次のような対象は、これらのカテゴリーのどれにも当てはまらないのである。視覚、聴覚、触覚、音、悲しみ、喜び、驚き、など——これらの意識対象は名詞で表わされるものなのであるが。悲しみ、喜び、心配、傷みは、知的対象と呼ぶことはできない。なぜなら、それらが現実に存在することは、私たちがよく体験しており、それらが私たちの知能の単なる抽象的産物ではないということは、よく知っているからである。心理的あるいは精神的対象というカテゴリーを私たちは、私たちの文法ではもっていない。しかし、私たちの目的からすれば、ここで意識の対象の新しい分類を確立する必要はないだろう。

形容詞では、人間はもはや存在そのものでなく、それの特徴の一つだけを表現する。それも、この特徴を個々の存在としてでなく（その際には、形容詞が名詞に転化する。溶解しやすい——溶解性）、特徴として表現しながら、存在そのものをつかんだときと同じように、時間と原因のカテゴリーの外で、特徴をつかむ。「鉄は溶解しやすい」と「鉄は溶解する」という表現の間には、前者では特徴が時間のカテゴリーの外でとらえられているのに対して、後者ではそれがこのカテゴリーのなかでとらえられているという相違があるにすぎない。

形容詞を性質形容詞と関係形容詞とに分けることは、わが国の文法書でもっともしばしば見かけるものであるが、論理的批判に耐えられるものではない。すべての形容詞が、常にある対象と他の対象との関係を示している。なぜなら、特徴によってさまざまの対象を私たちが認知する場合も、比較、すなわち他の対象や他の特徴との関係のなかで認知するほかはないからである。「鉄は溶解しやすい」という表現では、私たちは鉄と火との関係だけを示している。「鉛は重い」という表現では、私たちは鉄と地球との関係だけを示している。他方、すべての特徴は、対象がどのようなものかを示している。それゆえ、すべてが性質を定立しているが、対象の性質そのものは、その程度を増大したり減少できるものと、そのようなことが不可能なものとに分けられる。「石造の家」に比較級はない。文法書にふつうよく書かれているように、性質形容詞だけが比較級をもつことができるというのは、きわめて非論理的である。「大理石の像」という表現は、「大理石の」という言葉でもって「どのような？」という質問に答え、私たちはその像を青銅や花崗岩の像と区別するのだが、比較級「より大理石の」という表現をもつことはできない。形容詞は純粋に文法的に、すなわち語尾によって分ける方が、はるかに根拠がある。

数詞は、名詞かもしくは形容詞に関係する。そのことは、それの二つの形態で表わされる。文法では、ただ便宜的に、数および数的順序の言葉として数詞の独立的存在を認めているのである。

〔中略〕

12　私たちの教科書の使い方

私たちの教科書の使い方はきわめて簡単である。教師は、自分自身この教科書をよく調べたら、子どもに一、二のパラグラフ（私たちはこれらに第二版でわざと番号をつけた）を読ませ、そこにある質問に対しての解答を考えさせねばならない。それら口頭の子どもの解答を、教師は調べ、訂正し、それから私たちの教科書によって、その章に関係する練習を生徒に与えねばならない。この練習は、口答によることも筆答によることもある。しかし、残念ながら、この教科書ではそれらをいつも厳密に分けることはできなかった。したがって教師は、自分でどの練習は筆答でしなければならないかを子どもに指示しなければならない。もし私たちの与える練習が、生徒に何かの文法概念や規則、何かの文法形態の使い方を完全に知らせるのに十分でないことがわかったら、ここで与えられた手本に基づいてさらにいくつかの新しい練習を与えることは、教師にとってはやさしいことである。

私たちの文法書の前半にあるプーシキンの物語からの断片にしても、一五の分解された詩にしても、すべて子どもに暗記され、それも子どもがそれらを発音しうるだけでなく、どのような誤りもなしに書きうるように、暗記されることが必要である。その際、あらゆる句読点、および発音だけでは正書法のわからないあらゆる単語の正書法を、子どもが理由づけしうるようにならねばならない。

教科書で何かの理由により、それまでに学んだすべての物語の断片の復習が指示されているときには、それらの断片は生徒により黒板にそらで書かれねばならない。同じようにして、私たちの提出した一五の詩のうち分析されるすべての詩も、黒板に書かれねばならない。それは、詩の分析が完全におこなわれるまで繰り返されねばならない。この場合は、繰り返しを恐れる必要はない。なぜなら、習熟によって獲得されるものの場合は、絶えざる反復が習得の唯一の方法だからである。記号なしに書かれている選文読本の文章は、教師が後に生徒の読み方を指導しうるように、最初に教師によって通読されねばならない。それから、その文章は、生徒に教室で黒板に、または家でノートに書き写されねばならない。それから分析され、その後でのみ、記号がつけられねばならない。太いエジプト活字で印刷された文字は、筆写の際、後でその文字の書かれた理由づけをおこなうために何かのしるしをつけておかなければならない。

口答および筆答のこれらすべての課業において教師は、できるかぎり多くを生徒の自主性にゆだねねばならない。生徒自身が、教科書に導かれ、教師の監督を受けながら、文法を学習するようにせよ。言語の自主的観察により文法を学習するという特別の目的とは独立に、私たちは、さらに『母語』のこの編でも、他の編と同様、子どもを書物の自主的な学習と自主的な書物との対話に慣れさせることを目的とした。子どもに書物との理性的対話を教え、そのような対話に興味を起こさせることは、私たちの考えによれば、学校のもっとも重要な課題の一つなのである。

13　国語学習における作文練習の体系

母語の初等教授学に関する私たちの以上の叙述から、主要な中心的課業、そのまわりに多少とも残りのすべてが群がり、それに基づいて私たちの文法そのものを配列した課業は、話しことばおよび書きことばの実際的練習であるということが、自ずと知られよう。それゆえ、私たちは、最後にここで、最初の三年あるいは四年の学習における作文練習の完全な体系を、口頭の練習については作文練習に関連のあるかぎり述べながらつけ加えることはけっして余分なことではないと考える。その際、たぶん私たちは、『母語』の最初の二学年用につけた私たちの『指導書』の第一部で述べたことを、そこここで繰り返すことになるだろう。しかし、これは教師の頭の中の練習の体系そのものを強化することに役立とう。ところで練習の体系性は、練習の成功する第一のもっとも主要な基礎であって、この体系性の欠如が、正書法の多数の長期にわたる練習がきわめて悪い結果を出している主要な原因なのである。

　有名なディステルヴェーグは次のように述べている。「昔の学校では生徒は八歳から一四歳まで正書法を学んだが、生徒の大部分はやっぱりそれを習得しなかった。すべては、『書取り式』におこなわれた。生徒は書き、教師は訂正した。あるいは、たとえばバウムガルテンが書いたような、筆写用に特別につくられた手本を利用した。わざと間違えて黒板に書かれたものを訂正するのも好まれた手法であった。このような方法で、なぜ立てられた目的をまれにしか達成できなかったか、なぜ正書法が子どもには苦痛となり、教師にむだな労苦――際限のない誤りの訂正、その数は数時間がたっても本質的には減らなかった――を押しつけることになったか。その主要な原因は、学習の組織的進行が欠けていたことにある。ふつう学習のあらゆる段階で、正書法のあらゆる規則が学ばれた。個々の練習は、何か一つの規則に向けられるのでなく、すべてをいっしょに練習しようとした。後の練習が前の練習に基礎をおくということがなかった。要するに、方法的順次性がなかったのである。ここから、かの悲しい結果が生まれたのだ。私たちが経験的に知っているように、それは多くの教師をほとんど絶望にまでおいやり、誤りの訂正のためにかれらの最良の時間を意味もなくうばったり、かれらを完全に麻酔させた。教師による誤りの訂正は、多くの学校でどんなにわずかな印象しか子どもに与えていないことだろう！　しばしば生徒は、アンダーラインを引かれたり、訂正された単語に目を向けることさえ投げ捨ててしまった。これらの悲しむべき恐ろしい結果は、すべて方法の誤りからきているのである。*」

* ディステルヴェーグ『ドイツの教師への教授指針』一八五〇年。

ドイツの昔の学校におけるこの正書法教授のこの方法とその結果は、現代のわが国の学校でおこなわれている多くのことを思い起こさせると私たちは、考える。

私たちの知るかぎり、わが国では教師が、たぶんはじめは子どもに正しく書くことを教えようと試みるのだが、やがてそれの成功しないことを確信して、その試みの続行をやめ、自分で文法を教え、それから作文を課し、誤りに関しては、それに気づいたとき生徒を教室で、あるいは進級試験で罰することで満足していることが、いちばん多い。私たちの古い教師があれほど熱心にふけった簡単な書取りさえ、いまでは、どこでも完全に残っていることはないとしても、はるかに少ない時間しかあてられていない。書取りは訂正を必要とするし、無数の誤りの訂正は疑いもなく、たまらなく苦しいものであるから、書取りそのものや正書法の実践的学習が体系にのっとっておこなわれないかぎり、たいした利益をもたらさないだろう。それゆえ、少なくともわが国の大部分の学校では、偶然にまかされた生徒の正書法は、現在では、以前よりももっと悪くなっている。昔は、しばしばおこなわれる書取りや、さらにもっと多い書物もしくは教師のノート（教科書がなかったので）の筆写が、少なくとも正書法の機械的習得を得させていた。それゆえ今でも、たとえば、しばしば恐ろしい、ばかになるような書取りや筆写をギムナジウムよりもはるかに多く利用している神学校では、正書法はよくできるのである。ギムナジウムでは、生徒が、教師自身がたいへん驚いたことに、中学年あるいは高学年において、ときには大学へ入るときにおいてさえ、はなはだしい文法的間違いに陥るということで、仕事が終わることが多い。そしてもちろん、このような間違いによって、生徒は自分の学習経歴、ときには生活経歴のいちじるしい腐敗を罰せられるのである。

このようなことが、私たちをしてここで、母語の実際的練習、とくに作文の練習について私たちがこれまでに述べてきたことを体系化し、補足するようにさせたのである。

作文の練習は二つの目的をもつ、第一は、自分または他人の思想を正書法的に正しく、習字的に美しく叙述することであり、第二は、その叙述が表現すべきことを表現し、しかもそれが順序を追って首尾一貫した、明瞭でわかりやすい叙述であるような、叙述のわかりやすさそのものである。第一の目的は、第二の目的なしにも達成しうるし、実際に子どもが他人のことばを文章表現するとき——本を書き写したり、暗記したことを書いたり、書取りをするとき——は、第二の目的とは別に達成されている。だが第二の目的は、第一の目的と別個に達成されることがあってはけっしてならないものである。自分の思想あるいは少なくも自分の表現のわかりやすい叙述は、いずれも同時に正書法的に間違いのない、習字的にはできるかぎりきれいで美しいものでなければならない。ある教育学者は、これらの目的の別々の達成を勧め、他の教育学者たちは共同的達成を勧めている。私たちは次のように考えている。もし子どもたちが、音声法による読み方と書き方の共同的学習を最初から正しくおこなっているなら、自分たちの思想の文章表現の練習と正書法の練習とを結びつけることは、たいてい可能であろう。しかし生徒の発達や生徒の読む力、ときには単純に生徒の年齢が、正書法をはるかに追い越しているときには、正書法を別個に練習し、正書法とは関係のない問題に生徒の注意をそらすことのないようにした方がよい。非常に遅れた生徒の場合は、自分の思想の文章表現はしばらく完全に後にまわして、口頭の表現に限るべきである。それは、それと同時に努力されるべき生徒の正書法が、生徒自身の思想と文章で表現しうるようになるまでそうすべきである。自分の思想の文章表現は、生徒が一つ一つの単語について間違いを心配するようなことがなくなり、間違いをしでかすことがほんのわずかとなって、教師がその誤りを訂正するとともに、その訂正の理由を説明しうるようになったときに可能となる。子どもの知的発達にのみ一面的に熱中し、叙述の聡明さだけを考えて、子どもの多数の正書法上の誤りを意に介さない教師は、しばしばあとで直すことのできがたいような文書上の誤りの原因となる。その誤りは後になって生徒がギムナジウムを卒業できなかったり、大学に入れなかったり、一般に文法上の無知が知れわたったときに、生徒に気づかれるのである。

　読み書きを音声法で学習する場合、とくにその際、読み方と書き方がいっしょに学習される場合には、正書法と習字はアルファベットの最初の授業から始まる。

〔中略〕

第三学年では、対象と他のいくつかの対象との比較の後、比較から引き出される、対象の記述をおこなわなければならない。比較がより多くおこなわれればおこなわれるほど、記述はより明瞭で詳細となる。この記述の構成に、自分自身それにあらかじめよく準備した教師は、質問によって子どもを引き入れねばならない。それは、はじめは口頭でおこなわれ、後には文章で、それも最初は黒板でおこなわれる。記述は個々の質問にそってなされるので、それはすべて個々の断片的な文で表現される。そこで教師は、絶えず生徒を手伝わせながら、子どもに、これら個々の文をどのように結びつけ、同一の単語をむだに繰り返すことなく、どのようにして簡潔な記述をおこなうかを示さねばならない。この練習が長くおこなわれるに従って、記述はだんだんと首尾一貫したものにならねばならない。黒板に中位の生徒の一人によって書かれた記述は、クラス全体により、最後的には教師によって訂正され、補足され、生徒の清書用ノートに書かれて、同じような練習の手本とされる。

記述をおこなうためには、子どものよく知っている、しかしそれに関する文章が本にはなく、したがって教師自身が別の典拠によってくわしく知っておかねばならないような対象を選ぶのがよい。しかし、その対象の比較は、子どもが自分の読本で読んだ対象とおこなってよい。もし子どもにそこに記述されている動物や植物の剥製や絵を示すことができるなら、もちろん、単なる回想や話で満足しているよりもはるかによい。

動物あるいは植物のいくつかの種類を学んだら、学んだことのすべてを体系化し、その動物学的、植物学的体系を表に表わさなければならない。その表は、子どもが学んだことのすべてを主要な特徴についてだけでも、それによって速やかに想い起こすことのできるようなものでなければならない。子どもを思考の体系性に慣れさせ、学んだことはすべて忘れることなく、頭の中で一つの有機的全体を構成するように習慣づけることは、初等教育のもっとも重要な課題の一つである。

子どもが記述にいくらか習熟してきたら、その練習をやめることなしに、お話の文章表現をそれにつけ加えなければならない。この目的のためには、次のような方法がもっともよい。教師が子どもに何かの出来事を、できるかぎり短く、話の全体が子どもの作文で一〇行か一五行位になる程度で話し、次にその話を子どもに口頭でくり返させ、質問によって抜けたところを補う。話が学級の全員におぼえられたら、質問をつくって、それを黒板に書き、子どもは解答を書く。以後は、描写を書いたときと同じ順序でする。話の内容は、教室で使われたことのない児童読物から教師が借りてこなければならない。『子どもの世界』の第一部にある歴史物語は、口頭の質問や黒板に書かれた質問に導かれながら、口頭で子どもが表現することだけを目的にしたものである。文章表現をするには、それらはあまりに長く、複雑である。聖書物語の翻訳も同じ目的の練習には役立つだろう。これについてはすでに上で述べた。

子どもが記述や短いお話の文章表現にいくらか習熟したら、これら二つの形態を混合した手紙の形式にかれらを慣らすことができる。叙述の文学形式のなかでは、これがもっともやさしいからである。それは次のようにおこなう。教師が二、三のあまり長くない手紙の見本を子どもに読み、それから黒板に書く。この見本は子どもの清書用ノートに写され、その後手紙を書く際の手本となる。次に教師は、子どもに手紙の内容となるものを与える。それは子どもも知っている周囲の実際の出来事であるのがいちばんよい。そして質問を通じ、クラス全員に、記述的側面と歴史的側面とがある手紙をつくらせる。生徒が適切な補充をしたときには教師がいつも喜んで受け入れてやり、だいたいにおいて起こった事件や周囲の状況についての生き生きとした提示をほめてやる。口頭での手紙の話が終わったら、一人の生徒がそれを黒板に書き、それを教師の手助けを得ながら黒板で修正して、正しい形式にまとめ、次に清書用ノートに書き写す。このような練習を二、三回おこなえば、子どもに口頭の手紙を託し、学級でそれをつくらせ、家で書いてこさせることができるし、最後には、手紙のテーマを与えるだけでよいようになる。それは第三学年の終わりでもやっと達成される程度だろう。このような練習は、一年に何回もするべきではない。三、四週間に一回でも、できるかぎりの明瞭さで学級全体に最大の利益をもたらしながら、すべてをおこなうことができる。

〔中略〕

教授学は、教授のあらゆる規則や方法を数えあげようなどとうぬぼれることはできない。教授学は、単にもっとも主要な規則、もっとも優れた方法を指示するにすぎない。それらの実際上の適用は無限に多様であり、教師自身に依存している。どのような教授学も、どのような教科書も、教師に取って代わることはできない。それらは教師の労働を軽減するだけである。「母語の教科書が自分の教育実践にちょうど適合することを望む教師というのは——ディステルヴェーグの言葉によれば——純粋に不可能なことを望むものである。*」

＊　ディステルヴェーグ・前掲書、第一部、四六五頁。

第5章　教科書『母語』目次(6)

第一学年

綴字教科書

一、方眼紙による図画
二、筆記体アルファベット
三、活字体アルファベット

綴字教科書のあとの最初の読本

一、学用品とおもちゃ
おもちゃのにわとり（民謡）
兄と妹
二、家具と入れ物
金の卵（民話）
三、食物と飲み物
おばさん（しゃれ）
りこうなタタール人（民話）
うさぎ（民謡）
四、着物とはき物と下着
大きなかぶ（民話）
五、道具と馬具
馬とすき
おどり（民謡）
六、建物と船と馬車
ねずみの御殿（民話）
七、家畜と野獣
勇敢な犬（民話）
牛
八、四足獣と鳥
人をとやかく言わずに自分を見よ（民話）

やましぎ（民話）
つるの家（民話）
山羊（民謡）
九、草食動物と肉食動物
きつねといえうさぎ
老人とおおかみ（民話）
一〇、家禽と猛禽と鳴禽
二匹のからす（プーシキン）
かささぎ（民話）
二匹の雄鶏
白鳥とたか（民謡）
一一、魚と爬虫類と昆虫
漁網を引く（民話）
子山羊とおおかみ（民話）
一二、きのこと草と花
どんな花？（児童書より）
きのこたちの戦争（民話）
一三、植物――穀草、野菜、いちごと果実
おおむぎと小麦（寓話の前置き）
ワシリキ
一四、果樹、樹木、灌木
しらかば（民謡）
小さな円パン（民話）
一五、貴金属と宝石、ふつうの金属と石、土
どうして？（プーシキン）
金と剣（プーシキン）
一六、人間、動物、植物、鉱物
熊の足（民話）
一七、昼と夜、週日、四季
朝（プーシキン）
きつねときつつき（民話）
一八、春、夏、秋、冬の月
五月（「童謡」より）
一〇月（「星」より）
一九、銅と銀と金のお金
まちなさい
二〇、時間、長さ、重さの尺度
怠け者と勤勉な男
ロシアの冬（プーシキン）
二一、家、馬車、車輪、植物、動物の部分
つるとあおさぎ（民話）
二二、人体、手と足の部分
小鳥（「星」より）
二三、頭、顔、胴と手の部分
雄鶏と猫（民話）
二四、眼と鼻と口の部分

授業（ベランジェ）
二五、クリスチャン名
刈り込んだめんように神様は暖かい風を吹いた
二六、親類と特質
小さな孤児は神の子ども
交換（民話）
二七、人々の年齢と仕事
夏の雨（マイコフ）
がちょう（民話）
二八、都市と川
四つの願い
二九、五感
足の不自由な人と目の見えない人
はやい馬
三〇、何がよくて、何が悪いか？
勤勉な貴族（民話）
恐ろしい山羊（小ロシア民話）
三一、教会で私たちが見るもの
みつばちの偵察
三二、祭日
土曜日の夕べ（「星」より）
ねこ
三三、何で何をする？
雄鶏と犬
三四、だれは何をする？
がちょう、お前はどこにいたの？（民謡）
臆病なワーニャ（民話）
三五、何は何でどうする？
うそ（寓話の前置き）
きつねと水差（民話）
三六、動物の声と動き
山羊が市場へ行った（寓話の前置き）
きつねとおおかみ（民話）
つかまえられた鳥（プチョリニコフの児童雑誌より）

第二学年

第一編　まわりの世界

第一章　学校と家

1　学校
2　子どものめがね
3　雄鶏と真珠（クルイロフ）
4　学校へおいで
5　あさひ（ドイツ語からの翻訳）

7 黒板
8 石盤
9 だれにも善いことをしないのは悪い人
10 私たちの教室
11 教室の平面図
12 しごとがおわったら胸をはって歩け（ドイツ語からの翻訳）
13 家
14 私たちの家はどんなか
15 家の平面図
16 農家（オガレフ）
17 農家の内部（メヤ）
18 強いものが正しいの？
19 家はどのように建てるか
20 私たちの家族
21 五戒
22 母と子（マイコフ）
23 太陽はあたたかく、母は親切
24 くすり
25 子守歌（マイコフ）
26 あなたに（民謡）
27 おじいさん
28 食物と飲み物

29 パン
30 水
31 製粉所（ニキーチン）
32 衣服
33 ルバシカはどのようにして畑でできるのか
34 孤児のワーニャ
35 机といす
36 食器
37 粘土製鍋と大鍋（月にすっぽん）
38 オーイと呼べば、オーイとこたえる（民話）
39 兄イワニゥシカと妹アリョニゥシカ（民話）

第二章　家畜

1 犬のビーシカ
2 勤勉な犬
3 狩り（ドイツ語からの翻訳）
4 ねこのワーシカ
5 学者ねこ（プーシキン）
6 二匹のねずみ
7 ねずみ
8 ねずみとねこ（クルイロフ）

第三章　馬小舎、家畜小舎、鳥小舎
1 うま
2 うま（民謡）
3 悲しそうな馬（プーシキン）
4 牛
5 動物のあらそい
6 山羊
7 きつねと山羊（ドイツ語より）
8 雌羊（ドイツ語より）
9 おおかみの皮をきた子羊（クルイロフ）
10 ぶた
11 家族づれの雄鶏
12 かも
13 白鳥と灰色のがちょう（民話）
14 がちょう
15 がちょうととる（ドイツ語より）
16 はと
17 人の不幸を笑うな（クルイロフ）
18 栗毛の馬（民話）

第四章　野菜畑と庭
1 野菜畑
2 百姓と熊（民話）
3 もん白ちょう
4 庭
5 庭（民謡）
6 植物にはどんなものがあるか
7 花の歌（プチェリニコフの雑誌より）
8 バラ
9 美しくはないがありがとう
10 いちごとチューリップ
11 仲のよい人は集まる（ドミトリェフ）
12 あるリンゴの歴史
13 神の牛
14 ちょう
15 からすとかささぎ
16 つばめ

第五章　街路と道

1 街への招き（民謡）
2 私たちの街路
3 二つの樽
4 パン屋
5 ミーチェはどのようにフロックコートを縫ったか
6 靴工
7 道で（プーシキン）
8 ゆっくり行けば遠くに行ける
9 鉄は熱いうちにたたけ
10 人間は地上をどのように旅行するか
11 舗装道路と田舎道（アクサコフ）
12 荷馬車の列（ヘムニッツァ）
13 馬なしで旅するには
14 鉄道（ヴェルトマン氏の綴字教科書より）
15 人間はどのように水上を旅するか
16 汽船（プーシキン）
17 水上を車で
18 人間はどのようにして空中を飛ぶか
19 村と郡
20 ノヴォショロフカとミハイロフカ（民謡）
21 町
22 すぐれた労働者（ヴェルトマン氏の綴字教科書より）
23 定期市（ニキーチン）
24 首都の冬の朝（プーシキン）
25 へびとジプシー（民話）

第二編　四季

第一章　冬

1 冬は何をしでかしたか（バラトゥインスキー）
2 冬の老婆のいたずら（ドイツ語より）
3 小さな百姓（ネクラソフ）
4 うさぎ（ベルガ）
5 十二月二十三日
6 十二月二十四日
7 吹雪（ベルガ）
8 クリスマス前夜（民謡）
9 十二月二十五日
10 冬風（プーシキン）
11 冬の朝（プーシキン）
12 正月の歌（民謡）
13 一月一日
14 みごとな淡水魚（民謡）

15　ロシア帝国万歳（民謡）
16　一月六日
17　厳寒の風
18　二月二日

第二章　春

1　春を待つ
2　大精進中の第一月曜日
3　柳の土曜日
4　第一の枠がはずれた（マイコフ）
5　春の味付け（民謡）
6　復活祭前の月曜日
7　春の水（チュチェフ）
8　復活祭前の洗足木曜日
9　受苦日
10　復活祭前の土曜日
11　復活祭の月曜日
12　キリスト復活！
13　みつばち（プーシキン）
14　つばめ（プレシチェエフ）
15　招魂祭
16　農夫の歌（コリツォフ）
17　わしとからす（民話）
18　農夫の春の朝（ベルンス）
19　農夫と花（ベルンス）
20　わしとねこ
21　春の夕やけ
22　汝の額に汗して汝のパンをとれ
23　畑と学校
24　あまの播種（民謡）
25　さる（クルイロフ）
26　五月（ハイネ）
27　聖霊降臨祭の第一日
28　春の夕立（チュチェフ）
29　五月の朝（アルビンスキー）

第三章　夏

1　夏
2　イワノフの虫
3　六月二九日
4　夏の草原
5　草刈り（マイコフ）
6　草刈り人の歌（クルイロフ）
7　魚
8　イヴゥシカ（民謡）
9　からすとえび（小ロシア民話）

10　ライオンとかえる（イソップ）
11　かえると牛（クルイロフ）
12　空涙（レシング）
13　夏の朝
14　水の旅
15　農民と川（クルイロフ）
16　がちょうとつる（イソップ）
17　夏の野原
18　畠（ユーリ・ジャドフスク）
19　わし
20　籠の中のたか（民話）
21　ひでり
22　植物の栄養
23　収穫（コリツォフ）
24　だれが鼻を上へ引っぱる（小ロシア民話）
25　新しいパン
26　耕作（ネクラソフ）
27　夏の森で
28　立木のけんか（ドイツ語より）
29　りっぱないす（プーシキン）
30　うさぎの泣きごと
31　きつねパトリチェヴナ
32　学者熊
33　裁つのはまずいが、縫うのはじょうず
34　きつつき
35　かっこう
36　こだま（プーシキン）
37　八月六日
はえ

第四章　秋

1　秋のきざし（グレコフ）
2　毒ぐも（民話）
3　一難去ってまた一難（ドイツ語より）
4　野ねずみ（ベルンス）
5　十月一日
6　刈入れ前の畑（ネクラソフ）
7　秋（フェート）
8　十一月
9　冬の魔法使い（プーシキン）

第三編　模範練習

第三学年

実践的初等文法と選文読本

第一編　文法

一　単文の分析
1　文とは何か
2　文の二つの主成分
3　拡大文
4　単語を音節に、音節を文字に分ける。
5　文字の分析
6　力点
二
7　コンマ
8　形容詞と名詞
9　単語の語根と付属辞
10　代名詞
11　数詞
13　動詞とは何か
14　複合語
15　ある種の数詞の成分
16　二種類の数詞――個数詞と順序数詞
17　補助詞と独立品詞
19　前置詞
三
20　動詞の三時制
21　単純未来と複合未来
22　人称と動詞の変化
23　数と動詞の変化
24　性と動詞の変化
25　動詞の変化
26　動詞変化の見本と動詞の正書法
27　動詞の二つの変化
28　現在形をもたない動詞
29　単純未来動詞の変化とその正書法
30　コロン
31　動詞の時制と意味
32　呼びかけの語
33　命令法とその正書法
34　行動のさそいと三人称への要求の表現
36　三つの法
37　再帰動詞
38　三つの法による動詞の変化の見本
39　不完全文

40　接続詞
41　接続詞のないときの句読点
42　副文
43　三つの体——不完了体、完了体、多回体
44　感嘆符、固有名詞と普通名詞の正書法
46　接頭辞、接尾辞
47　助動詞の変化
49　物主代名詞
四
51　名詞・形容詞・代名詞の変化
52　質問による変化
53　活動体と不活動体による変化の見本
54　ある種の単語の変化の特徴
55　総性名詞、コロン
56　人称代名詞の変化とその正書法
58　主語、直接話法と間接話法
59　間投詞
60　性・数・格による形容詞変化とその正書法
61　数詞の変化
62　直接話法における主語と述語の一致
63、64　副詞
65、66　指示代名詞
67　疑問符、能動相
68　指大・指小・表愛接尾辞
69　疑問代名詞と関係代名詞
71　不定法動詞
73　副詞の比較級とその正書法
74　呼格
75　同位語
76　物主代名詞の変化と正書法
77　物主代名詞としての人称代名詞
78　物主形容詞
79　感嘆符
80　不定代名詞
五
82—84　文の融合と結合
85　連結接続詞が繰り返される場合のコンマ
86　説明後の間のコンマ
87、88　接続詞「しかし」の意味
93　配分接続詞「あるいは」の意味
94　副文の意味、代名詞による主文と副文の結合
95　形動詞による副文の短縮化
96　形動詞とその変化
98　被動形動詞
99　副動詞による文の結合
100　副詞による文の結合

六　分析と暗唱のための文章
Ⅰ　冬（プーシキン）
意味上の分析
構文論上の分析
複数でのみ使用される名詞
語源的分析
正書法的分析
綴り方問題
Ⅱ　マヒワとハト（クルイロフ）
挿入文
擬人化
Ⅲ　ライオンとキツネ（クルイロフ）
Ⅳ　オオカミと羊飼い（クルイロフ）
Ⅴ　ネズミとイエネズミ（クルイロフ）
Ⅵ　春（マイコフ）
一語文
詩の概念
Ⅶ　雄鶏と真珠（クルイロフ）
Ⅷ　キツネとブドウ（クルイロフ）
Ⅸ　百姓とヘビ（クルイロフ）
Ⅹ　晴れた冬の朝（プーシキン）
ⅩⅠ　滝と小川（クルイロフ）
ⅩⅡ　首都の冬の朝（プーシキン）
ⅩⅢ　働き者の熊（クルイロフ）
ⅩⅣ　冬の到来（プーシキン）
ⅩⅤ　二人の百姓（クルイロフ）

文法用選文読本

一　文法の付録
1　二匹のエビ（イズマイロフ）
2　小さな太鼓たたき（ドイツ語より）
3　海と川（ナヒモフ）
4　スプーンの正餐への道（ドイツ語より）
5　影と人（ナヒモフ）
6　オオカミ、ハリネズミと狐（ニキチェンコ）
7　雨雲（クルイロフ）
8　カエルと雄牛（クルイロフ）
9　画家と靴屋（詩から）
10　ばか者と宝石（ナヒモフ）
11　狼がこわかったら森へ行くな（ドイツ語より）
12　少年とへび（クルイロフ）
13　みつばちとはえ（ウシンスキー）
14　がちょうとつる（ラテン語より）
15　子羊と子豚（イズマイロフ）
16　ワシと雌鳥（ウシンスキー）
17　紙たこ（クルイロフ）

第5章　教科書『母語』目次

18 せむしと少年（ウシンスキー）
19 森と小川（ウシンスキー）
20 バラとイラクサ（ニキチェンコ）
21 犬と馬（クルイロフ）
22 狼と犬（ラフォンテーヌより）
23 蚊と牧人（クルイロフ）
24 スズメとカラス麦（イズマイロフ）
25 狼とキツネ（クルイロフ）
26 騎馬とやせ馬（ヘムニッツァ）
27 オウムとウグイス（ウシンスキー）
28 ライ麦（ウシンスキー）
29 渓流（ウシンスキー）
二 復習と練習のための文章
30 カッコウとワシ（クルイロフ）
31 ライオンと狼（クルイロフ）
32 森の精（ウシンスキー）
33 ナナカマド（民謡）
34 雌羊と犬（クルイロフ）
35 托鉢僧とカン（ドイツ語より）
36 村会（クルイロフ）
37 定期市（ウシンスキー）
38 水と火のあらそい（ウシンスキー）
39 コガネムシ（クルイロフ）
40 昔の歓待は忘れられる（民話）
41 ジプシーのたむろ（プーシキン）
42 白鳥（アクサコフ）
43 伯父のヤコフ（ネクラソフ）
44 ロシアの春（カラムジン）
45 秋の林（ツルゲーネフ）
46 サルタン王とその息子グヴィドン・サルタノヴィチの話

第六章　教科書『母語』の一部より

第一学年

綴字教科書のあとの最初の読本の内容の一部

一 学用品とおもちゃ

学用品——本、黒板、ノート、ペン、石筆、鉛筆、インク壺、じょうぎ

おもちゃ——まり、こま、人形、九柱

まり、ペン、じょうぎ、人形、本、こま、黒板、九柱、石筆、鉛筆、インク壺

読み書きを勉強すれば、あとで役に立つ。

謎——頭を切って、唇を取り出し、飲み物をやると、話しだすもの。

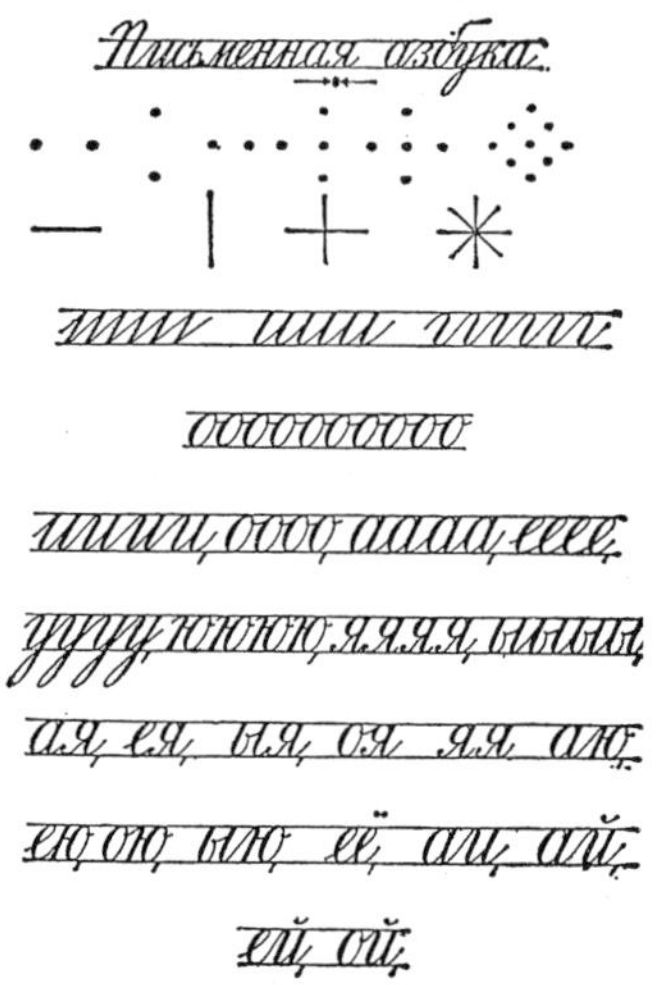

『母語』の最初の数ページから

第6章　教科書『母語』より (7)

1　兄《あに》と妹《いもうと》（第一学年一）

兄《にい》さんが妹《いもうと》に言いました。

「ぼくの　こまに　さわるなよ。」

妹《いもうと》は兄《にい》さんに　こたえました。

「それなら、おにいちゃんは　私《わたし》の　人形《にんぎょう》に　さわらないで。」

子どもたちは、右左《みぎひだり》に　わかれました。

しかし、すぐに　二人《ふたり》とも　つまらなく　なりました。

どうして　子《こ》どもたちは　つまらなく　なったのでしょう？

2　もののおきばしょ（第二学年、第一編第一章6）

ミーチャは　目《め》が　さめると、
いつも　自分《じぶん》の　ものを
さがし　はじめます。
くつしたの　一《ひと》つは　いすの上《うえ》に、
もう一《ひと》つは　つくえの　下《した》に　ありました。
ノートは、ベッドの　下《した》から　出《で》てきましたが、
けしごむが　へやに　ありません。
ミーチャは、こうして、
まいあさ、まいあさ、
さわぎまわって、
学校《がっこう》に　おくれてしまうのです。

3　強《つよ》いものが　正《ただ》しいの？（第二学年、第一編第一章18）

ミーチャが　庭《にわ》へ　走《はし》ってきて、
小《ちい》さな　妹《いもうと》の　ターニャから
人形《にんぎょう》を　ひったくり、
その人形《にんぎょう》を　もち、短《みじか》い棒《ぼう》の　馬《うま》に　またがって、
庭《にわ》を　かけまわりました。
ターニャは、立《た》ったまま　泣《な》いていました。
そこへ、家《いえ》から

ミーチャの兄《あに》の　ジョージが　走《はし》ってきました。
ジョージには、人形《にんぎょう》をもって　庭《にわ》を　走《はし》りまわるのが
楽《たの》しそうに　見《み》えました。
そこで、彼《かれ》は　ミーチャから
人形《にんぎょう》と馬《うま》を　取《と》りあげました。
ミーチャは、お父《とう》さんの　ところへ　行《い》き
ジョージのしたことについて　泣《な》いて　うったえました。
しかし、お父《とう》さんは、窓《まど》のそばにいて、
すべてを　見《み》ていました。
お父《とう》さんは、ミーチャに　何《なん》と　言《い》ったでしょう？

4　水《みず》（第二学年、第一編第一章30）

水《みず》なしには、どんな　小《ちい》さな虫《むし》も
生《い》きて　いることが　できず、
どんな　小さな草《くさ》も　のびることは　できません。
水《みず》のない　ところには、石《いし》と砂《すな》しか　ありません。
このような　ところを　砂漠《さばく》と　よびます。
水《みず》は、井戸《いど》、川《かわ》、湖《みずうみ》、海《うみ》にあります。
海《うみ》の水《みず》は、塩《しお》からいけれど、
川《かわ》や湖《みずうみ》の　水《みず》は、塩気《しおけ》が　ありません。
よい水《みず》は、すきとおり、
においもなく、味《あじ》も　ありません。
水《みず》は、あたためると　にえたち、
蒸気《じょうき》に　かわります。
また、強《つよ》くひやすと
氷《こおり》に　なります。

5　ねこのワーシカ（第二学年、第一編第二章4）

ワーシカの　ひたいは、ねずみ色《いろ》です。
ワーシカは、かわいらしいけど、ずるいところも　あります。
足《あし》は、ビロードのように　やわらかですが、鋭《するど》い爪《つめ》を　もっています。
ワーシカの耳《みみ》は　どんな小《ちい》さな音《おと》も　聞《き》き分《わ》けます。
ワーシカは、長《なが》いひげと　絹《きぬ》のような　毛皮《けがわ》を　もっています。
ねこは　人《ひと》に　甘《あま》えて、からだを　くねらせたり、
しっぽを　ふったりします。
目《め》をとじて、歌《うた》を　うたうことも　あります。
しかし、ねずみに　出会《であ》うと
――ワーシカ　おこらないで！
その目《め》は　大《おお》きく　見《み》ひらき、
足《あし》は　鉄《てつ》の棒《ぼう》のように　なり、
曲《ま》がった　歯《は》や　とび出《だ》した
爪《つめ》を　みせます。

6　四《よっ》つのねがい（第一学年二八）

ミーチャは、小《こ》ゾリで　氷《こおり》の山《やま》を　乗《の》りまわし、

スケートで　凍《こお》った　川《かわ》を　滑《すべ》り、
顔《かお》を　真《ま》っ赤《か》にして　楽《たの》しそうに　家《いえ》に　帰《かえ》ってきて、
お父《とう》さんに　言《い》いました。
「冬《ふゆ》は　何《なん》て　楽《たの》しいんだろう！
ぼくは、いつも　冬《ふゆ》だったら　いいと　思《おも》うな。」
「おまえの　ねがいを　私《わたし》の手帳《てちょう》に　書《か》いてごらん。」と
お父《とう》さんは　言《い》いました。
ミーチャは、そのとおりに　しました。

春《はる》が　やってきました。
ミーチャは、きれいな　蝶《ちょう》を　追《お》って
緑《みどり》の草原《そうげん》を　思《おも》いきり　かけまわり、
花《はな》を摘《つ》んで、お父《とう》さんの　ところへ　やってきて　言《い》いました。
「春《はる》は　何《なん》て　すばらしいんだろう！
ぼくは、いつも　春《はる》だったら　いいと　思《おも》うな。」
お父《とう》さんは、また　手帳《てちょう》を　取《と》り出《だ》し、
ミーチャに　自分《じぶん》のねがいを
そこへ　書《か》くように　言《い》いました。

夏《なつ》に　なりました。
ミーチャは、お父《とう》さんと　草刈《くさか》りに　出《で》かけました。
長《なが》い日中《ひなか》、少年《しょうねん》は、はしゃぎました。
魚《さかな》を　つかまえたり、いちごをとったり、
かんばしい　乾《ほ》し草《くさ》の　なかで　宙返《ちゅうがえ》りをしたり！
夕方《ゆうがた》に　なって、お父《とう》さんに　言《い》いました。
「今日《きょう》は、本当《ほんとう》に　楽《たの》しかった！
ぼくは、いつまでも　夏《なつ》だったら　いいと　思《おも》うな。」
ミーチャの　このねがいも　手帳《てちょう》に　書《か》きとめられました。

秋《あき》が　やってきました。
果樹園《かじゅえん》では、赤《あか》い　リンゴや　黄色《きいろ》の　梨《なし》の実《み》を　取《と》っています。
ミーチャは　有頂天《うちょうてん》になって、お父《とう》さんに　言《い》いました。
「秋《あき》が　一年《いちねん》で　いちばん　いい季節《きせつ》だ！」
その時《とき》、お父《とう》さんは、自分《じぶん》の手帳《てちょう》を　取《と》り出《だ》し、
冬《ふゆ》にも、春《はる》にも、夏《なつ》にも　彼《かれ》が　同《おな》じようなことを　書《か》いた
手帳《てちょう》を　少年《しょうねん》に　見《み》せました。

7　きのこたちの戦争《せんそう》（第一学年一二）

きのこの王様《おうさま》、ヤマドリタケが、
ある日《ひ》、白樺《しらかば》の下《した》に　座《すわ》って、
きのこたちを　見《み》まわしながら
戦争《せんそう》に出《で》かけることを　思《おも》いつき、
命令《めいれい》を　くだしはじめました。
「白《しろ》きのこたち、わしといっしょに　戦争《せんそう》に　行《い》こう！」
白《しろ》きのこたちは、ことわりました。
「私《わたし》たち、きのこの貴族《きぞく》は、戦争《せんそう》には　行《い》きません。」

「アカモミタケたち、わしといっしょに　戦争《せんそう》に　行《い》こう！」

アカモミタケたちも、ことわりました。

「私《わたし》たち、金持《かねも》ちの農民《のうみん》は、
戦争《せんそう》に　行《い》くような　罪《つみ》は　おかしていません。」

「カラハツタケたちよ、わしといっしょに　戦争《せんそう》に　行《い》こう！」

カラハツタケたちも、ことわりました。

「私《わたし》たちは、ご主人《しゅじん》さまの　料理女《りょうりおんな》です。戦争《せんそう》には　行《い》きません。」

「マツタケたちよ、わしといっしょに　戦争《せんそう》に　行《い》こう！」

マツタケたちも、ことわりました。

「私《わたし》たちは、足《あし》が　たいへん　細《ほそ》いので、
戦争《せんそう》には　行《い》きません。」

「シイタケのみんな、わしといっしょに　戦争《せんそう》に　行《い》こう！」

「はい、私《わたし》たち、シイタケは、みんな　仲《なか》のよい　友《とも》だちです。

戦争《せんそう》に　行《い》きましょう。」

8　まちなさい（第一学年一九）

ある　ところに
めんどりと　おんどりの　きょうだいが　すんでいました。
おんどりが、庭《にわ》に　走《はし》って行《い》って、
まだ　青《あお》い　すぐりの　実《み》を　ついばみ　はじめました。
すると、めんどりが　弟《おとうと》に　言《い》いました。
「ペーチャ、食《た》べちゃいけない。
すぐりの　実《み》が　熟《じゅく》すまで　待《ま》ちなさい。」
しかし、おんどりは、姉《ねえ》さんの　言《い》うことを　きかず、
つぎから　つぎと　ついばみ続《つづ》け、
お腹《なか》いっぱいになって、やっとのことで　家《いえ》に　たどりつきました。
「ああ、たいへん！　姉《ねえ》さん、苦《くる》しい！　苦《くる》しい！」
おんどりは　悲鳴《ひめい》を　あげました。
姉《ねえ》さんの　めんどりは、やつれた　弟《おとうと》に　水《みず》を　のませ、
それに　からしを　少《すこ》し　いれました。
すると、痛《いた》みは　とまりました。
元気《げんき》になった　おんどりは、野原《のはら》に　出《で》かけました。
走《はし》りまわり、跳《と》びまわるうちに　顔《かお》が　ほてり、
汗《あせ》を　いっぱい　かきました。
そこで　小川《おがわ》に　行《い》き、冷《つめ》たい　水《みず》を　のみはじめました。
すると、めんどりは、弟《おとうと》に　向《む》かって　叫《さけ》びました。
「のんじゃ　いけない！　ペーチャ！
からだが　さめるまで
待《ま》ちなさい！」
おんどりは　言《い》うことを　きかず、
冷《つめ》たい　水《みず》を　飲《の》みほしました。
たちまち　おんどりは　寒気《さむけ》が　しはじめました。
やっとのことで　おんどりは　家《いえ》に　たどり着《つ》きました。
姉《ねえ》さんの　めんどりは　お医者《いしゃ》さまを　たずね、ペーチャに
にがい　くすりを　出《だ》してくれるよう　たのみました。

おんどりは　長《なが》いあいだ　寝床《ねどこ》に　横《よこ》に　なっていました。
冬《ふゆ》が　近《ちか》づくと　元気《げんき》になった　弟《おとうと》は、小川《おがわ》が　氷《こおり》に
おおわれているのを　見《み》ました。おんどりは、スケートで
すべろうとしました。
すると　めんどりが　言《い》いました。
「ああ、ペーチャ　待《ま》ちなさい、
川《かわ》が　すっかり　こおるまで。
まだ　氷《こおり》が　うすくて　おぼれてしまうよ。」
ところが　弟《おとうと》の　おんどりは、
姉《ねえ》さんの　言《い》うことを　きかず、
氷《こおり》の上《うえ》を　すべり　はじめました。
すべっていると、氷《こおり》に　穴《あな》があきました。
弟《おとうと》の　おんどりは、水《みず》の　なかでバタバタして、
やっと　顔《かお》が
見《み》えるだけでした。

9　つるとあおさぎ（第一学年二一）

沼《ぬま》に　つると　あおさぎが　すんでいました。
沼《ぬま》のふちに　家《いえ》を　建《た》てて　すんでいました。
つるは、一人《ひとり》ぼっちで　すんでいるのが　さびしくなって、
結婚《けっこん》しようと　思《おも》いました。
「よし　言《い》おう、行《い》って
あおさぎに　結婚《けっこん》の　申《もう》しこみを　しよう！」
つるは、チャプチャプと　七キロほどの　沼《ぬま》を　歩《ある》いて　行《い》きました。
そして、あおさぎの　ところへ　着《つ》くと、話《はな》しました。
「あおやぎさん！　わたしと　結婚《けっこん》しようよ、
いっしょに　すみましょう。」
「いやです。つるさん、あなたとは　結婚《けっこん》しません。
あなたの着物《きもの》は
短《みじか》いし、足《あし》はすごく長《なが》く、飛《と》ぶのは　へたで、
わたしには　何《なに》も食《た》べさせて　くれないでしょう。
向《む》こうへ　行《い》って。ひょろ長《なが》さん！」
つるは、あてが　はずれて、家《いえ》へ　かえって　行《い》きました。
しかし、あおさぎは　後《あと》で　考《かんが》えました。
「一人《ひとり》で　くらしているより、結婚《けっこん》した方《ほう》が　よさそうだ。」
あおさぎは、つるの　ところへ　行《い》って、たのみました。
「つるさん、わたしと　結婚《けっこん》してくださいな。」
つるは、腹《はら》が　たちました。
「いやだよ、あおさぎ。お前《まえ》とは　結婚《けっこん》しない。
お前《まえ》に　頼《たの》みに行った時《とき》だったら　結婚《けっこん》したんだが。
もう、行《い》ってしまえ！」
あおさぎは、恥《は》ずかしくて　泣《な》きながら、家《いえ》へ　かえりました。
つるは、しかし、考《かんが》えなおしました。
「あおさぎを　嫁《よめ》に　しないのは　ばかだな。
一人《ひとり》で　くらしているのは　つまらない。

行《い》って、頼《たの》んでみよう。」

つるは、あおさぎの　ところへ　行《い》って、言《い》いました。

「あおさぎさん、やっぱり　わたしは　あなたと　結婚《けっこん》しようと思《おも》うんだけど、わたしと　結婚《けっこん》しませんか。」

しかし、あおさぎは、つるに　腹《はら》を　たてて、言《い》いました。

「むこうへ　行《い》って、ひょろ長《なが》さん！

わたしは、あんたとは

結婚《けっこん》なんか　しないよ。」

つるは、家《いえ》へ　かえって　行《い》きました。

すると、あおさぎは　また　考《かんが》えなおしました。

「どうして　ことわったんだろう？

つるの　ところへ　行《い》った　方《ほう》が　いいのに！」

そして、結婚《けっこん》してくれと　頼《たの》んだのですが、つるは　またしようとは　しませんでした。

こうして、つるとあおさぎは、いまだに　沼《ぬま》を　あっちこっちと歩《ある》いているのです。

そして、いつも　結婚《けっこん》の　申《もう》し込《こ》みを　するのに、結婚《けっこん》できないでいるのです。

10　みつばちの偵察《ていさつ》（第一学年三一）

春《はる》がやってきて、お日様《ひさま》が、雪《ゆき》を　野原《のはら》から追《お》い出しました。

黄《き》ばんだ　去年《きょねん》の草《くさ》のあいだから、新鮮《しんせん》な　明《あか》るい　緑色《みどりいろ》の葉《は》が顔《かお》をのぞかせています。

木《き》は　芽《め》をふき出《だ》し、若《わか》い葉《は》を　出《だ》しました。

みつばちが、冬眠《とうみん》から目《め》をさまし、毛深《けぶか》い足《あし》で　目《め》をこすっています。

そして、友《とも》だちを　呼《よ》び起《おこ》し、みんなで　窓《まど》の外《そと》をのぞいて、偵察《ていさつ》しています。

雪《ゆき》は、氷《こおり》は、冷《つめ》たい北風《きたかぜ》は、行《い》っちゃったかな？

みつばちは、お日様《ひさま》のおかげで、

どこも明《あか》るく、あたたかそうなことを　知《し》りました。

そこで、みつばちは巣《す》から出《で》て、りんごの木《き》へ　飛《と》んで行《い》きました。

「りんごさん、かわいそうな　みつばちに、何《なに》か　くれるものはありませんか？　わたしたちは、冬《ふゆ》じゅう　何《なに》も食《た》べずにいたのよ。」

「何《なに》もないね」と、りんごは　みつばちに言《い》いました。

「お前《まえ》さんたちは、来《く》るのが　早《はや》すぎるよ。わたしの花《はな》は、まだつぼみのままだよ。さくらの木《き》へ　行《い》ったらどうだい。」

みつばちは、さくらの木《き》へ　飛《と》んで行《い》きました。

「なつかしいさくらさん。腹《はら》のすいたみつばちに、あなたの花《はな》をくれませんか？」

「ああ、かわいいみつばちさんや、あしたおいで。」と、

さくらは　答《こた》えました。

「今日《きょう》は　まだ開《ひら》いた花《はな》が　一《ひと》つもないんだよ。花《はな》が開《ひら》いたら、お客《きゃく》さんがくるのが　うれしいよ。」

みつばちは、チュウリップのところへ　飛《と》んで行《い》きました。

そして、チュウリップの　まだらな色《いろ》の頭《あたま》を　見《み》まわしましたが、
そこには　においも　蜜《みつ》も　ありませんでした。＊
あわれな　腹《はら》のすいた　みつばちは、もう家《いえ》へ帰《かえ》ろうと　思《おも》いました。
そのとき、小《ちい》さな茂《しげ》みの下《した》にかくれている　青黒《あおぐろ》い花《はな》を見《み》つけました。
それは　すみれでした。すみれは、香《かお》りとあまい汁《しる》で　いっぱいのがくを　みつばちに　開《あ》けました。腹《はら》いっぱいに　食《た》べて飲《の》んだみつばちは、たいそう楽しそうに、家《いえ》へ　飛《と》んで行《い》きました。

＊訳者注《やくしゃちゅう》　なぜチューリップの花《はな》にはにおいも蜜《みつ》もないのかというと、チューリップは、自然《しぜん》の花《はな》ではなく、人間《にんげん》によっていろいろと品種改良《ひんしゅかいりょう》の手《て》をくわえられ、球根《きゅうこん》によって繁殖《はんしょく》する人工的《じんこうてき》な　花《はな》だからです。

11　もん白《しろ》ちょう（第二学年、第一編第四章3）

男《おとこ》の子《こ》が、畑《はたけ》で　もん白《しろ》ちょうを　つかまえ、
お父《とう》さんのところへ　もって行《い》きました。
「これは、たいへん　悪《わる》いちょうだよ」と、
お父《とう》さんは言《い》いました。
「これが　たくさんふえると、
畑《はたけ》のきゃべつが、だめになってしまう。」
「このちょうは、そんなに　食《く》いしんぼうなの？」と、
男《おとこ》の子《こ》は　たずねました。
「このちょうじゃなくて、
これの青虫《あおむし》なんだよ」と、
お父《とう》さんは　答《こた》えました。
「このちょうが、小《ちい》さな　たまごをうむと、
たまごから　幼虫《ようちゅう》が　出《で》てくる。
それを　青虫《あおむし》ともよんでいる。
青虫《あおむし》は、たいへんな　食《く》いしんぼうで、
青虫《あおむし》がすることは、食《く》って　大《おお》きくなることだけなのさ。
青虫《あおむし》は　大《おお》きくなると、さなぎになる。
さなぎは、食《た》べることも　のむこともしないで、
じっと　横《よこ》になっている。すると、そのうちに、
さなぎが　ちょうに　なって飛《と》び出《だ》してくる。
これが、それなのさ。
ちょうは　みんな、このように　たまごから
青虫《あおむし》になり、青虫《あおむし》から　さなぎに、
さなぎから　ちょうに　なるんだよ。
そして、ちょうは、たまごを　うむと、
木《こ》の葉《は》のどこかで　へたばってしまうのさ。」

12　立《た》ち木《き》のけんか（第二学年、第二編第三章28）

立《た》ち木《き》どうしの　けんかが　はじまりました。
だれが、一番《いちばん》えらいか？
かしの木《き》が　言《い》いました。

「わがはいが、みんなの王様《おうさま》だ！
わがはいの根《ね》は、土《つち》のなかに　深《ふか》くはいりこみ、
幹《みき》は　三《み》かかえもあり、こずえは　天高《てんたか》くそびえ、
葉《は》は　深《ふか》い切《き》り込《こ》みがあり、枝《えだ》は　まるで　鉄《てつ》をきたえたようだ。
わがはいは、嵐《あらし》で　曲《ま》がるようなことはないし、
雷《かみなり》で　折《お》れることもない。」
かしの木の自慢話《じまんばなし》を聞いた　りんごの木《き》は、言《い》いました。
「かしの木《き》さん、あんたが　大《おお》きくて　太《ふと》いことを、
そんなに　自慢《じまん》しなさるな。
あんたには、豚《ぶた》が喜《よろこ》ぶ　どんぐりしか　ならないじゃないの。
わたしには、枝《えだ》いっぱいに　赤《あか》いりんごが　なるんだよ。」
これを聞《き》いて、松《まつ》の木《き》は　針《はり》のようなこずえを　揺《ゆ》り動《うご》かして、
言《い》いました。
「自慢《じまん》するのはよせよ。
もうすぐ　冬《ふゆ》がくるぞ。冬《ふゆ》がくれば、
お前《まえ》たちは、はだかになってしまうじゃないか。
おれには、
いつまでも　青《あお》い　とげが　あるんだ。
おれが　いなかったら、
寒《さむ》い国《くに》では　人間《にんげん》も　すむことが　できないさ。
おれは、人間《にんげん》のために　ストーブを　あたためてやるし、
家《いえ》を　建《た》ててやるんだ。」

13　蜜蜂《みつばち》とはえ（第三学年文法用選文読本13）

晩秋《ばんしゅう》のころに、めったにない春《はる》のような
あたたかい日《ひ》がありました。
鉛色《なまりいろ》の雨雲《あまぐも》は払《はら》いのけられ、風《かぜ》はおさまり、
お日様《ひさま》は、しおれた植物《しょくぶつ》にお別《わか》れのあいさつをかわすかのように
やさしく顔《かお》をのぞかせていました。
その光《ひかり》とあたたかさで、巣箱《すばこ》から呼《よ》び出《だ》された
毛《け》むくじゃらの蜜蜂《みつばち》は、楽《たの》しそうにぶんぶん音《おと》を出《だ》しながら
草《くさ》から草《くさ》へと飛《と》んで渡《わた》っていますが、
蜜《みつ》をさがしているのではありません。
（それは、もうどこからも取《と》ることはできません）。
ただ自分《じぶん》の翼《つばさ》をのばして、楽《たの》しんでいるだけです。
「あんたたちのグループは、どうしてそんなにお祭《まつ》り気分《きぶん》なの」
草《くさ》の上《うえ》にすわり、鼻《はな》をたれてふさぎこんでいるはえが、たずねました。
「あんたたちは知《し》らないの、この日差《ひざ》しはほんのひと時《とき》で、
たぶん今日《きょう》にも、風《かぜ》や雨《あめ》、寒気《かんき》がやってきて、わたしたちみんな、
だめになるのよ。」
「ぶんーぶんーぶん！　どうして　だめになるの？」
陽気《ようき》な蜜蜂《みつばち》は、はえに答《こた》えました。
「私《わたし》たちは、お日様《ひさま》が照《て》らしているうちは陽気《ようき》にさわぐの。
そうして、天気《てんき》が悪《わる》くなったら、
わたしたちのあたたかい巣箱《すばこ》に身《み》をかくすの。

そこには、わたしたちが、
夏《なつ》のうちにたくさんためておいた
蜜《みつ》があるのよ。」

——ウシンスキー

14　鷲《わし》とめんどり（第三学年文法用選文読本16）

鉄《てつ》の檻《おり》に入《い》れられた大草原《だいそうげん》の鷲《わし》は、ふさぎこんで一言《ひとこと》も発《はっ》せず、
ただまわりを途方《とほう》もなく見回《みまわ》すだけで、
鼻《はな》のすぐ下《した》においしそうな肉《にく》のきれはしがおいてあっても、
口《くち》にしようとはしませんでした。
鷲《わし》のはいった檻《おり》は、めんどりたちがぶらつく中庭《なかにわ》にありました。
めんどりたちは、はじめは、鷲《わし》からかなりはなれたところで、
こわごわとこの恐《おそ》ろしい猛禽《もうきん》を、ちらちら眺《なが》めていましたが、
やがて、鉄《てつ》のさくのむこうにいる鷲《わし》は、危害《きがい》を加《くわ》えないと思《おも》い、
少《すこ》しずつ勇気《ゆうき》を出《だ》して、檻《おり》のすぐそばにまでなれなれしく近寄《ちかよ》り、
ついに、鷲《わし》と話《はなし》をするようにまでなりました。
「どうして君《きみ》は、食《た》べないの？」
一羽《いちわ》の心《こころ》やさしいめんどりが、鷲《わし》にたずねました。
「君《きみ》の前《まえ》に、君《きみ》の好《す》きな食《た》べ物《もの》があるのが見《み》えないのかい？
わたしたちが、わたしたちの穀粒《こくつぶ》をどんな食欲《しょくよく》で食《た》べているか
見《み》ているでしょ。君《きみ》も食《た》べなよ。
ここの主人《しゅじん》はもっとくれるよ。
食《た》べなかったら死《し》んでしまう。
捕虜《ほりょ》の生活《せいかつ》は、君《きみ》が思《おも》っているほど悪《わる》くないよ。
ほら、君《きみ》の檻《おり》は、広々《ひろびろ》としているじゃないか。」
「それは、めんどりのもので、鷲《わし》のものじゃないね。」
めんどりのおしゃべりをくやしそうに聞いていた
無愛想《ぶあいそう》な捕虜《ほりょ》の鷲《わし》が、ついに話《はな》しはじめました。
「あした、お前《まえ》たちが、
やきぐしとかスープに出会《であ》ったとしても、
自分《じぶん》の哀《あわ》れな立場《たちば》がわかっていたら、
食《た》べる気《き》にはならないはずだよ。
また、おれが愛《あい》しているように、
自由《じゆう》を愛《あい》しているとしたら、
あまりにもだらくしたとらわれの身分《みぶん》だよ。
お前《まえ》たちが、その自由《じゆう》を、
ただの穀粒《こくつぶ》と交換《こうかん》するとしても、
おれにとっては、
自由《じゆう》のない生活《せいかつ》は、何《なん》の価値《かち》もないね。」

——ウシンスキー

15　せむしと少年《しょうねん》（第三学年文法用選文読本18）

通《とお》りを、大《おお》きなこぶのある小《ちい》さな人《ひと》が歩《ある》いていました。
いたずらっぽい、意地《いじ》の悪《わる》そうな少年《しょうねん》が、かれに石《いし》を投《な》げると、
見事《みごと》にそれが、こぶにあたりました。
「おー！　お前《まえ》は、どうやってそんなにうまく投《な》げるんだい。」

せむしは、少年《しょうねん》にこう語《かた》りかけると、
「ほら、お前《まえ》にはこれだ！」と、
小銭《こぜに》を投《な》げ与《あた》えました。
「わたしはびんぼうにんだから、これしかやれないけれど、
ほれあそこに金持《かねも》ちがいる。わたしにしたように、あの人に
じょうずに投《な》げたら、お前《まえ》にふさわしいものをくれるだろうよ。」
少年《しょうねん》が、別《べつ》の石《いし》をひろって、力《ちから》まかせに投《な》げつけると
金持《かねも》ちにうまくあたりました。
ところが、金持《かねも》ちにつきそっていた使用人《しようにん》が、少年《しょうねん》に追《お》いつくと、
少年《しょうねん》の耳《みみ》や髪《かみ》の毛《け》をつかんで、きびしくこらしめました。
少年《しょうねん》は、かれにふさわしいものを与《あた》えられたのです。

——ウシンスキー

16　森《もり》と小川《おがわ》（第三学年文法用選文読本19）

じめじめした暗《くら》い森《もり》のなかや、沼地《ぬまち》とこけの間《あいだ》を走《はし》り抜《ぬ》けながら、
小川《おがわ》は、訴《うった》えるように、ぶつぶつ不平《ふへい》を並《なら》べ立《た》てていました。
森《もり》は、小川《おがわ》から、明《あか》るい空《そら》や広々《ひろびろ》とした世界《せかい》をさえぎり、
お日様《ひさま》の明《あか》るい光線《こうせん》も、いたずらっ子《こ》の風《かぜ》も、
小川《おがわ》に通《とお》してくれないというのです。
「人々《ひとびと》がやってきて、このがまんできない森《もり》を、切《き》り払《はら》って
くれないかなあ！」と、
小川《おがわ》は、ぼそぼそ話《はな》していました。
すると、森《もり》が、小川《おがわ》にやさしく答《こた》えました。
「ああ、子どもさんよ！
あなたは、まだ小《ちい》さくてわからないのよ。
もし森《もり》がなかったら、あなたたちはどうなるか考《かんが》えてごらん。
わたしのつくるかげは、あなたを、お日様《ひさま》や風《かぜ》が
すっかり乾燥《かんそう》させることから、守《まも》っているということを。
わたしのおおいがなかったら、
あなたのまだか弱《よわ》い細《ほそ》い流《なが》れは、干《ひ》あがってしまうのよ。
すこし待《ま》ちなさい。
そして、開《ひら》かれた野原《のはら》に飛《と》び出《だ》したら、
もうあなたは、か弱《よわ》い小川《おがわ》ではなくて、大《おお》きな川《かわ》になるのよ。
その時《とき》には、あなたは、自分《じぶん》の流《なが》れに
光《ひか》り輝《かがや》くお日様《ひさま》や明《あか》るい空《そら》を、
だれにもじゃまされることなく映《うつ》し、
強力《きょうりょく》な風《かぜ》とも、危険《きけん》なしに
遊《あそ》ぶことができるのよ。」

——ウシンスキー

17　おうむとうぐいす（第三学年文法用選文読本19）

ご主人《しゅじん》の耳《みみ》を、まったくきこえなくするほど、おうむが大《おお》きな声《こえ》で叫《さけ》ぶので、ご主人《しゅじん》は、かれを庭《にわ》へ持《も》ち出《だ》しました。おうむは、自尊心《じそんしん》が強《つよ》くて、冗談《じょうだん》などには腹《はら》を立《た》てませんでしたが、このめずらしい鳥《とり》を見《み》にやってきたうぐいすに、不平《ふへい》をもらしました。
「ぼくのともだち、うぐいす君《くん》！　ぼくは、きみが音楽《おんがく》の良《よ》さを

知《し》っているときいているからたずねるけど、ぼくの歌《うた》のどこに欠《けっ》点《てん》があるのか、どうしてご主人《しゅじん》が、ぼくの歌《うた》を好《す》きでないのか、どうか話《はな》してはくれまいか。
言《い》うまでもないが、きみの歌声《うたごえ》も、ぼくとほとんど同《おな》じくらい大《おお》きいし、きくねうちがたしかに、あるけれど、
ひばりとか、かなりやとか、ほおじろの歌《うた》など、
歌《うた》というより、むしろさえずりさ。きみもそう思《おも》わないかい。」
「うたってみて」と、うぐいすは答《こた》えました。
「ぼくは、きみのような美《うつく》しい鳥《とり》の歌《うた》を、ぜひきいてみたいよ。」
おうむは、自分《じぶん》のわざを、ありったけ示《しめ》しはじめました。
おんどりのように叫《さけ》んだり、鳥《とり》ではない犬《いぬ》のようにほえてみたり、
ねこのように、にゃーと鳴《な》いてみたり、自分《じぶん》のおぼえたことばを
みんな、悪口《わるくち》も、愛想《あいそ》も、区別《くべつ》することなく話《はな》してみたり、
つい最近《さいきん》おぼえたばかりの歌《うた》の断片《だんぺん》を、
うたってみたりしました。
この大《おお》げさなコンサートを終《お》えて、
おうむは言《い》いました。
「さあ、どうだい。
これと同《おな》じようなものを、
きみはきいたことは
あるかい？」
うぐいすは、おうむに言《い》いました。
「きみは、すばらしくじょうずにまねをしたけど、ぼくは、
きみ自身《じしん》の　歌《うた》をききたいな。」
おうむは、こまった顔《かお》をして、うぐいすを見《み》ながら、ふたたびねこのように鳴《な》いたり、犬《いぬ》のようにほえたり、からすのようにかあかあ鳴《な》いたり、おぼえたことばを早口《はやくち》でしゃべり出《だ》したりしました。うぐいすが、いくら言《い》っても、おうむから、かれ自身《じしん》の歌《うた》を聞《き》くことはできませんでした。最後《さいご》にうぐいすは、言《い》いました。
「きみはね、きみのいちばんの欠点《けってん》は、きみが、みんな他人《たにん》のこえでうたうことだよ。きみが軽蔑《けいべつ》するほおじろの声は、どんなに弱《よわ》くても、自分《じぶん》のもの静《しず》かな歌《うた》で自分《じぶん》の愛情《あいじょう》、自分《じぶん》のつらい気持《きもち》、自分《じぶん》のゆかいな気持《きも》ち、自分《じぶん》の悲《かな》しみなど、自分自身《じぶんじしん》の感情《かんじょう》を表《ひょう》現《げん》している。
だから、人々《ひとびと》は、それを満足《まんぞく》して聞《き》いているけど、きみは、いつもわめきたてるだけで、まったく自分《じぶん》のものを出《だ》していない。きみも、自分自身《じぶんじしん》の歌《うた》をみつけてごらんよ。そうすれば、きみの歌《うた》もみんなが、まじめに注意深《ちゅういぶか》く聞《き》くようになるよ。しかし、ぼくは、本当《ほんとう》に心配《しんぱい》するけど、きみは長《なが》いあいだ、他人《たにん》のものまねばかりしてきたので、きみ自身《じしん》の感情《かんじょう》を、もしそれがあったとしても、表現《ひょうげん》する能力《のうりょく》を、すでに失《うしな》ってしまっているかもしれないね。」

――ウシンスキー

18　渓流《けいりゅう》（第三学年文法用選文読本29）

さわがしくて力強《ちからづよ》い渓流《けいりゅう》は、高《たか》い山《やま》から流《なが》れてきて、ざわめき泡立《あわだ》ちながら、石《いし》から石《いし》へと飛《と》びまわったり、断崖《だんがい》を侵食《しんしょく》したり、

樹齢百年《じゅれいひゃくねん》もするような木《き》の根《ね》を引《ひ》き抜《ぬ》くかと思《おも》うと、よく耕《たがや》した畑《はたけ》を水浸《みずびた》しにし、家畜《かちく》の群《む》れや百姓《ひゃくしょう》小屋《ごや》を自分《じぶん》の波《なみ》にのせて、持《も》ち去《さ》って行《い》きます。

旅行者《りょこうしゃ》は、たしかに渓流《けいりゅう》を愛《あい》しますが、近所《きんじょ》の牧場《ぼくじょう》で、馬《うま》や牛《うし》の番《ばん》をする人や百姓《ひゃくしょう》たちは、山《やま》の溶《と》けた雪《ゆき》が渓流《けいりゅう》に新《あたら》しい力《ちから》を与《あた》え、無礼《ぶれい》をふるまうのを、いつものろってきました。

しかし、そこへ遠方《えんぽう》から学識《がくしき》があり、研究心《けんきゅうしん》の旺盛《おうせい》な人《ひと》がやってきて、渓流《けいりゅう》をよく観察《かんさつ》し、このたけだけしい力《ちから》を、どのようにしておさえ、うまく利用《りよう》するか、考《かんが》えはじめました。

「お前《まえ》が、いたずらをするのは、もうたくさんだ」と、かれはついに川《かわ》に向《む》かって言《い》いました。

「もっと役《やく》にたつ仕事《しごと》に取《と》りかかろうじゃないか。」

そして、自《みずか》らシャベルやかなとこを持《も》ち、労働者《ろうどうしゃ》を呼《よ》び集《あつ》めて、しかるべきところを掘《ほ》ったり、みぞをつくったり、必要《ひつよう》なところには、石《いし》を積《つ》みあげて、川床《かわどこ》を深《ふか》くし、高《たか》いところに、一《ひと》つの製《せい》粉所《ふんじょ》をつくり、低《ひく》いところに別《べつ》の製粉所《せいふんじょ》を、そしてもっと低《ひく》いところには工場《こうじょう》をつくりました。

また、水《みず》の圧力《あつりょく》で水車《すいしゃ》をまわし、川《かわ》の力《ちから》で、建設業者《けんせつぎょうしゃ》だけでなく、周囲《しゅうい》のすべての人々《ひとびと》を豊《ゆた》かにしました。

——ウシンスキー

19 交換《こうかん》（第一学年二六）

金持《かねも》ちの商人《しょうにん》が、川《かわ》で水浴《みずあ》びをしていましたが、深《ふか》いところに落《お》ちて、おぼれかかりました。たまたまその近《ちか》くを通《とお》っていた貧《まず》しい田舎者《いなかもの》の老人《ろうじん》が、叫《さけ》び声《ごえ》をきいて、とんで行《い》き、商人《しょうにん》を川《かわ》から救《すく》い出《だ》しました。商人《しょうにん》は、もう老人《ろうじん》にどうやってお礼《れい》をしたらよいかわかりませんでした。そこで、町《まち》の自分《じぶん》の家《いえ》に老人《ろうじん》を招待《しょうたい》し、たっぷりごちそうをしたうえで、馬《うま》の頭《あたま》ほどの大《おお》きさの金《きん》を老人《ろうじん》におくりました。

田舎者《いなかもの》の老人《ろうじん》は、金《きん》をもらって家《いえ》に向《む》かいましたが、途中《とちゅう》でたくさんの馬《うま》の群《む》れを追《お》い立《た》てている、お嬢様《じょうさま》に出会《であ》いました。

「今日《こんにち》は、ご老人《ろうじん》！　あなたは、どこからいらしたの？」

「町《まち》から、お金持《かねも》ちの商人《しょうにん》のところから。」

「商人《しょうにん》は、あなたに何《なに》をくれたのかしら？」

「馬《うま》の頭《あたま》ほどの金《きん》のかたまりさ。」

「わたしに、その金《きん》をくださいな。あなたに、ご自分《じぶん》の一番好《いちばんす》きな馬《うま》をあげるから。」

老人《ろうじん》は、一番好《いちばんす》きな馬《うま》をもらい、お礼《れい》を言《い》って立《た》ち去《さ》りました。

老人《ろうじん》が歩《ある》いて行《い》くと、牛《うし》を追《お》いたてている、農夫《のうふ》に出会《であ》いました。

「今日《こんにち》は、ご老人《ろうじん》！　あなたは、どこからきたのかい？」

「町《まち》から、金持ちの商人《しょうにん》のところから。」

「商人《しょうにん》は、あなたに何《なに》をくれたのかい？」

「馬《うま》の頭《あたま》ほどの金《きん》のかたまりさ。」

「それは、どこにあるのかい？」

「馬《うま》と交換《こうかん》したのさ。」

「あなたの好《す》きな牛《うし》と、その馬《うま》とを交換《こうかん》しようよ。」

老人《ろうじん》は、牛《うし》を選《えら》び、お礼《れい》を言《い》って、また歩《ある》き出《だ》しました。

老人《ろうじん》が　歩《ある》いて行《い》くと、こんどは、ひつじの群《む》れを追《お》い立《た》てているひつじ飼いに出会《であ》いました。

「今日《こんにち》は、ご老人《ろうじん》！　あなたは、どこからきたのかい？」

「町《まち》の、金持《かねも》ちの商人《しょうにん》のところからさ。」

「商人《しょうにん》は、あなたに何《なに》をくれたのかい？」

「馬《うま》の頭《あたま》ほどの金《きん》のかたまりさ。」

「それは、どこにあるの？」

「馬《うま》と交換《こうかん》したのさ。」

「では、馬《うま》はどこに？」

「牛《うし》と交換《こうかん》したよ。」

「あなたの好《す》きなひつじと、その牛《うし》とを交換《こうかん》しないかい。」

老人《ろうじん》は、一番《いちばん》好《す》きなひつじを選《えら》び、お礼《れい》を言《い》って、立《た》ち去《さ》りました。

老人《ろうじん》が、歩《ある》いて行《い》くと、子豚《こぶた》を追《お》い立《た》てている豚飼《ぶたか》いに出会《であ》いました。

「今日《こんにち》は、ご老人《ろうじん》！　あなたは、どこにいたのさ？」

「町《まち》の、金持《かねも》ちの商人《しょうにん》の家《いえ》に。」

「商人《しょうにん》は、あなたに何《なに》をくれたのかい？」

「馬《うま》の頭《あたま》ほどの金《きん》のかたまりよ。」

「それは、どこにあるの？」

「馬《うま》と交換《こうかん》したのさ。」

「それで、馬《うま》は？」

「牛《うし》と交換《こうかん》したのさ。」

「それで、牛《うし》はどこに？」

「ひつじと交換《こうかん》したのさ。」

「あなたの一番《いちばん》すきな子豚《こぶた》を選《えら》んで、わたしにそのひつじをくださいな。」

老人《ろうじん》は、子豚《こぶた》を選《えら》んで、豚飼《ぶたか》いにお礼《れい》を言《い》い、立《た》ち去《さ》りました。

老人《ろうじん》が、さらに歩《ある》いて行《い》くと、背中《せなか》に箱《はこ》を背負《せお》った　行商人《ぎょうしょうにん》に出会《であ》いました。

「今日《こんにち》は、ご老人《ろうじん》！　どこからこられた？」

「町《まち》の、商人《しょうにん》のところから。」

「で、商人《しょうにん》は、あなたに何《なに》をくれたのかね？」

「馬《うま》の頭《あたま》ほどの金《きん》のかたまりさ。」

「それは、どこに？」

「馬《うま》と交換《こうかん》したのさ。」

「で、馬《うま》はどこに？」

「牛《うし》と交換《こうかん》したのさ。」

「で、牛《うし》はどこに？」

「ひつじと交換《こうかん》したのさ。」

「で、ひつじはどこに？」

「子豚《こぶた》と交換《こうかん》したのさ。」

「あなたの好《す》きな針《はり》と、子豚《こぶた》と交換《こうかん》しないかね。」

「老人《ろうじん》は、すばらしい針《はり》を選《えら》び、お礼《れい》を言《い》って家《いえ》へ向《む》かいました。

老人《ろうじん》は、家《いえ》に着《つ》くと、垣根《かきね》を越えようとして、針《はり》をなくしてしまいました。

おじいさんのところへ、おばあさんがかけよってきました。

「ああ、ねえ　おまえさん！

わたしは、おまえさんがいなくてほんとに　さみしかったわ。

さあ、話《はな》して。あなたは商人《しょうにん》のところにいらしたの？」

「いたよ」

「商人《しょうにん》は、あなたに何《なに》をくれたの？」

馬《うま》の頭《あたま》ほどの金《きん》のかたまりさ。」

「それは、どこに？」

「馬《うま》と交換《こうかん》したよ。」

「馬《うま》は、どこに？」

「牛《うし》と交換《こうかん》したよ。」

「牛《うし》は、どこに？」

「ひつじと交換《こうかん》したよ。」

「ひつじは、どこに？」

「子豚《こぶた》と交換《こうかん》したよ。」

「子豚《こぶた》は、どこに？」

「針《はり》と交換《こうかん》したよ。お前《まえ》にみやげものをと思《おも》ってな。

しかし、垣根《かきね》を越《こ》えようとして、なくしてしまったよ。」

「ねえ、おまえさん、ありがたいことよ。おまえさんがかえってきたのだから。さあ、家《いえ》へはいって夕食《ゆうしょく》をとりましょう。」

こうして、おじいさんとおばあさんは、いまは金《きん》もなしに、しあわせにくらしています。

20　水《みず》と火《ひ》のあらそい（第三学年文法用選文読本38）

火《ひ》と水《みず》が、どちらがより強《つよ》いのか、言《い》い争《あらそ》いをはじめました。

言《い》い争《あらそ》いは長引《ながび》き、火《ひ》は自分《じぶん》の舌《した》の炎《ほのお》で、水《みず》を苦《くる》しめました。

水《みず》は、それを恨《うら》んで、ぐちをこぼしながら、ちりぢりになった炎《ほのお》を水浸《みずびた》しにしました。

しかし、この争《あらそ》いは決着《けっちゃく》がつかないので、風《かぜ》を審判員《しんぱんいん》に選《えら》ぶことにしました。風《かぜ》は審判員《しんぱんいん》となって、火《ひ》に言《い》いました。

「お前《まえ》は世界中《せかいじゅう》を飛《と》びまわっているから、お前《まえ》がそこで、だれよりも良《よ》いことをしていると思《おも》っているのではないか？」

「わたしが、村《むら》や町全体《まちぜんたい》を灰《はい》にしたり、わたしの炎《ほのお》によって、

限《かぎ》りなく広《ひろ》い草原《そうげん》や、見通《みとお》しもきかないような森《もり》を

抱《だ》きかかえると、それらはぼろぼろになって煙《けむり》となり、

あらゆる生《い》き物《もの》、鳥《とり》や、獣《けだもの》、青《あお》ざめてふるえる人間《にんげん》までが、

わたしの前《まえ》で、恐《おそ》れおののいていることは、よく知《し》られています。

無礼《ぶれい》な水《みず》など行《い》ってしまえ。わたしが一番《いちばん》だということを、

どうか水《みず》に認《みと》めさせてください。」

水《みず》は、力強《ちからづよ》い風《かぜ》にむかって言《い》いました。

「あなたは、わたしが川《かわ》や湖《みずうみ》だけでなく、底無《そこな》しの海《うみ》の奥深《おくふか》くまで水《みず》でいっぱいにするのを知《し》っているでしょう。そして、

わたしが動物《どうぶつ》の群《む》れや船舶《せんぱく》を、こっぱのように投《な》げ飛《と》ばしたり、

わたしの波《なみ》で、数《かぞ》え切《き》れないほどの宝《たから》ものや、無礼《ぶれい》な人間《にんげん》どもを

捨《す》てさったり、わたしの川《かわ》や小川《おがわ》が、森《もり》をもぎとり、住宅《じゅうたく》や家畜《かちく》を水《みず》に沈《しず》めることを、知《し》っているでしょう。わたしの海《うみ》の波《なみ》は、町《まち》や村《むら》だけでなく、国全体《くにぜんたい》を水浸《みずびた》しにすることもありますよ。力《ちから》のない火《ひ》は、切《き》り立《た》った岸壁《がんぺき》など、どうすることもできませんが、わたしは、すでにたくさんの岸壁《がんぺき》を砂原《すなはら》にしてしまったり、わたしの海《うみ》の岸《きし》や底《そこ》に、埋《う》め立《た》てたりしてしまいましたよ。」

すると、風《かぜ》は言《い》いました。

「お前《まえ》たちの自慢《じまん》することは、みんなお前《まえ》たちの悪事《あくじ》を示《しめ》すだけで、まだ、お前《まえ》たちの本当《ほんとう》の力《ちから》を示《しめ》していない。お前《まえ》たちがしている良《よ》いことを、もっとわたしに話《はな》しなさい。そうすれば、お前《まえ》たちのどちらがより強《つよ》いのかきめることが、わたしにもできるだろう。」

「それなら、火《ひ》はわたしにかないませんよ。」と、水《みず》は言《い》いました。

「わたしは、動物《どうぶつ》や人間《にんげん》に、飲《の》み物《もの》を与《あた》えているではありませんか。わたしの雪解《ゆきど》けのしたたりなしには、どんなつまらない草《くさ》も生《い》きていることができません。わたしのいないところは、荒《あ》れ野《の》となるだけで、風《かぜ》のあなたも、そこでは悲《かな》しい歌《うた》をうたうだけでしょう。火《ひ》はなくても、暖《あたた》かい国《くに》では、どこでもくらすことができますが、

水《みず》なしには、なにもくらしていけませんよ。」

「お前《まえ》は、一《ひと》つ忘《わす》れていることがある。」と、ライバルの火《ひ》は言《い》い返《かえ》しました。

「お前《まえ》は、太陽《たいよう》にも、火《ひ》が赤々《あかあか》と燃《も》えていることを忘《わす》れている。いたるところに、光《ひかり》とあたたかさを運《はこ》ぶ太陽《たいよう》の光《ひかり》なしに、何《なに》が生《い》きていけるというのか。わたしがめったに顔《かお》を出《だ》さないところでは、お前自身《まえじしん》がさびれた大海《たいかい》のなかを、死《し》んだ氷《こおり》の塊《かたまり》となって浮《う》かんでいるだけだろう。火《ひ》のないところには、生命《せいめい》もないのさ。」

「しかし、アフリカの砂漠《さばく》に、たくさんの生命《せいめい》があるというのかい？」

と、水《みず》が誇《ほこ》らしげにたずねました。

「お前《まえ》が、そこで一日中《いちにちじゅう》、いくら火《ひ》を燃《も》やしていても、生《い》きているものはまったくいないだろ？」

火《ひ》は答《こた》えました。

「わたしなしには、どんな土地《とち》もみにくい氷《こおり》の塊《かたまり》よ。」

それに対《たい》して、水《みず》も言《い》いました。

「わたしなしには、どんな土地《とち》も、火《ひ》が燃《も》えていないところと同《おな》じように、生気《せいき》のない石《いし》の塊《かたまり》よ。」

風《かぜ》は、いまや満足《まんぞく》そうに決断《けつだん》しました。

「問題《もんだい》は明《あき》らかだ。お前《まえ》たちは、それぞれ自分《じぶん》だけでは、害《がい》をもたらすだけだし、良《よ》いことをすることもできない。お前《まえ》たちを、それにわたしをも、いたるところで、たがいに闘《たたか》わせるもの、そしてその闘《たたか》いのなかで、生命《せいめい》の偉大《いだい》な事業《じぎょう》に役立《やくだ》たせるものだけが、本当《ほんとう》に強《つよ》いのだ。」

――ウシンスキー

第7章　『子どもの世界』第一版への序文(8)

『子どもの世界』は、私たちの学校の低学年におけるロシア語初等教授に関する今日的要求が、その出現を招いた。私がこの要求をどれほど汲み取り、その要求をどれほど満たすことができたか——これは私が判断すべきすじあいのものではない。しかしこの本の体系のなかには、その特別の使命に従い多くの特色があるので、私は、この序文において私の著述の指針となった原理を十分に明らかにしておく必要があると考える。

私たちの教育界では今日、国語の学習に際しては、文法規則を知る前に、国語そのものを知ることや、それを正しく使用する実際的技能が先行しなければならないというまったく正当な考えが、すでにかなり普及している。

私の知るかぎり、すべての（中等）学校低学年（ここへは、九歳から一二歳の子どものみが入学する）において、国語教授は、読み方と読んだことについての話し方から始められる。しかし、このような授業に対しても、自ずと出てくる問題は、何をどのようにして読み、話すのか？　そのための特別の方法、特別の指導書はあるのかということである。もちろん、読み方の練習のためには何を読んでもいい。しかし、そのようにして読んだことのすべてについて一〇歳の子どもが話すことができるとはけっして言えないし、またそのうちのすべてが同じような利益を、教師による説明によって生むことができるとはけっして言えない。ある文章は、きわめて美しい言語によって書かれているが、同時にまったく内容を欠き、生徒が何一つ明瞭なはっきりとした思想をそのなかに読み取りえないばかりか、教師自身さえしばしば、それについての何らかの質問、何かの明確な、いくらかでも要領を得た解答を予想しうるような質問を、生徒に出すことに困るようなことがある。言うまでもなく、このような文章の内容を伝えようと思う生徒は、はっきりとした思想がそこにないために、やむをえず一字一句を思い出そうと努力するだろう。このような話し方が無益であるばかりか、有害でさえあるのは、明らかなことである。これとは別の種類の文章は、まったく反対の欠陥によって特徴づけられる。そこには、一〇歳の読者にとってあまりにも多くの内容がある。あるいは、その内容はあまりにも多くの解説が、小さな読者にはまったく知られていないようなさまざまの科学、さまざまの生活領域から借りてこられた解説が、それを説明する教師に要求されるような種類のものなのである。最後に児童用選文読本には、適当な、一〇歳の生徒にも理解しうるような内容の文章がいくつかあったとしても、相互になんの関連もなく並んでいるこれらの文章は、同じように取留めのない、偶然的な解説を招来することだろう。

このような読み方や話し方にしばしば居合わせた私は、まさにこのためにつくられた書物、一〇歳の生徒がそれを読んでその内容を話しすることのできる、また教師がそれに相互に関連のある体系的な、この年齢の生徒にも理解しうる有益な解説を付加しうるような、特別な書物の必要を確信するようになった。

しかし、そのためにつくられる書物はどのようなものでなければならないか？　この問題に対する解答は、読み方や話し方の意義そのものをどのように見るかによって違ってくるだろう。

ある人は、それらを文法の順を追った実際的学習と結びついた言語の練習とのみ見る。他の人は、知的体操の手段としてそれらは利用されねばならぬと考える。第三の人は、以上の二つの目的を達成しつつ教師は、そのほかに、読み方や話し方によってできるかぎりたくさんの有益な知識を生徒に伝達するよう努力しなければならないと考える。

もし読み方や話し方の目的が、単に言語の実際的技能にのみあるなら、当然そのような読み方には、内容が子どもにも理解され、また正しいロシア語で書かれていさえすれば、どのような種類の文章でもよい。しかし私には、読み方や話し方に関するこのような見解は、完全に正当なものとは思われない。

言語は、思考から切り離されたものではない。反対に言語は、思考の有機的産物であり、思考に根を張り、絶えず思考から成長しつつあるものである。だから、生徒に言語の能力を発達させようと思うものは、なによりもまず思考する能力を生徒に発達させねばならない。言語を思考から切り離して発達させることはできない。思考をさしおいて言語をもっぱら発達させようとするのは、実際に有害でさえある。仮に、このようなもっぱら形式的な方面において何かの成果を達成しえたとしても、それは単なる幻想的成果であり、有害な成果でさえある。ありとあらゆる下らぬことを、きれいに・滑らかに・優雅にしゃべる習慣、空虚ななんのつながりもないあれこれの思想を巧みな文句で結びつける習慣は、人間のもっとも悪い習慣の一つである。教育者は、このような習慣を根絶すべきであって、その発達を促すようなことをすべきではない。子どものおしゃべりに対する両親の余計な寛容は、この点において、きわめて有能な子どもに多くの罪悪をもたらした。外国語の早過ぎる学習もまた同様であって、その際には、すべての注意が言葉の文法的正しさに向けられ、その論理的・事実的意味には向けられないのである。

それればかりではなく、言語の形式的学習が子どもの本性そのものに矛盾するものであることを確認するのは、むずかしいことではない。子どもは、間違った教育によって堕落していないかぎり、美辞麗句への傾向はもたないものである。子どもの心を引きつけるのは、なによりも思想そのもの、内容・現象・事実であって、思想の表現形式ではない。形式の飾りつけを心配することほどに子どもにとって不作法な、年寄りじみた仕事というものを考えることはできない。それは、知性の中味が豊富になり、新しいものがもはや私たちの強い興味をひかなくなったときに望むにふさわしいぜいたくである。子どもにとっては全世界がまだ新しく、興味をひくのだ。

私はさらに、言語の形式的学習だけでは、それ自身の一面的な目的さえ達成することができないと思う。思考の形式は、人が自ら思想とともにそれを創造したとき、形式が思想から有機的に成長したものであるときにのみ立派なものとなるのであって、たとえ模範的作家の文章であるにせよ何かの書物から引き抜いてきたようなときにではない。フランスの学校でおこなわれているような、模範的作家の特別の学習は、優れたフランス的教育を受けたすべてのフランス人に顕著にみられる叙述の軽快な美しさに多くの影響を与えるものであった。だが、現代フランス文学のいちじるしい不作、現代のフランス作家に見られるような語句と思想との不一致の一つの原因となったのも、まさにこの学習ではなかろうか？　作家が独創的につくり出した無数の巧みな言い回し・流暢な文句・機智に富んだ比較は、生徒の頭にそれらが集積されるや、かれのどのような空っぽの思想、誤った思想にも、すでに用意された美しい言い回しを与える。だが、まさにそのことのために、その思想はしばしばいつまでも貧しい空っぽのものにとどまり、賃貸のきらびやかな衣装に被われた隠れた空虚さ・虚偽は、長いこと外に現われないでいるのである。

　しかし、言語の実際的練習だけでは、読み方や話し方にとって不十分であるとするなら、そこに頭の体操をのみ見る人もまた教育の理性的目的を十分に達成することはできないだろう。知能の発達もまた、形式的にも実質的にもなりうる。知能の体操は、知能を形式的に発達させる。知能によって完全に習得された実際的な、そして観念にも転化するような知能のみが、知能を実質的に発達させる。悟性の形式的発達は、もちろん言語能力の単なる形式的発達よりははるかに有益であるが、しかし私は、ここでも一面性は有害であると考える。言語のみの学習が空虚なおしゃべり屋を育てるとすれば、悟性の一面的な体操は――そこでは、とにかく悟性が訓練されさえすれば、何によって悟性が訓練されるかはどうでもいいことである――浅薄な議論家を育てるであろう。かれらは、自分のまったく知らない対象についてさえも、頭の中に常にたくさんの用意された悟性的カテゴリーがあるために――このカテゴリーは、今日はこの、明日はあの内容を取ることができるのである――どんなことについてもすぐに議論することのできる人々なのである。知能の体操は、たしかに知力を発揮させる。だがそれは、このように表現できるとすれば、知能の性格を害う。すなわち、それは知能をなんの痕跡も残らないような思想の錬磨に――その目的は、仕事のためでもなければその結果でもなく、まさに知能の体操そのものである――慣れさせるのである。

　もちろん、言語や知能の体操そのものが害をもたらすと言う人はいないであろう。それらの一面性が害をもたらすのであり、それらに実質的な内容が欠けていることが害を生むのである。私はただ、知能の体操にせよ言葉の体操にせよ、生徒の知力や言葉の能力を、何かの現実の実際的な知識に基づいて訓練すべきであるということ、これらの練習の主要な目的は知識そのものの完全な習得、明瞭な表現であるべきなのであって、知力や言葉の能力は、その際、副次的に訓練されるものであるということを言いたかったにすぎない。私たちは、この思想が新しいものであるなどと偽りはしない。すでに今日でも私たちは、読み方や話し方を単に言語の実際的訓練にのみ利用するのではなく、また知能の体操にのみ利用するのではなくて、いわゆる実質的読解のなかで生徒に実際的な・有益な・かれらに理解しうるような知識を伝えるためにも利用しているロシア語教師をもっている。

しかし私は、知識そのものをこのように読み方や説明の目的と見る、この最後のカテゴリーのロシア語教師にも同意することはできない。知識そのものではなくて、あれこれの知識の習得によって子どもの知能のなかに発達する観念――これこそが、このような課業の実・核心・究極の目的を成すのでなければならない。この中核のまわりに論理的・知的外被が有機的に増殖し、言葉や論理の訓練が、単に空虚なあるいは虚偽の文句の正しい構築、内容のない論理的弁証法などにならないようにしなければならぬのである。私は、この本を編纂するにあたり、まさにこのような種類の教授を念頭におき、学級における読み方や話し方の意義についてこのような見解をもつ教師の仕事をこの本によって軽減するとともに、私の本の体系に基づいてその多数の説明を子どもの知能や記憶にとどめようとする、かれらの有益な活動の影響を強化しようとしたのである。

もし教師が、学級で読まれた物語の偶然的な比較対照に基づきながら、子どもに今日は火山について、明日は感謝について、明後日はワニあるいは鉄道について解説するとしたら、またときには同一の授業で、出てくる単語の説明の必要に駆られて多種多様な事物についての解説をするのであるとしたら、そのような教師は、生徒たちに自分の説明を覚えていることを要求するような権利をもたないばかりか、子どもの頭の中になんらかの体系的な知識、ましてや体系的に発達した観念が構成されることを期待することはできないであろう。

読み方や話し方においては、なによりも生徒に何かの観念を与えるような実際的知識を伝えるとともに、生徒の思考能力や言葉の能力をそれらの観念に基づいて訓練しなければならないという考えに立って、私は自らに次のような問いを出してみた。その知識とか観念は、どのような種類のものでなければならないか？　人間の知識および人間の観念の広汎な領域から、この思考および国語の最初の訓練のためにどんなものを選ぶか？

歴史物語は、この目的には確かに適しない。一〇歳の子どもを偉大な歴史的人格・偉大な歴史的事件の正しい理解にまで高めることはできない。一方、これらの人物や事件を子どもの理解の水準にまで低めることは、歴史を片輪にすることを意味する。それは、単に無益であるばかりか積極的に害をもたらす。歴史的逸話の物語もまた、なんらの目的も持たない。なぜなら、これらの逸話そのものは、そこである役割を演ずる人物との関係においてのみ意味をもつものだからである。

旅行記からの小片もまた、初等読み方には適しない。旅行者の眼に映じた各地方は、一〇歳の読者には説明を要するあまりにたくさんの現象を含んでいる。これらの現象は、個々の科学のなかでは、それぞれ体系的に困難もなく説明されうるとしても、読み方においては、すべてがいっしょに混ぜあわせて説明されねばならず、そうでなければ、なんの説明もなしに放置されねばならない。だが無意識的な読み方や、いいかげんに与えられる皮相な説明は、かえって有害であると私は考える。初等学校の主要な使命は、まさに新しい生徒を、理解の明確さ・徹底さに慣らすことにある。そればかりか、小さな読者にあらゆる単語を説明しようと努めながら、短い・ときには空虚な物語に多種多様な言葉の解釈の大冊を結びつけようとする教師は、けっして教育学的であるとは言えない。このように説明できるのはたぶんホーマだけである。それも、一〇歳の子どもにはできない話なのである。*

＊　歴史的・地理的小片よりなる書物は、さまざまの技術的生産に関する記述と同様、高学年の子どもには、学級での読み方の書物としても、歴史や地理の学習の参考書としても役に立ちえよう。

子どもの生活のなかの出来事は、児童用選文読本にしばしば挿入されているが、子どもにとってよりも私たちにとってもおもしろいものである。私たちは子どもの素朴《ナイーブノスチ》な考えに感動させられるが、そうかと言って、私たちはこの素朴な考えが子どもたち自身にも感動的なものであると考える根拠はなんらもたない。私たちは、自分の少年時代をある後悔の念をもって回想するが、子どもたちはいつも前方を見つめている。たとえ自分自身を見回すことがあったとしても、子どもたちは、私たちがそれを見るときの眼とはまったく違った眼で見回すのである。

初心の読者を社会的関係の世界に導き入れることも、無益にして、困難であることを、私は見出した。なぜなら、第一に、この世界は無技巧性や真理の手本となることはけっしてできないし、また第二に、この世界はたくさんの歴史的・道徳的原因の産物であり、その原因の説明は、しばしば子どもには理解しがたいものであったり、ときには子どもにとって有害でありさえするからである。したがって、ここでは、否応なしに虚偽の解説を取り入れたり、批判や否定的態度を許さねばならなくなる。だが、この年齢の人間にとって、否定的態度ほどに不似合なものはない。かれらにおいては、すべてが建設的でなければならず、何ものをも破壊してはならない。

このようにして、子どもの読み方のために通常選ばれているすべてのものを検討してきた私は、自然史（博物）の対象にとくに注意を集中するようになった。私をそうさせた理由はいくつかある。第一に、対象の直観性である。学習を始めたばかりの子どもは、読んだことを理解するだけでなく、目の前の対象を正しく鋭く見守り、その特質を見出すことが、要するに、単に考えるだけでなく観察することが、それも考える前に観察することが必要である。直観教授は、もちろん知能の訓練に先行し、もっとも幼少の時から、子どもがまだ読み方を習う前に始められねばならないものである。しかしそれは、わが国ではまだほとんどどこでもおこなわれていないし、郡立学校・ギムナジウムその他の中等教育機関に入学する子どもが、直観的訓練によって書物学習に準備されているようなことはけっしてないのだから、私は、学校においてこの欠陥を初歩の読み方の際にできるかぎり補うことがきわめて有益であると考える。直観教授には、読み方ではなくて、教師の側からの口頭の質問や話がともなわなければならないということを十二分に理解しつつも——ドイツでは、こうしたことの指導書がたくさんつくられている——私は、それにもかかわらず、予備的な直観教授が欠けている場合は、直観教授を初歩の読み方と結びつけることが可能であると思う。何もしないよりは何かをした方がよいし、ぜんぜんしないよりはいつかした方がよい。読み方そのものも、対象の観察・対象そのものに基づく解説、学級のなかでなされる小さな実験によって中断される読み方は、生き生きとする点・興味ある点において勝る。私が、『子どもの世界』に自然史の対象を主として選んだ第二の理由は、これらの対象が、子どもの知能を論理性に慣らすうえでもっとも都合のよいものだと考えたことにある。論理性は、読み方や話し方の主要な目的を成すものである。ところで、自然の論理は、私の信ずるところによれば、子どもにとってもっとも近づきやすい、もっとも有益な論理なのである。

しかし、自然史の対象に注意を集中するとしても、なお解決しなければならない問題がある。どのようにして子どもにこれらの対象を知らせるか――それらに、子どもじみた・半ばおとぎ話的な興味ある形式をもたせるか、それとも直接に、対象の真面目な内容を子どもに知らせるか？　私は、ドイツで毎年何十となく出るたくさんの国史の逸話的・絵巻物的物語を検討した結果、次のことを確信するにいたった。すなわち、これらの物語はきわめてわずかな実質的内容しか与えぬか、あるいは教師の側からする非常に広汎な解説を予想するものであり、いずれにしても、児童読物としてはふさわしいかもしれないが、絵画的形式よりも実質的な内容を主として与えなければならない学級での読み方のための書物としては、ふさわしくないということである。形式の興味深さは、学級での読み方に使用される児童書の性格的特徴でなければならない。もちろん、いずれの場合にしても極端なのは有害である。しかし、読み方のための書物においては、けっして内容がおもしろさの犠牲とされてはならない。単にできるかぎりおもしろいものにするということでなければならない。

そればかりか、授業時間というものは、おとぎ話や逸話にそれを費やしてもいいほどに多くはない。一般に、私は、もう一〇歳の子どもだったら（もちろん子どもの理解に釣り合った）真面目な労働に慣れさせる必要があると考える。疑いもなく、以前のスコラ的な教授方法は、知能に破壊的な作用をおよぼすものであった。しかしその原因は、課業の真面目さにあったのではなくて、その無意味さにあったのである。しかし、祈禱書や詩篇の棒暗記が知能の発達に悪い影響をもたらしたとすれば、おかしな子どもを楽しませる教育（学）は、芽の出かかったばかりの人間の性格を破壊するものである。学習は労働であり、労働でなければならない。それも思想の充満した労働でなければならない。そして、学習の興味そのものも、まじめな思想に基づくものであって、本題には関係しないような粉飾に基づくものであってはならない。初等読み方読本は、私が思うに、まじめな科学への入門になるものでなければならない。そして、教師とともにそれを読んだ生徒は、科学の真面目な課業に対する愛情をもつようにならねばならない。

真面目な物語を生き生きとさせることは、教師に依存するものであるが、それは、第一に直観性を通じて、すなわち、子どもがそれを見ながら、単に読んだことを思い起こすだけでなく、直接的な観察によってそれを補足することができるような対象を子どもに示すことによって、第二には、多様な活発な質問を通じて、個々の生徒ならびに学級全体から、読んだことおよび観察したことのすべての内容を引き出すことによってなされる。小さな逸話やひょうきんな物語は、生徒のちょっとした骨休めとしては、もちろん仕事に害をもたらすようなことはない。しかし、それらを本から読むのではなくて教師の唇から聞くときには、非常に強い影響を子どもたちは受ける。子どもは、本で読んだことによって非常に楽しむこともあるが、きわめておかしい物語を読みながらほほえみさえしないこともよくあるのである。

しかし、自然科学の広汎な領域からいったい何を選ぶか？　もっとも興味ある対象を選ぶか、それとも生徒がすでに直観的に知っている対象を科学的に説明するか？　この場合の選択に際しても、私は、前の思想に基づいて、子どもの周囲にあり、子どもに多少とも知られた事物や現象を主として選んだ。私は、学校では科学の珍物・奇物を子どもに知らせるのではなくて、反対に、子どもを絶えずいたるところで取り巻いているもののなかに興味あるものを発見するよう子どもを導くこと、そしてまさにそのことによって、科学と生活との間の結びつきを実際的に子どもに示すことが必要であると考える。このような理由に基づいて、私は、うなぎとか熱帯のはちすずめ・はえとり草・その他の珍らしい自然物のように、子どもがすでに何かの児童書で喜んで読んでいるようなものよりも、針葉樹とか家畜とか、きわめて普通の金属などのようなものを好んで子どもに知らせようとした。

次は、叙述の順序について数言述べなければならない。あれこれの自然的事物や現象の描写を関連もなく述べたてるのは、子どもの記憶をただ無用に疲労させるにすぎない。自然科学の体系をその詳細も知らせることなしに叙述することは、健全な教育（学）の基本的規則を犯すことを意味する。これら両極端の間に、私は中道を発見しようと努めた。すなわち、はじめには、断片的にいくつかの自然の対象を叙述し、ついでそれらを相互に比較し、最後にこれらの詳細をできるかぎり一つの体系のなかにまとめ上げるのである。このために私は、それぞれの自然界を叙述したあとで、『陳列室』と題する論文をいくつかの章に分けてのせ、そのなかに、子どもがすでに知っている事物を基礎とするところの小さな体系化を挿入した。もし、これらの小さな体系だけを読むならば、言うまでもなく、それらは退屈で飽き飽きさせるようなものに見えるだろう。だが、その際に、生徒に土壌や鉱物の見本・貝殻・彫像、あるいは少なくともそれらの論文のなかで述べられている対象を描いた絵を与え、子どもにこれらすべてを整頓させるならば、これらの退屈な論文が子どもにとっても興味あるものになるだろうと、私は確信する。生徒がこれらすべての絵や見本を秩序づけ、その際あれこれの対象をなぜあれこれの位置に指定するかを説明しうるようになったら、これらの体系のために棒げられた論文の目的は、十分に達成されたことになる。それらは、すでに読んだことのきわめて良い復習になるばかりか、生徒に、類と種、対象の偶然的な特徴と本質的な特徴、類的特徴と種的特徴、概念・定義・判断など、文法だけでなく他のあらゆる科学の論理的基礎となるものについて直観的な表象を与えるであろう。

わが国のギムナジウムや郡立学校における論理学習の欠如は、きわめて目立つ重要な欠陥である。アリストテレス的カテゴリーに基礎をおく以前のスコラ的論理学では、言うまでもなく目的を達することはできない。しかし、あらゆる論理学習が欠如しているということもまた有害である。それゆえ、私は『子どもの世界』においては、自然の直観的論理を利用し、そうしてじょじょに生徒を論理的抽象性にまで導くように努めた。そのために、私は論理訓練のいくつかの見本を示す章を特別に設けた。もし生徒が、このような訓練にただちに従うことになったら、それらが生徒にとってむずかしい退屈なものになることは、疑いない。しかし私は、もし生徒が、具体的な対象に基づいてこれらにあらかじめ慣れているなら、それらは生徒にとっても必ずや解りやすい、たやすいものになるだろうと信ずる。

子どもたちをあらかじめ、かれらの眼の前にある対象の特徴を発見し・数えあげ・順序よく叙述することに慣れさせ、ついで、かれらのすでに知っている、いくつかの対象を相互に比較し、それらの間の類似や相違点を発見することに慣れさせねばならない。『子どもの世界』には、これらのいくつかの見本があるが、教師は、もちろんこれだけに限ってはならない。生徒が、特徴を発見し区別することに慣れたら、特徴とは何かということを生徒に伝えることができる。いくつかの対象の間の類似や相違を発見し、それに基づいてそれらを類や種に分ける技能を獲得したら、比較とは何か、判断・類・種等が何かを、もはやきわめて容易に伝えることができる。現象・原因・結果・目的・使命・法則を説明する際にも、これと同じようにしなければならない。* ……

＊ 有名なファラディーが、次のように語っている。「私は、自然の事物は自己教育の素晴らしい学校であり、必要な知能の実習にきわめて多様な領野を提供するものであるということ、そしてこの領野で訓練を受けた人は、そこで獲得した思考の習慣を容易に社会生活にも応用しうるということを、確信する。」(M. Faraday, *Lectures on Education,* delivered on the Royal Institution of Great Britain, London. 1855, p. 65)

『子どもの世界』の目次に目を通し、諸論文の叙述そのものにも注意を向けた教師は、それらが教室で読まれるような順序で配列されてはいないことに容易に気づくであろう。たとえば、第二章の人間に関する論文のすべてをこの教科書の順序で読んではならない。「内部器官」の諸論文にすすむまでに教師は、その後に続く論文のもっとも重要な中身について子どもに話しておかなければならない。その後に他の章の二、三の論文を読んでから、初めて人間の生理学について述べた小論文や、人間と植物、植物と鉱物との比較をした論文に取りかかることができる。その後、子どもが第二章にある小さな心理学の読みに取りかかるほどに十分発達したと教師が認めたなら、もちろんそこへ進むことができよう。しかし、それらは後の章で叙述されている論理学との関連においてのみ十分に理解されうるものであるということを認識しておく必要がある。

ほとんどすべての章の終末には、子どもが一回では十分に理解できないと思われるような論文が掲載されている。しかし、私は『子どもの世界』が系統的に、余分な性急さなしに、教師の側からなしうる十分な説明があって読まれるならば、この本のどんなむずかしい論文も生徒に理解できるだろうと確信している。とはいえ、この本のすべての論文を読む必要は必ずしもない。生徒たちの発達や読み方に当てられる時間を考慮して、ある論文はまったく省くことができるし、ある論文の内容は、教師が話して聞かせるだけでもよい。

論文を各授業に割り当てることは、教師を煩らわせるだけであろう。なぜなら、教授の条件は、教師によってすべて異なるからである。それゆえ、私は『選文読本』と『読本』とを分け、後者においては論文を教師が、その内容を容易に認識し、そこに含まれている教材を自由に処理しうるような体系に配列した。この体系の細かな点、および各論文の目的は、目次において述べられている。

『読本』で使われている言語に関して言えば、私は、私の選んだ対象を単純な言葉で叙述し、子どもに理解できないような言葉は使わないように努力した。しかし、子ども的表現方法にまで引き下がるようなことはけっして考えなかった。なぜなら、大衆や子どもの言語をまねたあらゆる種類の言語は、大衆のために出版された書物においてにせよ児童書においてにせよ、まったく不適当なものだと思うからである。子どもの片言は、大人におもしろいだけで、子どもにはおもしろいものでない。真面目な学習の目的の一つは、まさに真面目な科学言語に子どもを慣れさせることにある。私は、私の文体がけっして模範にはなりえないことを、またそれがたとえ相当に良いものであるとしても、一人の人間によって書かれたすべての書物に必然的なそこに支配する一面性が、言語の初歩学習に好ましくない影響をもたらすであろうことを十分に意識する。それゆえ、言語の形式的学習のために、私は『読本』にそえて、小さなしかし十分に完全な『選文読本』を用意した。そこに、生徒は、わが国のもっとも優れた作家たちの文体のきわめて多様な見本を見出すであろう。そこにはまた、文法の練習・読解・言い換え・暗記・朗読などのための材料が豊かに存在する。

『選文読本』の論文と『子どもの世界』の論文との間にいくらかの関連をもたせるために、私は『選文読本』のなかに、『子どもの世界』の論文を生き生きさせ、補足し、そしていわば生徒の記憶に明確に印象づけるような論文を主として選んだ。教師は、このような目的で、できるかぎり『選文読本』から『子どもの世界』で読んだ論文に対応するような論文を選ぶようにしてほしい。たとえば「りんご」の論文を読むときには、クルイロフの寓話「葉と根」を読んだり、もしくは暗記することが有益である。「自然物と人工物」の論文を読むときには、クルイロフの別の寓話「花」を、四季に関する論文を読むときにはプーシキンの「冬」とかコリツォフの「豊作」などを、「町から村への遠足」を読むときにはプーシキンの「ペテルブルグの描写」を、「ライむぎ」の論文を読むときには、ジュコフスキーの「からすむぎのスープ」などを読むとよい。どんな教師も、教師の関連ある説明によって結びつけられるこのようなよく考えられた併読の利益を、容易に評価しうるだろう。子どもの心においては、論理的思考に美しい詩的形象が癒着し、知性の発達が空想や感情の発達と仲良く進行し、論理的思考は自らに詩的表現を発見し、逆に表現の詩趣《ポエジヤ》は思考そのものを強化することになるだろう。

しかし、私は『子どもの世界』および『選文読本』の各章の配列において、教師がこの本の体系を理解し、その内容を容易に展望しうるようにということを考えに入れたとすれば、論文そのものの配列においては、ほとんどすべての章において生徒を念頭においた。『選文読本』のいくつかの章を除いては、各章のはじめに、内容においても、叙述においてももっともやさしい論文をおいた。そして、だんだんと、それらが複雑になりむずかしくなるようにした。いちばん最初の論文においては、できるかぎり従属文を、とくに子どもの言語にはあまりない関係代名詞を省いて、短い断片的な文で表現するように努めた。

『子どもの世界』の読み方の方法そのものに関しては、もちろん不動の規則などというものをたてることはできない。しかし、私はあえてこの問題についての私の個人的意見を述べてみることにしたい。

読み方や話し方における漸進性は、論文の選択においてのみならず、読み方そのものの方法においても守られなければならない。教師は、読まれたことの内容に関する自分の質問において、読者の漸進的発達に相応する漸進性を確立しなければならないと、私は思う。最初に、二種類の読み方が樹立されねばならない。一つは、もっぱら論理的発達に捧げられるものであり、他は、流暢な優美な読み方に捧げられるものである。第一の目的には、主として『子どもの世界』の論文が、第二の目的には『選文読本』の論文があてられる。流暢な読み方をめざす際には、はじめに論文の内容を話し、ついで教師自身がこの論文を声を出して読みあげ、それから生徒に数回声を出してそれを読ませるようにすることを勧める。わからない単語や主要な思想の表現の説明に関しては、どちらも読み方の前におこない、読み方を始めたら、単語の発音の正確さ・話しの流暢さ・表現力にのみ心を配ることができるようにしなければならない。ここでは、質問や説明によって生徒を遮るべきではない。

読み方の主要な意義が、読んだことの理解および思想をいわばそれを構成する要素に論理的に分解することにある場合には、これとはまったく違った順序がとられなければならない。ここでは教師は、自分の質問によって絶えず読者が読んだことの意味を探求し、自分の注意を体験し、呼び起こすようにさせねばならない。最初は、その質問はできるかぎりやさしくし、それらの質問によって小さな読者が、知らず識らずに文章の文法的・論理的構成に導き入れられるようにしなければならない。「何について、あるいはだれについて言われていますか?」「何が言われていますか?」「対象について言われていることが、どこで、どのようにして、何によって、どのような状況のもとで、起こりますか?」など。このようにして生徒は、文章の文法的構成を吟味し、その後はいまや容易に文法的定義を理解するようになる。言うまでもなく、あまりに詳細な質問は、それが読み方を子どもにとって極端に面倒なものとしてしまうことのないよう、常に排除しなければならない。ここでの質問は、読んだことの理解がいくらかむずかしいような場合にのみときどき、あるいは必要に応じて、なされるものでなければならない。子どもの発達にともなって、質問そのものも変化しなければならない。すなわち、それに対する解答がだんだんと複雑なものになるように、変化しなければならない。はじめは、二・三の単語であったものが、後には、二・三の小さな文章による答えにならねばならない。この解答においては、絶えずそのなかで質問が繰り返されねばならない。この際にも漸進性を守ることができる。はじめは、生徒が単に一言・二言つけ加えればよいような質問を出し、その後に完全な話によって解答しなければならないような質問を出すのである。質問は、本を読んだものに対してのみ向けられるのでなくて、他の生徒にも向けられねばならない。それには、教師がはじめに質問を言い、その後に解答すべき生徒の名前が指されるようにしなければならない。このきわめて簡単な方法が、学級全体の注意を強く支持することになる。すべての生徒が質問を注意して聞き、すべてのものが頭の中で解答を準備するようになるであろう。

あれこれの生徒に向けられた個々の部分的質問の後では、だんだんと一般的な質問を提起し、生徒の一人が、教師の説明したことをもつけ加えながら、読んだ論文の内容全体を整然と述べるようにすることもできる。このような話し方が終わったら、論文を再びそれが生徒の頭に十分に明瞭に反映されるよう読み通させるとよい。このような読み方は、子どもに課業を困難なく筋道の立つように学ぶことを教えることによって、大きな利益をもたらすことになろう。子どもに学び方を教えること——ここにこそ、予備科の主要な使命がある。

子どもに対象を観察することを教えるには、次のような方法がある。

論文を読む前に、教師は子どもに対象そのものを見せ、自分の質問によって子どもに、それについての断片的ではあるにしてもこまかな描写をさせる。この質問の解答には、学級全体が参加しなければならない。また、質問そのものにおいては、子どもの発達に相応した漸進性が守られねばならない。たとえば教師は、はじめは、一年生に対して次のようなことをたずねる。このものの色は何色ですか？　これは何でつくられていますか？　他のものと比べてこれの大きさはどれほどですか？　足はいくつ、羽はいくつありますか？　その後には、教師はもはや次のような質問をすることができる。対象の本質的特徴を列挙せよ。それが人間にもたらすことのできる利益を話せ。対象のこのような観察の後に、論文は読まれなければならない。そして、その後に教師は生徒に、本で読んだこと、生徒自身が気づいたこと、あるいは教師の話したことのすべてを、順序よく整然と話すように要求するのである。

このような順序で、綴り方の練習もおこなわれなければならない。はじめの頃の授業では、教師は、生徒がいくつかの単語を並べ替えたり、一、二の単語をつけ加えながら単に質問を書き直すだけで解答しうるような質問を黒板に書く。これにつぐ綴り方の練習は、次のようなものでなければならない。教師は生徒に、かれらが教室で注意深く細かに観察した、しかしそれについての記述は本にはないような対象を描写させる。二つの対象の比較を書かせたり、何かの自然現象を描写させたりするのである。この最後の描写のなかには、絵あるいは本当の風景の描写、何かの歴史画——その内容は、必要に応じて生徒に前もって説明されなければならない——の描写を加えるのも有益である。

私は、しかしここにあげた練習が唯一の可能な練習だといつわるようなことはしない。すべての教師はそれを多数考案することができるし、また練習はそのようにして多様であればあるほどよい。ただ、すべての練習に対して慎重にのぞみ、生徒がそこでいくらかの技能を獲得する前に、それをやめてしまうようなことをしないようにしなければならない。何かの教授方法が、おきまり《ルーチン》になることをもっとも心して避けなければならない。なぜなら、ルーチンは、生徒を思考することの必要性から解放してしまうからである。すべての練習において、生徒が、それをどのようにしたかを思い起こすだけでなく、それをどのようにするかを考えるようにしなければならない。

部分的にせよ直観教授のためにつくられた書物のなかに絵がほとんどないことは、奇妙に思われるかもしれない。しかし、第一に、書物のなかの絵は、はじめは子どもの好奇心を呼び起こすが、たちまちにしてかれらを飽きさせてしまう。素早く、いいかげんに目を通した後は、子どもはもうそれらに必要な注意を向けることさえできないのである。第二に、悪い絵は有害にしかならないが、良い絵は本の値段を高め、大部分の生徒にそれを入手しがたいものにしてしまうだろう。そのほか、『子どもの世界』で述べられている対象は、その大部分が自然のなかで子どもに示されうるものである。そのために、花崗岩の塊・あさの茎・松の材木・生石灰の塊・もみの隆起・磁石・ライ麦の穂・りんご・封蝋の塊などを入手するには、なんの費用もいらない。また、馬・羊・象の絵、その他二〇ばかりのけっして高価でもない、珍しくもない絵を手に入れるのは、むずかしいことではない*。

＊ いくらかの必要な絵は、この本の終わりにのせてある。しかし、読み方のときには、それらは教師によって、あるいは生徒の一人によって黒板に拡大して描かれる必要がある。

いくらか多くの資金がある学校には、直観教授のためにつくられたドイツの絵の出版物の一、二を手に入れることをお勧めする。たとえば、『少年の直観教授のための絵』（シュトゥットガルト、シュライバー&シル社）。あるいは、ルプレヒトの『自然史教授のための掛図』（ドレスデン、一八六〇年）。これらの出版物には、『子どもの世界』の直観化に必要とされるものよりはるかに多くの絵がある。しかし、教師が利用しようと思えば、これらの出版物は学校に大きな利益をもたらすであろう。

われわれの本で述べられている小さな実験に関して言えば、すべての教師がきわめて容易になしうるし、たぶんそれにもっといくらか別の実験をもつけ加えることができよう。コップ・皿・壺・針・石灰水・白墨などを手に入れるのはむずかしいことではない。生徒が実験をおこない、後で、何がどのようにして、なぜ起こったかを話すことができるとすれば、それは、生徒の思考力や生徒の言語のいちじるしい発達のしるしといえよう。表現の首尾一貫性・正当性・正確さ――これらが、このような練習から得られる特性である。

『子どもの世界』は、ロシア語教師の一人として、たとえかれがどんなに自然科学を少ししか知らなくても、生徒にそれを説明するのに困ることのないように、私としては叙述したつもりである。しかし、自分の説明にもっと多くの自主的な話を導入したいと思う教師には、次のようなまさにそのためにつくられた著作を利用されることをお勧めする。⑴ハルダー『直観教授の理論的・実践的ハンドブック』（アルトナ、一八五八年。この素晴らしい書物に、『子どもの世界』は多くのおかげを蒙っている）⑵ルーベン『組織的教授への入門』（ベルリン、一八五五年）。これも古い本ではあるが、たいへん優れた著作である。⑶ラフ『子どものための自然史』（ゲッチンゲン、一八五四年）。ドイツ語を知らない教師は、次のようなロシア人の著作によって自分の労働をいちじるしく軽減することができよう。ダーリヤ氏の植物学、シマシュコ氏の動物学、シュテクハルト氏の化学、レンツ氏の物理学、およびゴリゾントフ氏の自然史、この本にはきわめて綺麗な絵がある。

最後に、私は『子どもの世界』の編集は、私の望み通りにはけっしていかなかったということを言わねばならない。しかし、この本は、教師が側につく読み方のための本であるので、私も校正上の見落しに大きな難点があるとは思わない。それよりもはるかに重要な欠陥は、この本が印刷に付されたときにはじめて私が十分に気づくようになった欠陥である。ある論文はあまりに長たらしく、ある叙述は完全に系統的であるとはいえず、またあるものは新しいものと取り替えてみたいように思う。しかし、私はこの種の最初の試みとして、読者の寛容を期待することができよう。それにわが国の児童文学には、既成のものが、ほとんどなかったのである。ドイツでなら、このような本は容易につくられる。だがわが国においては、すべてを自分でつくらねばならないのだ。『子どもの世界』のためにドイツ語あるいは英語の論文をそのまま翻訳することは、ごくわずかの論文についてしかできなかった。というのは、この本の特別な使命が、私に論文そのものにも独特の体系を与えるようにさせたからである。

優れた教科書か否かというのは、主として経験上の問題である。経験が、私の考えていたような利益を『子どもの世界』が初等教育にもたらすかどうかを示すであろう。しかし、たとえ傾向と体系だけでも私の気に入るものであったなら、私の苦労も無駄に終わることはないであろう。経験の教示を利用させていただくことを心から願いながら、私は授業そのものにおいて私の本のあれこれの欠陥を見出された教師に、その気づかれた点を、私が新しい版においてそれを利用しうるように、お伝えくださることを、切にお願いする。

第8章 『子どもの世界』第一版の目次⑨

第一章 直観的物語と記述

1 林のなかの子どもたち

この文章を、『選文読本』の最初の詩や『選文読本』第二章の散文のうちの二、三のやさしい寓話と関連づけながら読むときには、教師は、読み方授業の順序を確立し、生徒たちを授業の要求の遂行に慣れさせることができる。

2 学校の第一日

この文章は、子どもたちが授業になじみ、そこに存在する要求を自覚するきっかけを与える。ここですでに、教室のさまざまの事物に基づく論理訓練を始めねばならない。たとえば、同じ色・同じ形の物の列挙、同一の物の特徴の列挙、「黒板と石盤」の文章に模範が示してあるようなやさしい比較など。これらの知能訓練はあらゆる授業にともなわなければならない。そして教室の事物からまず人間の身体へ、ついで動物へと移っていかねばならない。もちろん、これらの課業はすべて、寓話の読み方、それの暗記、書取り、暗記した寓話の作文などによって多様化しなければならない。子どもの注意の訓練には、教師がときどき生徒に、授業で何がなされているかを質問することが、たいへん有益であると私は考える。その解答は、生徒たちにとっても教師にとっても、たいへん有益である。言うまでもなく、私は「学校の第一日」の短い文章のなかで、学級組織や授業の規則を書き上げようとはけっして思わなかった。しかし、ここに書かれた教室と実際の教室とを比較することだけでも、子どもにはたいへん有益であろう。

3 冬

4 春

5 夏

6 秋

四季の変化は、他のどの自然現象よりも子どもの注意をひく。だから一〇歳の子どもの頭には、すでに多くの、季節と季節とを区別する特徴が入っている。しかし、それらの特徴はばらばらであり、十分に意識されてもいず、ごっちゃにされている。四季のこれらの記述の使命は、子どもの頭にすでに存在する概念や表象に、ある秩序を与えることにある。個々の生徒ではだめだとしても、学級全体なら、必ずこれらの文章に集められているような四季の特徴はすべてあげることができるし、さらにもっと多くの新しいものをつけ加えるだろう。このようにして、これらの文章は、ごくやさしい、それとともに有益な知能訓練の機会を与える。そこでは、記憶も知能も想像も悟性もはたらかねばならないが、それとともに、感情までも触発される。これらの文章を学ぶときには、四季が描写されている詩を暗記することがきわめて有益である。『選文読本』の読み方は続く。教室の事物による練習が終わったら、それとともに第二章「人間について」の読み方を始めることができる。

7　首都から田舎への旅

このかなり長い文章全体は、生徒に学校の周囲を見まわす機会を与えることを目的としている。ここでは多くのものが子どもに知られているが、同時に多くのものが説明を必要とする。この文章の読み方は、かなりゆっくりと、継続しておこなわれなければならない。私は、教師が容易に生徒に質問を出せるようこの文章を書くことに努力した。

第二章　人間について

8　五感

自然の事物の記述は人体の記述から始め、人体の記述は五感の記述から始めるのがよいと私には思われる。なぜなら、この場合には生徒は自分が見ているだけでなく、いわば自分の全存在によって感じているところの事物から始めることになるからである。この「五感」という文章は、多くのきわめて有益な練習の機会を与える。子どもにさまざまの事物を示しながら、教師は、どのような感覚によってその事物のあれこれの特徴を見分けることができるかを質問する。ここでの質問は、いろいろに形を変えたり、漸進性をたもつことができる。聴覚とは何かを子どもにたずねる前に、私たちは何で音を聞くか、匂いをかぐか、などをたずねねばならない。ついで、外感と内感との区別、両者の列挙などをさせる。

9　人工物と自然物

ベンチは何でできているか、ペチカは何でできているか、フロックコートは何でできているか？　これらの質問はすべて子どもに何かを語らせる。最初の頃の授業のもっとも重要な課題の一つは、ここにあるのではないか。

10　器具と器官

この文章では、理解の明瞭さのために、器官と器具とが区別されている。ある人々は、器官という言葉を器具に置き換えようとしたが、この試みは成功しなかった。

11　人体を構成する物質

12　人体の主要部分

13　手と足

14　頭

15　眼

16　耳

17　鼻

18　口

これら人体の諸部分の記述は、もちろん、直観をともなわなければならない。その際に、もしあれば絵を示すこともたいへん有益である。生徒たちがここで読んだ対象を自分で描くことができればもっとよい。

19　人体の内部器官

ここでは、主要な内部器官の必要性だけが述べられている。生徒たちはこの必要性を意識しなければならない。これらの器官のうちもっとも重要なものについては生徒は、最初、教師の話から認識しなければならない。なぜなら、この後の文章は生徒たちにはまだむずかしいからである。

20　栄養

これは、生徒が前もっての読み方と練習をした後でのみ十分に理解できるかなり複雑でむずかしい文章である。教師は、まず自分の話によってその内容を知らせ、それから生徒にこの文章を読ませ、質問によってその内容を引き出すようにするとよい。ここには、多くのきわめて有益な知能訓練の機会が開けている。

21　脳と神経

22　骨

この文章は、人間についてこれまでに読んだことのすべてを復習する機会を与える。

23　動物と植物

これは、生徒がすでに第三章、第四章、第五章の最初の方の文章だけでも読んでいることを前提としている。

24　精神の能力

この文章は、この本の最後の文章の一つとして読まれねばならない。とはいえ、私は、生徒がこの文章の理解に大きな困難をおぼえるとは思わない。

25　人間と動物との類似点

26　人間と動物との相違

この文章は、「論理学の初歩」の文章と関連をもっている。

27　人間の創造

論理学の最後の方の文章と関連がある。

第三章　動物について

28　馬

これは、動物の最初の記述である。だから、かなりくわしい。この文章を読み終えたら、人間と馬との比較に（もちろん、まだ質問によってであるが）進むこともできる。

29　牛

30　牛と馬

これは比較の手本であるが、教師は、もちろん、これにとどまる必要はない。二つ、三つの事物が現われたら、ただちにそれらの比較もしなければならない。比較される事物はともに、生徒たちの眼前になければならない。はじめは教師がこの比較を質問によって助ける。その後は、少しずつ生徒たちがこの悟性活動に自ら慣れていくようにせねばならない。

31　ろば

ここでは生徒たちの注意を両蹄類と単蹄類との相違に向けなければならない。ろばの記述は、馬科の特徴の解明に役立つ。ここでは教師は、生徒たちを知らぬまに類と種、類的特徴と種的特徴との理解に導くことになろう。それぞれの文章において哺乳類の一般的特徴を想い出させ、類と種の小さな表を書かせるのもよい。このような表から、やがて動物の一般的特徴づけができることになろう。

32　羊

ここでは、反芻動物・草食動物などの概念が明瞭に述べられている。

33　猫

草食動物と肉食動物との相違、猫と牛の比較。

34　犬

犬と肉食動物、肉食動物と草食動物、蹠足類と犬猫の類との相違。

35　犬と猫（ハルダー）

36　豚

豚の記述は、子どもたちに厚皮類と多蹄類とを直観的に認識させる目的で挿入された。このようにして、家畜のなかにわれわれはすでに主要な獣類の代表者を見ることになった。豚と牛、犬などの比較。教師は、将来の動物の分類表の準備を忘れてはならない。

37　象

豚と馬の比較など。

38　単峯らくだ

39　となかい

すべての家畜の列挙。それらの間の主な相違。種による区別。家畜のもたらす利益。それらはそれぞれどこに住むか、なぜか？

40　うさぎ（ハルダー）

齧歯目の動物の代表。犬との比較。さまざまの動物の歯の構造。人間の歯の構造。

41　きつね

犬科。齧歯目との相違。草食動物との相違。おおかみの特徴など。

42　らいおんととら

猫や馬との比較

43　とら狩り
44　もぐら
食虫動物。動物の使命と身体の構造との一致。
45　こうもり
46　さる
四つ手類、翼手類、四足獣の比較。この文章は、後で人間と猿とを比較する機会を与える。もちろん、それは人間の精神能力を学んだ後のことだが。
47　あざらし
鰭脚類と翼手類、四足獣などとの比較。もし魚についての文章がすでに読まれていたら、魚との比較。
48　くじら
哺乳動物の概観をここですべきである。その際、教師は、「陳列室」の文章に合わせることができる。生徒は、哺乳類の小さな表を書くことに慣れねばならない。
49　かなりや
哺乳動物のどれかおよび魚との比較。
50　かも
51　はととにわとり
雛鳥と子獣との相違。
52　うぐいす
かなりや、はととの比較。からす、つばめ、まひわ、あるいは子どもたちが知っている他のいずれかの鳥の記述。
53　こうのとり
かも、かなりやとの比較。
54　こちょうげんおよび他の猛禽
猛禽と渉禽類などとの比較。哺乳類の表との関連における鳥の表。
55　とかげ
鳥、獣との比較、爬虫類の概念。
56　へび
とかげとの比較。毒蛇の概念。
57　かえる
へび、鳥、獣との比較、両棲類の概念。これまでに読んだすべての種類の動物の表。
58　すずき
魚の最初の記述。それゆえ、かなりくわしい。子どもに実物を示すことがきわめて容易である。
59　にしん
脊椎動物の表。
60　こがね虫
61　蚕
関節動物の概念、昆虫の概念、比較。
62　ちょう
変態の概念。変態の順を追った話。
63　はえ

64　**くも**
はえ、蚕の幼虫などとの比較。昆虫との相違。以上のすべての動物の表。

65　**みみず**
昆虫との相違。

66　**かたつむり**

67　**滴虫類**
顕微鏡があるとたいへんよい。それがない場合は、ひんぱんに落ちてくる水滴の描写で満足することができる。

68　**陳列室（一）**
この最初の文章は、子どもたちにかれらのよく知っている事物に基づいて分類の概念を知らせるために挿入された。

69　**陳列室（二）**

70　**陳列室（三）**

71　**陳列室（四）**
これらの文章の意義についてはすでに序文で述べた。比較がいつもなされており、学習した動物がいつも小さな表にまとめられておれば、子どもはここではそれらの表を一つの全体的表にまとめるだけでよい。

72　**陳列室（五）人種**

第四章　植物について

73　**りんご**
樹木の仲間の概観のために。

74　**さくら**
花の構造の学習のため。さくらの花の絵は、この本の付録にある。機会があったら教師は、たぶん、実物の花を見せるだろう。図画の教師が子どもに花やそのさまざまの部分を描くことに慣れさせるならきわめて有益である。りんごの花とさくらの花を実物で比較するのもむだなことではない。

75　**しらかばとその科**

76　**やなぎ**
やなぎとりんご、茅荑花とばらの花の比較、雌雄同株の植物（しらかば）と雌雄異株の植物（やなぎ、つめやし）

77　**ライ麦**
成長過程についての最初の概念、植物の人間に対する影響の概念、いね科植物の概念、ライ麦としらかばの比較。

78　**針葉樹**
もみとりんごの比較。

79　**白ゆり**
球茎植物。やなぎ、ライ麦との比較。単子葉植物と球茎植物の概念。

80　**植物の構造**
この文章に必要な絵は、巻末の付録にある。しかし、もちろん、教師はそれらを黒板に拡大して描く労をとらねばならない。

81　**植物の栄養**

82　きのこ
樹木、ライ麦、球茎植物との比較。隠花植物と顕花植物の概念、寄生植物の概念。
83　どのようにして何から麻布その他の衣料用繊維はつくられるか
84　植物の繁殖について
85　動物と植物が人間にもたらす利益
86　陳列室（六）植物の分類
この分類は、子どもたちが読み方において絶えずある植物と他の植物とを比較しているならば、またそればかりか、教師が自分であるいは子どもたちにこの本に書かれている植物のできるかぎりの見本——じゃがいもの茎、いらくさ、パセリ、にんじん、ひまわり——を教室にもってきておれば、子どもたちにもきわめて容易におこなうことができよう。けっして珍らしくはない植物だから手に入れるのはたやすい。教師は、教室へ入るとき、子どもたちにいつも何か新しいものを見せ、このようにしてかれらをじょじょに植物の分類に準備させることができる。

第五章　無機物

87　珪石
樹木や動物との比較、無機物の概念。
88　粘土とそれからつくられるもの
珪石との比較、土の概念。さまざまの種類の土のいくつかの見本を手に入れることはすべての教師にとってむずかしいことではない。そして教師は、きわめて容易に、粘土、砂質の粘土、砂質土壌、黒土、石灰質の土などを子どもに認識させることができる。
89　食塩
教師は、水の塩による飽和および塩の結晶を子どもに示すようにしてほしい。
90　硫黄
91　石灰岩
生灰についての実験が必要である。それは子どもに、化学結合、それによって発生する熱——燃焼の説明にはこれがぜひ必要——についての直観的概念を与える。
92　ガラスの製造
子どもにガラスが溶けるということを信じさせるためには、ごく簡単な鑞接用吹管で十分である。もちろん、ガラス工場を見学することができれば、きわめて有益である。
93　石盤
地質上の激変に関するいくらかの概念。これは、あとの文章でもっとくわしく展開される。
94　花崗岩の丸石
95　鉄
96　銅
金属と石や土との比較、さまざまの金属相互の比較。
97　金

98　水銀
水銀の現物を子どもに示すのはきわめて容易である。温度計を示して、その構造を話せばよい。

99　陳列室（七）金属の分類
この文章で述べられている金属の大部分の見本を手に入れることは、きわめて容易である。

100　水
水の実験はきわめてやさしい。ところで、その実験の記述は子どもに大きな利益を与える。水とさまざまの無機物との比較。この文章は、論理学の「定義」の文章と深い関連がある。

101　空気
空気ポンプはどこにもあるわけではない。しかし、水の中へ入れられたコップの実験は、きわめて容易である。水泡を得るのはたやすい。にわとこのピストルは子どもが自分でつくる。水をコップからコップに移すための鵞ペンの小さなポンプをつくることも簡単である。

102　気体
気体の存在を子どもにはっきりと納得させねばならない。炭酸ガスの実験は、もちろん、教師を困らせはしない。しかし、その実験から子ども自身が定義を引き出すようにせねばならない。教師が水銀酸化物から酸素を取り出し、酸素のなかで石炭や鉄がどのように燃えるかを示す労をとるならば、子どもに多くの満足と利益を与えるだろう。窒素を手に入れるのもむずかしくはない。その際には、空気の成分が説明される。

第六章　自然現象

103　水

104　雨

105　露、霜、雪、あられ

106　風
この文章に書かれている実験をおこなうことはむずかしいことではない。これをしないと、子どもは風の原因を明瞭に理解することができない。

107　小川

108　磁石
磁石の実験は、子どもに観察力と表現の正確さの訓練を与えるのにきわめて適している。

109　燃焼
この文書は複雑だが、これまでの文章を子どもたちがおぼえているならば、子どもにも理解できる。

110　雷と稲妻

111　音

112　光

113　重力

第七章　子どもの世界の彼方の概観

114　遠方への招待

115　近い所と遠い所

116　地球

117　地球儀

子どもたちに教室の平面図や校庭の平面図を縮尺で描かせるのはたいへん有益である。ついで、子どもたちの知っている町、その周辺の平面図を示し、それから地図、地球儀の意味の説明に移るのがよい。イギリスでは、子どもたちに地球儀をはじめて教えるときには、石筆で物を簡単に書くことができる特別のスレートの地球儀を用いている。このような地球儀の代わりに、たとえ十分ではなくても白紙で覆われた球を使うこともできよう。このような球は、子どもたちに地球の運動、四季、月の相についての明瞭な概念を与えるうえにぜひとも必要である。それらに関する文章では、単に一般的な概念が展開されているにすぎない。地球儀に関する初歩的知識は、次の旅行記を理解するうえに欠くことのできないものである。この文章に含まれているいくらかの歴史的概念も、もちろん、発展させなければならない。

118　コロンブス

119　バスコ・ダ・ガマ

120　マジェラン

これらの文章の目的は、子どもたちに地球表面の主な外形についていくらかのことを認識させることにある。

121　偉大な天文学者

ピタゴラス、コペルニクス、ガリレイ、ニュートンの小さな伝記は、生徒たちがじょじょに天体の概念にまで高まるのを助ける。この文章は、数学的地理学の基本概念を叙述したこの後の文章とも同様、旅行記の前に読むのが有益かもしれない。

122　日時計

子どもたちにその土地の子午線を見つけたり、日時計をつくることを教えるのは、きわめてやさしいことである。このちょっとした技能は、数学的地理学の主要な真理の理解にかれらを直観的に導く。それらの真理を書物から学んでも、子どもたちはどういうわけか十分に信じないし、地球儀によってそれらを理解しても、それらをすぐに自然に対して適用することはできない。すべての教師が、ここでは、たとえわずかの大まかなものでも、直接的観察がどんなに重要かを容易に理解するだろう。もちろん、これらの文章の読み方に際しては、やはり地球儀が必要であり、少なくとも、主要な数学的模写を書くことのできるような球が必要である。

123　四季

124　月

とくに生徒たちが自分で白球とろうそくによる実験をするときには、この文章からかれらは月のみちかけの可能性を理解する。地球の回転にしても、月の回転にしても、いわゆる地球儀によればきわめて直観的に説明される。しかし、この器具は高価で、すぐに損じる。これに簡単に代わるものとして、ろうそくと白球があればよい。その球の上には、赤道・黄道・いくつかの経線・緯線を書かねばならない。月の相の説明のためには、半分を黒に、半分を白に塗った簡単な球を利用することもできる。

125　望遠鏡

ドイツ語から翻訳されたこの文章は、子どもたちに宇宙の無限に関する概念をわずかでも与えることを目的に挿入されたものである。

126　クック船長

地球の概観の補足。この文章は、気候についての概念をもっている生徒ならすぐに理解することができよう。

127　エスキモー人

未開人の放浪的生活の見本と国民性の記述の試み。この文章は、英語から翻訳したものである。

128　オランダ人

エスキモー人と対立するものとして。

129　キルギスのステップ

コワレフスキーの『陸と海の遍歴』から。ステップの遊牧生活の見本。

130　ロンドンの海からの入口

ミハイロフ氏の「ロンドン覚え書」から借用したもの。この文章の目的は、世界的商業都市の見本を示すことにある。もちろん、ドック、造船所などの概念が、子どもたちに説明されねばならない。

131　サモエード人

マクシモフ氏の『北国の一年』から。北極地方の住民の遊牧生活の見本。

132　ゲルグーラン

133　ヴェスヴィオ火山の夜

これら二つの文章は、ヤコヴレフ氏の『イタリヤ』から取ったものである。『子どもの世界』では、火山がどのようなものか、どこにも説明はない。ヤコヴレフの旅行記の断片を生徒に説明するときに、付録の絵を参考にしながら教師がこの欠陥を補ってくれれば、すばらしい。

134　エルサレム

ノーロフ氏の『聖地への旅』から借用したもの。

第八章　論理学の初歩

この章の諸文章は、読み方のためだけでなく、同種の話し合いの手本となるためのものである。これらの文章の形式は、一部の内容もそうだが、チマの『健全な人間悟性の最初の糧』という書物から借りてきたものである。予備的な言葉の練習を終えた後では、これらの文章を読むだけでも生徒にとっては無益ではないだろう。会話形式のものを論文形式に改めることは、それだけでなく、もっとも適切な実際的練習の一つである。ところで、子どもの論理の文章は、生徒たちを文法概念の領域に導き入れるようにつくられた。生徒が『子どもの世界』で知ったすべての事物を類と種に分けることができ、それから各々の事物の正確・明瞭な定義を与えることができたならば、それは『子どもの世界』の読み方がその利益をもたらしたということのもっともよい証明となろう。

135　バラとナデシコ（ウィリャムソン）

136　黒板と石盤

言うまでもなく、これらの比較や第二章、第三章で述べられているような比較に限られてはならない。

137　相違点、類似点とは何か

138　特徴の相違

139　判断

140　物体

141　事物の相違

142　類と種

子どもたちにすでに知られている事物からなる表のいくつかの作成は、かれらの頭の中に類と種について必要な表象を根づかせる。

143　種の特徴と類の特徴

144　本質的特徴と偶然的特徴

145　議論（概念）

この文章は多くの練習を必要とする。

146　定義

この文章も多くの練習を必要とする。

147　現象、原因と結果

148　本質と現象

「現象」という言葉はすべての科学で非常にしばしば、それも事物の意味で使われているので、この文章が必要であると考えた。

149　目的と使命

これら二つの概念の対立から、他のなによりも容易に、道徳的世界の意味を生徒に知らせることができる。

150　法則

151　自然法則と道徳律

これらの文章は、第二章の「人間について」の文章と関連がある。

152　絵の説明

選文読本

第一章　詩

1　小鳥、プーシキン

2　はえ、ドミトリエフ

詩は、紙の節約のために子どもたちが不快な抑揚をつけて読むことに慣れてしまうことのないように印刷した。詩は、散文の場合と同じように、思考の明白な表現についてのみ考えて、韻や韻脚における力点なしに読まねばならない。

3　まひわとはと、クルイロフ
4　きつねとぶどう、クルイロフ
5　雄鶏と真珠、クルイロフ
6　おながざると眼鏡、クルイロフ
7　ぞうとちん、クルイロフ
8　漁夫と魚のお伽噺、プーシキン
9　太陽と月、ポロンスキー
10　まひわとうそ、ドミトリエフ
11　浪費者とつばめ、クルイロフ
12　からすむぎの粥、ジュコフスキー
13　農夫の歌、コリツオフ
14　ワーニャと子守、ベネディクトフ
15　白鳥、かますとえび、クルイロフ
16　かますと雄猫、クルイロフ
17　生徒、ネクラーソフ
18　豚、クルイロフ
19　冬、プーシキン
20　クリスマスの風、グロート
21　鶏、猫と子ねずみ、ドミトリエフ
22　おおかみと猫、クルイロフ
23　農夫よ、お前は眠っている、コリツオフ
24　主教に対する神の審判、ジュコフスキー
25　商人クジム・オストロープとかれの使用人についてのお伽噺、プーシキン
26　鏡とさる、クルイロフ
27　野花、ドミトリエフ
28　かしの下の豚、クルイロフ
29　春の水、チュトチェフ
30　貧乏人の歌、ジュコフスキー
31　コサックの子守歌、レルモントフ
32　とっつぁんのお帰り、ベネディクトフ
33　もの好き、クルイロフ
34　勤勉なくま、クルイロフ
35　葉と根、クルイロフ
36　ねずみが猫をどのようにして葬ったか、ジュコフスキー
37　花、クルイロフ
38　仕切、クルイロフ
39　畑、マイコフ
40　三本のしゅろ、レルモントフ
41　ペテルブルグ、プーシキン
42　しらかば、フェート
43　きつねとろば、クルイロフ
44　つばめ、マイコフ
45　天使、レルモントフ

46 農民の宴会、コリツォフ
47 豊作、コリツォフ
48 冬の道、プーシキン
49 滝、ジェルジャーヴィン
50 春の夕立、チュトチェフ
51 ボロディノ、レルモントフ
52 春、マイコフ
53 村の晩禱、アクサーコフ

第二章　寓話と物語

54 芸をする犬（ドイツ語より）
55 二匹の子山羊（英語より）
56 馬とろば（ドイツ語より）
57 新年の贈物（ドイツ語より）
58 風と太陽（英語より）
59 二つのすき（英語より）
60 兄と妹（ドイツ語より）
61 もも、クルムマッヘル
62 人体の器官（英語より）
63 がちょう、カンペ
64 たばこ入れの内城、オドエフスキー公
65 観察力（英語より）
66 忠犬（カムペの物語）

67 富（英語より）
68 正直な未開人（英語より）
69 二人の旅人、ディステルヴェーグ
70 後悔、クルムマッヘル
71 くも、クルムマッヘル
72 巨人と小人（アメリカの作家ホーソン）
73 終わりのない話（ゲーテの童話の断片）
74 父の義務、ココレフ
75 小麦と雑草、デンツェル
76 教育、クルムマッヘル
77 無人島、ヘンデル
78 川を渡る、クルムマッヘル
79 死と眠り、クルムマッヘル
80 老人の冠、クルムマッヘル
81 ステップの旅館（英語より）

第三章　ロシアの優れた作家の模範文

82 知っていることはたずねるな、ダーリ
83 心棒と楔、ダーリ
84 極楽鳥、カラムジン
85 ラインの滝、カラムジン
86 帰郷、プーシキン
87 吹雪、プーシキン

88　中学生の最初の休暇、アクサーコフ
89　中学生の休暇あけ、アクサーコフ
90　やましぎ狩り、ツルゲーネフ
91　七月のある日、ツルゲーネフ
92　秋の森、ツルゲーネフ
93　狩りの準備、トルストイ
94　遊び、トルストイ
95　中国人とインド人、ゴンチャロフ
96　定期市、グリゴロヴィチ
97　瀕死の人、グリゴロヴィチ
98　スメドフスクの谷、グリゴロヴィチ
99　ペテルブルグの流し音楽師、グリゴロヴィチ
100　プリューシキンの領地、ゴーゴリ
101　アファナシー・イワノヴィチとプリヘリヤ・イワノヴナ、ゴーゴリ
102　山越え、レルモントフ

第四章　ロシア史断片

この章には、ほとんどカラムジンの歴史からの断片だけがのっている。ある人たちの言うように、ロシア語やロシア文体の実際的研究は、あるだれか一人の古典作家、主としてカラムジンの研究に限ることができるとは考えないのだが、しかし、私たちは、カラムジンのことばの研究はきわめて有益であり、正しく綿密に仕上げられたこの作家の文章は、複雑な文法的解釈や記号の配列の訓練に適切な参考品となると考える。私たちは、これらの断片を年代順に並べた。それは、教師たちに、自分たちの説明をこれらと結びつけ、その際、ピョートル大帝までのロシア史を簡単に口頭で述べて、首尾一貫した歴史物語に生徒たちを慣れさせる機会を提供するためである。

初歩的な歴史概念（たとえば、定住生活と流浪生活、家族、氏族、血統、種族、民族、国家、政府、法律、戦争、征服、領土など）の説明にもっとも適した機縁、伝記物語におけるそれらの優れた初歩的記述は、もちろんのこと、聖史である。それは、私たちの考えによれば、その独自の使命のほかに、世界史の研究の非常によい準備となる。学校においては、どの民族の歴史も、ユダヤ人の歴史ほどに詳細に扱うことのできるものはない。ところで、その細かさは、生徒を歴史的社会の有機体と、その歴史の理解に知らず識らずのうちに容易に導くには欠くことのできないものである。聖史の断片を「読本」のなかに入れないのは、第一に、聖史はその多数が常に各学校においてあるし、第二に、これの教授は、神学教師の任務とされているからである。しかし、ロシア語の教師が、教会スラヴ語の研究や聖書概念を通じて一般的な歴史概念を子どもに知らせるうえで神学教師と協力するのはきわめて有益である。歴史に対するこのような準備があるところでのみ、歴史の意識的研究が可能となる。この準備は、予備的歴史概念が詳細な生き生きとした物語のなかでではなく、事物の子どもにとってあまりに

も抽象的な短い定義において叙述されている歴史のどのような「入門」によっても置き換えられるものではない。ロシア史の断片の読み方は、それが教師の話によって各断片のできるかぎり完全な文法的、事実的解釈と結びつけられた場合は、ロシア語の口頭ならびに筆頭の使用のある程度の技能を身につけた子どもたちにとって、優れたことばの練習となるだけでなく、歴史の真面目な研究への準備となると思われる。歴史の研究は、私たちの考えによれば、一四歳もしくは一五歳以前の生徒には着手しえないものである。

103 ロシアの公候の使命、カラムジン
104 聖オリガの洗礼、カラムジン
105 スヴャトスラフ、カラムジン
106 ロシア洗礼祭、カラムジン
107 アルテの決戦、カラムジン
108 ウラジミル・モノマフの死とかれの遺言、カラムジン
109 タタールによるウラジミル占領とシチの決戦、カラムジン
110 クルコフスクの決戦、カラムジン
111 ヨアン三世、カラムジン
112 ヨアン三世――偉大なロシアの創造者、カラムジン
113 カザン占領、カラムジン
114 聖フィリップの寛大、カラムジン
115 ドミトリー王子の殺害、カラムジン
116 僣称者のモスクワ入り、カラムジン
117 トロイツェ大修道院包囲の開始、カラムジン
118 ミニンとポジャルスキー、ポレヴォイ
119 ミハイル・フェドロヴィチの皇帝選挙、ポレヴォイ
120 ニコンの偉業、ポレヴォイ
121 オランダにおけるピョートル大帝、ウストリャーロフ
122 ピョートルの外国からの帰還、ウストリャーロフ
123 ポルタワの決戦、プーシキン

第9章 『子どもの世界』第一〇版の目次[10]

子どもの世界　第一部

第一章　子どもの世界入門

一　林の中の子どもたち
二　学校の中の子どもたち
三　冬
四　春
五　夏
六　秋
七　人間について
八　不思議な家

第二章　自然から

一　馬
二　牛
三　ロバ
四　羊
五　単峰ラクダ
六　トナカイ
七　豚
八　象
九　猫
一〇　獅子と虎
一一　犬
一二　狼
一三　狐
一四　熊
一五　臭猫
一六　リス・ウサギ・ネズミその他の齧歯目の動物

一七　モグラ
一八　コウモリ
一九　ふつうの猿
二〇　アザラシ
二一　クジラ
二二　トカゲ
二三　ヤマカガシ
二四　カエル
二五　スズキ
二六　ニシン
二七　チョウザメ
二八　リンゴ
二九　カエデの種子
三〇　植物の繁殖
三一　動物と植物が人間に与える利益
三二　珪石
三三　粘土と粘土からつくられるもの
三四　食塩
三五　硫黄
三六　ガラスの製法
三七　鉄
三八　銅
三九　金
四〇　水銀
四一　水
四二　空気
四三　水の旅
四四　雨
四五　露・霜・雪・霰
四六　風
四七　磁石

第三章　祖国に関する最初の知識

一　首都から田舎への旅
二　私たちの祖国
三　千年前のロシア

選文読本

第一章　寓話と物語

一　犬のじゃれあい
二　二匹の山羊
三　馬とロバ
四　風と太陽
五　二つの犁

六　人体の器官
七　兄と妹
八　好奇心
九　モモの実
一〇　ガン
一一　観察力
一二　忠実な犬
一三　突っかかるくせのある牝牛
一四　ひとの卵
一五　マムシ
一六　財産
一七　正直な未開人
一八　二人の旅人
一九　後悔
二〇　クモ
二一　小鳥の歌
二二　熊と丸太
二三　大きな鋭い歯をしたカマスの話
二四　一つ眼の鬼
二五　煮られた斧
二六　話の好きなおじいさん
二七　鞣工のニキータ
二八　勇士ボルガと農夫ミルクーシカ
二九　ジュピターと馬
三〇　ジュピターと雌羊
三一　小鳥たち
三二　ナデシコの畝
三三　郵便屋の鞄
三四　盲の馬

子どもの世界　第二部

第一章　自然から

一　すべての物をその場所に
二　コガネムシ
三　チョウ
四　カイコ
五　イエバエ
六　クモ
七　ミミズ
八　カタツムリ
九　サンゴ虫
一〇　インフゾーリヤあるいは滴虫類

第二章　地理学から

一　近い所と遠い所
二　地球
三　地球儀
四　半球についての最初の知識
五　クリストファ・コロンブス
六　バスコ・ダ・ガマ
七　マジェラン
八　クック船長
九　天球
一〇　地球の運動
一一　ピタゴラス
一二　コペルニクス
一三　ガリレイ
一四　ニュートン
一五　望遠鏡
一六　山国
一七　海

第三章　論理学の初歩

一　バラとナデシコ
二　黒板と石盤
三　類似点および相違点とは何か
四　対象の相違点
五　判断
六　物体
七　対象の相違点
八　類と種
九　種の特徴と類の特徴
一〇　議論（概念）
一一　定義
一二　現象、原因および結果
一三　目的と使命
一四　法則
一五　自然法則と道徳律

総目次

解説

第10章　『子どもの世界』について(11)

人々は『子どもの世界』に、ふつう二つの非難をあびせている。⑴自然科学の対象に関する文章が多いということと、⑵編者自身の文章の方が、ロシア作家の著作から借りてきたものより多いということについてである。

これら二つの非難に対して、一つ一つ答えることを許していただきたい。

⑴　自然科学に関する文章（その大部分は、植物および動物のずいぶん無味乾燥な文章である）は、ロシア語教師をかれらの直接の任務から遠ざけるものであると言われる。学級で読まれる文章の内容を、ロシア語の学習から切り離すことを好む教師については、このように言われていることが完全に当てはまる。しかし、その場合は、内容がどのようなものであれ、あらゆる文章について同様なことが生じよう。仮に、たとえば、カラムジンのロシア史から文章が借りてこられるとしよう。このような文章は、いっそう教師に言語の学習から歴史的、社会的あるいは政治的問題の領域にそれていく機縁を与えるのではないだろうか？　歴史の教師はそのような問題に熱中しても、ロシア語の教師のように非難されないのだろうか？　小さな子どもを歴史的あるいは政治的領域に連れこむことの方が初等教授の目的にかなっているのであろうか？　歴史論文の各頁において出くわすような対象についてよりも、猫には四つの足、伸縮する爪があるということについて教師が気を配ることを（もしかれが話し好きの人間であるなら）許す方が、無事であるとはいえないのだろうか？　歴史論文においては教師は、子どもがほとんど教師と同じくらいに知っている自然物

に関する『子どもの世界』のなかの文章を読む場合にまったく要求されないような、自分の主要な仕事から遠くそれるような多数の解釈を奨励されるばかりか、しばしば強制されることになる。ロシア語教師は、できるかぎり、自分の主要な任務から離れて文章の内容に深入りしないようにすべきであるとしたら、読本のなかには子どもにも十分に理解され、教師に数多くの解説を要求することのないような内容の文章をできるかぎり多数取り入れるようにすべきであろう。ところで、『子どもの世界』に述べられている対象以上に子どもにとってわかりやすく、よく知られた対象というのはなんだろう？　『子どもの世界』の編纂そのものが、まさにこのような事情から、すなわち、説明読みにおける教師のとくに無秩序な、そしてしばしば誤りを含んだ多数の解説がどのように子どもを、そして言語の学習を害しているかに私が気づいたことから、始まったのである。この目的は、私の本の最初の四つの版の序文に述べられている。それだから私は、この本をほとんどどのような説明も必要としないような文章によって編纂し、教師が文章を通読したらただちに自分の仕事に――十分に自分のものとなった思想の論理的・文法的表現に――取りかかることができるようにしたのである。

　しかし、科学的内容の物語はいっさい排除し、『国民教育省雑誌』の六月号にのった論文「読本はどのようなものでなければならないか」で言われているように、読本には文学的内容の文章だけを要求するモスクワの教育者たちの一派を満足させるべきなのかもしれない。この要求は、だがまったく理解できない。もし文学的内容の文章として文学の高等コースの断片を考えるのでないとしたら、疑いもなく、この名称によって呼ばれるのは、有名な作家の文章の断片である。しかし、それら作家は、歴史的・政治的・心理的・その他あらゆる種類の内容を取り上げているのであり、子どもにも理解され、役に立つような内容のものというのは、きわめてまれである。子どもにも理解され、役に立つような種類の文学的文章の模範としてふつうあげられるのは、クルイロフの寓話である。しかし、出版法が許すかぎりのクロイロフの寓話を取り入れていないような読本というのはあるだろうか？　『子どもの世界』でも、クロイロフの寓話は少なくない。しかし、クロイロフの寓話が児童読物として優れているとしたら、それはまさに子どもにもよく知られた対象——猫、犬、くま、など——がそこで扱われているからだということに注意を向けねばならない。もちろん、自然史の文章がクロイロフの言語で書かれたならばすばらしいことだろう。しかし、クロイロフは一世紀も前に生まれたのだ。寓話の道徳的内容についていえば、ルソー以来だれが、人々のもっとも隠れた微妙な欠陥、あらゆる種類の社会的罪や不正を暴露する寓話が子どものために書かれたものではないということに同意しないであろう。この点、寓話の否定的傾向は、子どもにとって利益となるよりはむしろ害となるものであると考えることができる。そればかりか、もしロシア語教師の対話にまかせておくことはできないという理由があるのなら、かれらを道徳的原理の解説者とすることは、かれらをたとえば花の構成要素の記述者とすることよりもはるかに危険なことであろう。ここでは、学術委員会そのものが承認するように道徳的、キリスト教的傾向によって滲透された『子どもの世界』のなかにあるものに、教師は必然的にとどまらねばならない。最後に確信をもって言うことができることは、ロシアの児童用図書のなかで勝手な解釈や熱中に陥る機縁をこれほどにわずかしか与えていない図書が他にあるだろうかということである。もし教師が、何かの有害なことを語ろうとするなら、かれは、私の本にそむかねばならない。それが、常に安全なものだとはいえないだろう。

(2)　次に、『子どもの世界』には編纂者自身の文章が多く、したがって、たとえ学術委員会において正しい十分なロシア語と認められたとはいえ、必ずしも模範的ではない、単調な言語によって書かれているという第二の非難に答えることにしよう。

この非難はもっともな非難であるが、本書の編纂者に向けてではなく、ロシア文学に向けてなされるべきものである。ロシアの優れた文学者たちが教育の問題に関心をもつことがあまりに少ないのである。ロシアの優れた児童読物をペンではなくて、鋏によってつくることができるとしたら、疑いもなく、この道のベテランや愛好者がすでに多数あらわれていたことであろう。しかし、わが国の文学が、教育にはなによりも関心を示さないでいるときに、何をしたらいいか？　ドイツやイギリスでさえ、模範的作家の文章から、優れた多数の児童用選文読本をつくることが困難であるとしたら、わが国ではそれはまったく不可能である。文章の下に、信用のあるジェルジャーヴィン、プーシキン、カラムジンなどの名前を書きこむことができればそれにこしたことはない。だが、自分で文章をつくったり、外国語から翻訳したりせねばならないとしたら、どうしたらよいか？

しかし、そのような手製の物語をロシアの民話で置き換えることはできないだろうか？　いくらかはできる。そして、できる範囲のことは、私も『子どもの世界』や『母語』においてしてきた。児童の読物に適したロシアの伝説は、きわめて少ない。あるものは、内容のくだらなさ、無意味さにおいて、他のものは道徳的理由において、児童読物としてはまったく不適当である。ロシア伝説に多くの場所をさいたバシストフの選文読本は、たとえば、「ルトニューシカ」、「山羊」、「ばかとしらかば」、「聞かずば楽しからず、ウソをついてもかまいはしない」「馬の頭について」などのようなものを取り入れざるをえなかった。これらはどれ一つとして児童読物のなかに自分の占める位置を見いだすことのないはずのものである。たとえば、次のような物語が児童の読物に適しているといえるだろうか。

「おじいさんとおばあさんがいた。かれらにはルートニャという息子がいた。あるとき、おじいさんはルートニャと庭で何か仕事をしていて、おばあさんは家のなかにいた。おばあさんが床から薪を取ろうとして、ペチカの側にそれを落としてしまい、急に大声をあげて泣き叫んだ。おじいさんは叫び声を聞いて、いそいで家にかけこみ、どうして泣くのかとおばあさんにたずねた。おばあさんは、泣き泣き話した。『もしおらがルートニャを結婚させ、あいつに息子がおったら、そいでその息子がペチカの側に坐っていたら、おらはその子を薪で殺していたろうに。』すると、おじいさんもおばあさんといっしょになって、『ほんとに、おばあさん、おまえはその子を殺していたろうに』と泣きはじめた。二人は、自分たちに力のないことを泣いていたのである。そこへルートニャが庭から走ってきて、何を泣いているのかとたずねた。かれらは、『おらたちがもしおまえを結婚させ、おまえに息子がおり、その子がもしついさっきここに坐っていたら、おばあは薪でその子を殺していたろう。薪はまっすぐここへあんなにひどく落ちたのだから』と語った。これを聞いてルートニャは、ほら、えらいこっちゃといい、自分の帽子を両手にかかえて『さようなら、もしおらがおまえらよりもっとばかな人間に出会うようなことがあったら、おまえらのところにまた来るかもしれん。しかし、そんな人はいないだろうで、待たんどけよ』といい残して、出ていってしまった。」（パシストフ「選文読本」）

これで何を子どもは学ぶのだろう？——粗野な表現か、それとも粗野な感情か？　同じようにして、子どもは、たとえばどのような目的をもって「ばか者とむち」のおとぎ話を読むのだろう。ばか者がどのようにして坊主を殺し、警官を上手にごまかして、坊主の代わりに殺した山羊を示した話——たしかにきわめて庶民的ではあるが、最高にけがらわしい話を。また、たとえばどのような目的をもって、あるおじいさんが他のおじいさんの背に乗っていくことを語った「好きじゃない、聞くな」の話を読むのか？　これらのおとぎ話においては、子どもは内容には注意を向けずに、形式だけを学習すべきであるということは、子どもに不可能なことを要求するものである。子どもにとっては、形式よりも内容の方が常に大切なのだ。

しかし、形式のうえでも、バシストフの選文読本のように、民話選集のなかの文章を改作することなく、そのまま守ってくることは、教育学的に非難すべきところのないものとは考えられない。語り手のことばを逐字的に書きとめた民話は、どんな場合も、地方的特色だけでなく、だれの言葉でそれが書かれたかによる個人的特色の痕跡をとどめている。クルイロフのペンで書かれる国語は、民話の国語とはまったく違っている。まだ上手に読むこともできない子どもに、民話の書かれている国民的であるばかりか庶民的なことば、ましてや訛《なまり》のある方言の特色を知らせることが、ギムナジヤの初等クラスにおいてはたして適当なことと言えようか。単純なことばで普通の文語を子どもに認識させる方が正しいのではないだろうか？

しかし、仮に科学的内容のものはいっさい除いて、虚構だけで読本をつくることに成功したとしよう。このような本が母語の初等教授の目的にふさわしいものといえるだろうか？　自然や歴史の分野から取られた現実世界や現実生活の事物について子どもたちが平易に正しく表現するように慣らすことはロシア語教師の義務のなかにはいらないことだろうか。

ロシア語教師は、キムナジヤの低学年ではなによりもロシア語を口頭ならびに文章で正しく表現することに子どもたちを慣らすのを義務とすることには疑いない。しかし、そのためには子どもたちは、読んで知った思想を自分の思想で補ったり、すべてを自分の言葉で語りながら、読んだことについてできるかぎり多く話さなければならない。あるいは少なくとも、読んで話さなければならない。寓話やお伽話は、ふつう作家の言葉で叙述されている。低学年におけるロシア語教授を観察した人は、疑いもなく、クルイロフの寓話を自分の言葉で話すということがどういうことか知っているだろう。教師と生徒はいっしょになって、この寓話を台なしにしてしまうことに努力しているのである。寓話はその表現の典型性・力強さにおいてかれらの話にはるかに勝っている。詩を散文に書きかえる作文練習も、まったく同じことである。優れた詩を散文に書きかえることが不可能なことは普通のことである。だから生徒は、詩を破壊し、リズムを台なしにするために言葉を間違って不自然に置き換えねばならない——それは、仮に有害ではないとしても、無益な仕事である。『子どもの世界』には、生徒が自分で自主的に何かを話すことができるような、まさに生徒の話のための材料が出してある。馬、羊、りんご、煉瓦の製造などについて何かを知らない子どもがいようか？これらのものについてたとえ数行でも自主的に何かを話したり書いたりすることができないものがいようか？

言葉の形式の学習はもちろん低学年においてさえも重要な仕事である。そのために、『子どもの世界』付録の二つの選文読本には最初の二学年において子どもたちが自分のものにすることのできないほどの材料が入っている。というのは、それらの形式の学習は、子どもたちには、作品の断片を暗記することによってのみ可能だからである。しかし、言語の飾りについて心を配るより前に、平易な正しいことばに注意を向けるべきではないだろうか？

空想の分野を読本の唯一の内容とすることは、現代の教育学文献が一つとして示していないような読本をつくることになろう。すべての優れた読本においては、自然科学に関するドイツ語や英語の論文が、第一の地位を占めている。昨年のはじめ『現代編年史』がロシア教育学者の手本としてたいへんに誉めそやしたイギリスの読本は、『子どもの世界』にあまりにも似ているので、私の本をイギリスの編集者が翻訳したのではないかと思わせた。この本は私のより後に出版されたものだからである。問題は、私たち両者が同一のドイツおよびイギリスの原典を利用しているということにある。どうしてイギリスにおいては良いものが、同じ批評家にとって、ロシアでは悪いものとなるのか？

しかし、子どもの本のなかの自然科学に関する文章への危惧は、唯物論の普及という他のより大きな危惧が支持するのかもしれない。そのことは、私たちが予想もできなかったことである。『子どもの世界』の文章は、道徳的・キリスト教的原理で貫かれているだけでなく、植物や動物についてすべての子どもがこの本なしにも自分自身の眼で見ることしか語っていない。事実ではなくて、仮説が、唯物論を生むのである。子どもや青年たちが自然科学の分野のなかに何かの神秘的な、禁ぜられていることを認め、そこに自然や生活のすべての秘密に対する答えがあるように考えることを、もし私たちが本当に欲するなら、そのための最良の手段は、子どもに自然現象を正しいしかたで教えないことであろう。もしドイツやイギリスにおいて自然科学の成果が、わが国の場合のように子どもや青年に対して有害な影響を与えていないとすれば、それはこれらの国においては自然の事物や現象に関する認識がわが国よりはるかに広く普及しているからにほかならない。

五年前『子どもの世界』は『現代人』において、道徳的、キリスト教的原理が導入されていることではげしく非難された。いまは『巡礼《ストランニケ》』においてグレチュレヴィチャが、この本は無信仰を広めるものであるとして非難している。これら他者のものがないこと、そのものが、私の本が傾向において間違っていないことの証明となろう。

訳者注

（1）〔11頁〕「母語」Родное слово――論文「母語」は、一八六一年「国民教育省雑誌」に発表されたものである。母語が子どもの精神発達においてもつ意義を、これほどに強く、美しく、明瞭にうたいあげた論文は、他にあまりないのではないか。旧ソ連の教育史家メディンスキーは、「教授過程における母語の意義を、ウシンスキーほどに深く解明したものはいない」と述べている。ウシンスキーが、このように母語の教育的意義を強調した背景には、当時のロシア貴族社会において、したがってまたかれが当時勤務していた貴族子女の教育機関「スモリヌイ学院」において、たんなる社交用語としてのフランス語が重視され、「ロシア人がロシア語を習う必要はない」として、母語にたいする軽視や蔑視が一般化していたという事情がある。ウシンスキーは、こうした風潮をはげしく非難し、かれが他の論文――「公教育における国民性について」等の諸論文――のなかでもしばしば述べていた国民性への深い愛着、そして「国民に学ぶ」という主張のなかみを、この論文では、きわめて具体的に示している。

（2）〔30頁〕「初等国語教育論」――この論文は、雑誌『教育学誌』一八六四年第一、二号に発表されたものである。この論文のもとの題名は「ロシア語の初等教授について」О первоначальном преподавании русского языка であるが、内容は、ロシア語教育の技術的問題よりは、むしろ国語教育一般の意義と方法を論じたものとみることができる。

（3）〔30頁〕「言葉の能力」дар слова―дар は天賦、天分（gift）を意味する。言葉の能力が生得的なものであるということでのウシンスキーの表現は、必ずしも観念論的な意味において理解すべきではない。これについては、次にあげる論文「文法教育論」をあわせ参照してほしい。そこで、ウシンスキーは、言語は、生得的なものでも、天から人間に偶然与えられた天分でもなく、人類の長い労働の結果であると述べている。

（4）〔51頁〕「初等教育論」――ここに集められた論文は、教科書『母語』の第一・二年用指導書の論文である。これは、最初一八六四年に出版された第一・二年用教科書『母語』と同時に出版された。『母語』とその『指導書』が、一九世紀後半のロシアの小学校教育に、どのように大きな意義をもつものであったかは、すでに述べた。多くの教師や親たちは、これらの本の新しい方法、新しい内容を、心から歓迎した。だが、反動的な教育学者たちは、最初からウシンスキーの本の学校や家庭への普及に当惑し、憤慨した。かれらは、はげしい中傷や誹謗をはじめた。ウシンスキーの本は、学問をいちじるしく単純なものに、簡易なものにし、その内容を卑俗化している。その「軽率」な、「内容的にくだらぬ」書物は、ロシアの学校にはふさわしくない。ロシア国民には、もっとまじめな、日常卑近な生活から離れた高い内容の学問が必要であるというのである。ウシンスキーが初等教育の広汎な普及を願い、初等教育を子どもにとっても教師にとっても楽しいものにしなければならないと考えていたことは明らかである。「私はこの本では、教育の初心者を援助すること、とくに母親にたいして初等教授の苦労をやわらげ、それを楽しいものにすることを主要な目的とした」と述べている。しかし、同時に、ウシンスキーは学習をまじめな「労働」と考えていた。「いちばん最初から、学習と遊びとは区別し、学習を子どもにとってのまじめな義務とすることをすすめる。もちろん、子どもに読み書きを遊び半分に学習させることは可能である。しかし、私はそれを有害だと考えるのである。なぜなら、あなた方が子どもをまじめな課業から長く保護すればするほど、子どもが後でそれへ移行することはより困難となるからである。」ウシンスキーは、こうして、「子どもにとってまじめな課業を興味あるものにすること――これこそが、初等教育の課題である」（五八頁）というきわめて含蓄のある命題をひき出している。ウシンスキーは、さらに学習を始めたばかりの初等教育の段階で、「直観的方法」や子どもの知的発達をとくに考慮した方法によって子どもを科学の学習に正しく準備すること、「子どもを知らぬまに科学のなかへひきいれること」が必要であるとも述べている。

（5）〔115頁〕文法教育論――『母語』指導書第二部は、一八七〇年に初版が出され、一九〇八年までに二二版を重ねている。ウシンスキーは、この本のなかで、科学そのものが十分確立されておらず、科学自体の体系が混乱し、不安定な状態にあるなかで、教科の教授にあるときに、みずから独自の「暫定的」初等文法を作成した。「科学はその対象の研究においてそれ自身の道を行く。教育学的考慮は、科学自体の仕事ではない。科学と教育との仲介者には教育学者がならなければならない」（一一九ページ）その場合、「低学年学的体系をつくりだしていく場合の教育学の立場と課題をはっきりと示している。ウシンスキーは、ロシア語文法がこのような状態のロシア語教師が、ロシア語文法の大家や立法者自身がまだやっと始めたばかりの仕事の完成を背負わされることになるだろう。私たちは、さらに現代のロシア語文法の最大の権威者でも、自分たちの言語にかんする歴史的研究から、正確な定義、明瞭な命題、疑いをいれない規則、つまり小学校教師が自分の小さな生徒に提示しなければならないようなものを導き出せといわれたときには、どんなに困惑し、おどろくかを見出すだろう。」（一二三ページ）教育学者は、このような場合、一つの冒険、「多少とも重要な革新」をせざるを得ない。それはどんなにいやなことであっても、「その不快さは、子どもに何かの非論理的な、不可解な、ときにはまったく意味のないことがらを説明しなければならないときに教師が体験する不快さとくらべれば、はるかに小さいものである。」ここには、教科の新しい体系をつくりだしていく課題が、どんなに重大な仕事であるかがよく語られている。ウシンスキーのこのような思想は、文法学説がウシンスキーの時代と同様に、はなはだしい混乱状態にあり、現代日本語の文法的事実を科学的に整理した体系がまだ存在しないなかで文法教育の体系をつくり、実践していかねばならないわが国の教師、さらに科学教育の「現代化」の必要に基づいて、従来のものとはまったく異なる新しい教科体系の構想とその教育実践に取り組んでいる教師たちには、大きなはげましとなろう。

（6）〔160頁〕教科書――『母語』目次『母語』第一学年用は、一八六四年に初版が出され第二版で多少の改訂がなされたが、以後、年々版を重ねて一九一四年には一四六版が出ている。また、第二学年用は、同じく一八六四年に初版が出て、一九一六年までに一三〇版を重ねている。第三学年用『母語』の第一編「文法」は、一八七〇年に初版が出、一九〇八年までに二三版を重ねている。ウシンスキーは、この第一編につづいて、理科・地理・歴史の読物教科書を出すつもりでいたが、病のために、はたさなかった。

（7）〔173頁〕教科書『母語』より――ここに翻訳した教材は、いうまでもなく、ごく一部にすぎない。しかし、それらは、この教科書のだいたいの組み立てがわかるように選んだつもりである。全体の「目次」と照らしあわせながら読んでいただきたい。革命後のロシアの読み方教科書『母語《ロドナヤ・レーチ》』は、ウシンスキーの教科書の体系や構想に多くのものを学んでつくられているが、同時にいくつかの教材は、ウシンスキーの教科書からそのまま採用されている。ここに翻訳したもののなかでは、「四つの願い」、「みつばちの偵察」、「もののおきばしょ」、「ねこのワーシカ」、「立木のけんか」などが、そうである。ウシンスキーの教科書やその理論が、ほぼ一五〇年たった現在でも十分な意義をもっていることに、われわれはウシンスキーの偉大さを感じざるを得ない。

（8）〔188頁〕『子どもの世界』第一版への序文――『子どもの世界』は、直接的にはウシンスキーが当時務めていたスモリヌイ学院の低学年用教科書として作成されたものである。ウシンスキーは、この学院に入ってくる一〇歳、一一歳の子どもたちの大部分が、「正しい意識的な学習にまったく準備されていない」ことを第一に問題とした。初等教育の基本的課題は、ウシンスキーによれば、「まずはじめに子どもに学習することを教え、ついでやがて子どもが自分自身にこの仕事をひきうけることになるように子どもを訓練すること」にある。それには、なによりも直観教授を通して子どもの知能を発達されることが大切である。直観教授に基礎をおく方法は、「子どもたちが生活そのものから直接に得ている知識を体系化し、解明する。この、いわばすでに用意された土台の上に、じょじょに初等教育のしっかりとした建物が建設されるのである。」このような初等教育をおこなう学校が現実には存在しないことから、ウシンスキーはスモリヌイ学院の低学年、最初の一、二学年でこのような準備教育をほどこすことに決め、そのための教科書として、「直観教授と知的発達の方法にしたがった初等読み方読本」の作成に取りかかったのである。この読み方教科書では、自然に関する知識が内容の中心となり、主要な地位を占めている。このような読本は、当時としてはまったく型破りの教科書であり、きわめて独創的なものであった。初等読み方読本の内容をどうしてこのような「自然史」を中心とするものにしたかは、この『第一版への序文』でくわしく述べられている。機械的な読み方の力しかもたずに学校へやってくる子どもたちに対して、ウシンスキーは、この本によりたんに読む力を訓練するだけでなく、正しく考え、話す力を訓練しようとした。そのためには、子どものまわりの自然や生活から取られた直観的で、子どもにも十分理解し得る自然科学的教材をこの教科書の中心教材とする必要があったのである。このような内容の教科書を、進歩的教師たちは大いに歓迎したが、ウシンスキーの意図したことが、この教科書を利用するようになったすべての学校の教師にただちに理解されたわけではなかった。この教科書がやがてさまざまの学校で広く利用されるようになっていくなかで、ウシンスキーは教師の実際的要求や経験に基づき、また当局の検閲などにしたがって、その内容や構成にかなりの変更を加えざるを得なかった。こうして初版と第二版ではすでに多くの変更が見られ、この教科書の全体的構成が基本的に確立したのは、第五版（一八六四年）においてであった。また、この第五版からは、それまでになかった多数の絵が入れられるようにもなった。

（9）〔206頁〕『子どもの世界』第一版の目次（一八六一年）――この「目次」は、ふつうの目次とはちがい、そこに一つ一つの文章、あるいはそのグループについて教師に取り扱い上の注意、教授法的指針を述べている点で、特別の意義がある。それとともに、『子どもの世界』の第二版以後の変化と比較するうえでも参考となろう。ウシンスキーは、「優れた教科書というのは、主として経験の問題である」（第一版への序文）と言い、教師の実践に基づいて『子どもの世界』をより良いものに改めていくことに非常な努力をした。第二版では、はやくも教科書の構造が大きく改まり、第一部と第二部の二冊に分けられた。内容の上でも、子どもにとってあまりにむずかしいと思われた文章は取り除かれたり、簡略化されたりした。しかし、それと同時に、その改訂は、当時のロシアの学校の実情に妥協し、また当局の検閲にしたがって、当初の理論的構想を崩していったところもある。この意味でも、ウシンスキーの生存中に出版された最後の改訂増補版である第一〇版（一八七〇年）を底本とした『ウシンスキー教育学』全集第三巻（明治図書）の『子どもの世界』とこの第一版の目次とを比較対照してみることには、意味があろう。なお、このような形の目次は、第二版以後はなくなっている。

（10）〔221頁〕『子どもの世界』第一〇版の目次――ウシンスキーの生存中に出版された最後の「最終的改訂・増補」版は、第一〇版（一八七〇年）であった。教育科学アカデミヤ版ウシンスキー全集第四巻に収録されている『子どもの世界と選文読本』は、この第一〇版をテキストとしている。

（11）〔225頁〕『子どもの世界』について――この論文は、当時『子どもの世界』に加えられていた非難を要約し、それにたいするウシンスキーの見解を述べたものである。ウシンスキーは、これを何かの雑誌に発表するか、国民教育省当局に提出するために、書いたと思われる。だが、実際には、これが活字となって発表されたことはなく、また当局にも提出しなかったのではないかと、考えられている。というのは、一八六七年一〇月号の『国民教育省雑誌』には、『子どもの世界』がギムナジウムや群立学校で読本として使用されることは望ましくないという国民教育省の見解が公表された。ウシンスキーは、この論文で『国民教育省雑誌』の六月号にのった論文の考え方を批判しているが（二二六頁）、この時にはまだ一〇月号にのった国民教育省の新しい見解をウシンスキーは知っていなかった。だからこそ『子どもの世界』を擁護するこのような論文を書いていたわけだが、国民教育省のこの新たな決定を知れば、ウシンスキーのこのような弁護も意味を失う。だから、この論文が公にされることはなかったのだが、この論文が書かれた時期は、一八六七年の七月から九月のあいだだろうと推定されている。

訳者解説——現代に生きるウシンスキーの母語教育論

柴田　義松

「子どもは母語を学ぶとき、単にその音を学ぶのではない。母語の乳房から精神的生命と力とを吸い込むのである。母語は、子どもに自然について、どんな自然科学者も説明しえないようなことを説明する。母語は、子どもの周囲の人々の性格、子どもがそのなかに住む社会を子どもに知らせる。また、その歴史、その社会の趨勢について、どんな歴史家も知らせえないようなことを知らせる。……母語を習得するとき、子どもは、単に単語やその構造、変形を習得するだけでなく、無数にたくさんの概念、ものの見方・考え方、たくさんの思想、感情、芸術的形象、論理、言語哲学を習得する。それも、容易にすみやかに。……母語とは、かくも偉大な国民的教師なのだ！」（ウシンスキー）

ウシンスキーは、私にとって最大の恩師とも呼ぶべき人物である。この師に出会わなかったら、現在の私はなかったろうとさえ思う。六〇年ほども前にさかのぼる。大学の教育学部に入りながら、私は、教育学にあまり魅力を感じることができないでいた。

はたして自分の一生を託すに値する学問なのか、当てもなくふらついていたときに、偶然めぐり合えたのが、ウシンスキーであった。

教師の仕事がどんなに崇高であり、限りなく奥行きの深いものであるかということを、私は、ウシンスキーの主著『教育の対象としての人間——教育的人間学試論』（一八六七—六九年）から学んだ。教師の仕事がどんなものであるかは、一見だれもが、小学校の子どもでさえ知っているように思われる。しかし、それは普通ごく表面的なことにすぎない。教師の仕事のもっとも重要な側面は、生徒の目から隠れている。私の目にも見えなかったその部分に光をあてでくれたのが、ウシンスキーであった。しかも、その隠れた部分を対象とし、その秘密を明らかにするのが、教育学の主要な任務であるということを教えられたのである。

ウシンスキーは、教育の技術は、人間のもつ「あらゆる技術のなかでもっとも広範で複雑な、もっとも高級の、もっとも必要な技術」であると考えた。教育学は、このような技術の理論にほかならないが、もしその教育学が人間の全面的な発達を願うのなら、「教育学は、まずもって人間を全面的に知らねばならない」とかれは言う。

人間学を基礎として教育学を再構築しようとする志向が、最近わが国の教育界でも高まっている。しかし、「教育的人間学」という用語を教育史上最初に使って、その「試論」と称する大部の著作をウシンスキーが書き残しているという事実は、ロシア以外ではそんなに知られていない。近代教育学の歴史のなかでウシンスキーの占める巨大な位置が世界的に認められるようになったのは、比較的最近のことである。

革命前帝政ロシアのきびしい社会的現実のなかで、天才的な教育学者ウシンスキー（一八二四～七〇年）は、欧米先進諸国の教育理論を批判的に摂取しつつ、理論と実践とのみごとな統一を示す実際的教授理論や国語教科書を編み出し、独自の優れた教育学体系を打ち立てた。ウシンスキーが残した教育学遺産は、教育実践に直接にかかわる国語教育論や初等教育論から、教授・訓育過程の心理学的基礎づけ、教育科学論などの理論的諸問題にいたるまできわめて多方面にわたっている。そのなかでウシンスキーが格別に重視したのは、学校教育の体系のなかで初等教育が果たす重要な役割であり、かれ自身の理論的・実践的研究の重点もそこにおいた。「教師がその教育にあたる生徒の年齢が少ないほど、よりたくさんの教育学的知識が要求される。そして、この要求は、生徒の年齢とともに増大するのではなく、減少するのである。」世間的常識では、初等教育で読み書き算の手ほどきをすることぐらい、だれにでもできる簡単なことではないかと思われがちである。「この仕事は、しかし、そんなに考えるほどやさしいことではけっしてない。子どものたくさんの涙が、この学習のために流された。重要なことは、あとで闘わなければならないようなたくさんの悪い芽がここで育つということである。」

教授学のもっとも重要な問題が、こうして初等教育の段階にあることを見抜いたということは、ウシンスキーが、教育の実践的問題に深くかかわった実践的理論家であったことを如実に示している。ウシンスキーは、この初等教育の問題に徹底的に取り組み、そこに教育学上の重要な原理を次々と見出していった。

かれのこの問題に対する取り組みの真剣さは、国語入門教科書の作成という仕事に端的に表われている。「実際、文字教科書の後の最初の読本を書くことは、教授学のなかでもっともむずかしい問題だといってよいだろう」とかれは言う。

ウシンスキーは、低学年の文字指導においては、文字の習得と同時に子どもの知的諸能力の発達をめざす音声式分析・総合法を採用した。また、低学年の読み方教育においては、直観性に基礎をおく知的訓練とそれとが一体となっておこなわれねばならないとして、「直観教授と知的発達の方法に従った初等読み方読本」を作成した。

ウシンスキーのつくった教科書『母語』が、当時のロシア初等教育の改革にどのように大きな意義をもつものであったかについては、次のような証言がある。

「ウシンスキーの『母語』は、未曾有の成功をおさめた。それは、いまだに毎年数十万部の売れ行きを見せている。それは、家庭に学校に、ロシアのもっとも僻遠の地にまで行き渡っている。疑いもなく、それはウシンスキーの名を真の意味において国民的なものにした。全世代がこの本で教育を受けている。その名は、ロシア国民学校の歴史のなかに永遠にとどまることになろう。……　実際、『母語』以来、母語の初等教授に関するわが国の教育学文献の水準はいちじるしく高まった。『母語』は、ロシア語の読み書き教授に新しい最良の方法を持ち込んだ。

……格言とか道徳物語・善行の模範などのかたちでおこなわれるドイツ語の生気のない、かび臭い説教のあとに、突然、学校に生き生きとしたことばが聞こえ、腕白そうな陽気な子どもの笑い声がひびいた。ウシンスキーは、その『母語』によって、プーシキンが、かつてその『ルスラン』や『強盗兄弟』によって詩の世界でおこなったのと同じことを教育学においておこなったのである。

古い学校と新しい学校、古い詰め込み主義の教育と新しい教育的教授との闘いが問題となった。『母語』の偉大な前代未聞の成功は、『新しい学校』、新しい学問、新しい方法の勝利であり、古臭い旧習、昔の読み書き訓練に対する死刑の宣告であった。このようにして、『母語』は、わが国民学校の発達における重要な歴史的時点の一つと結びついているのである。」（ミロポリスキー、一八七七年）

ここに述べられているように、ウシンスキーの教科書『母語』（一八六四年初版）はたいへんな成功をおさめ、一九一七年のロシア革命まで約半世紀の間に一四六版を重ねた。この間一八八〇年代には政治的反動のため、国民学校における『母語』の使用が、唯物論的・反宗教的性格を理由に、国民教育省によって禁止されるというようなことさえあった。このような妨害があったにもかかわらず、年間三版の割合で出版されたのである。ウシンスキーの名は、ロシア人には、なによりもまず子ども向け国語教科書、そのなかの物語、童話、科学読物の作家として親しまれたのであり、百数十年後の今日でもそれらの作品はロシアの子どもたちに親しまれ続けている。

ウシンスキーの教科書の底を流れる基本的思想として、私は「教育の理念としての国民性」をあげなければならないと思う。国民教育は、国民性を基礎にし、国民自身によって構築されねばならないことを、かれは繰り返し主張している。

「私たちが素朴な国民に多くのことを教えようとするなら、私たち自身が国民から教えられることもまた多いことを忘れてはならない。この国民が、あの深遠な言語を創造したのであり、その深さは私たちにとっていまだに計り知れないものがある。この素朴な国民が、外国人をまねした子どもじみた片言から私たちを救う詩をつくったのであり、まさにこの国民的源泉に基づいて私たちは、私たちの文学を一新し、私たちの文学をその名に値するものとしたのであり、最後に、この素朴な国民が、私たちがその庇護の下で生活している偉大な国家をつくったのだということを忘れてはならない。ロシアの歴史をよく知るものは、国民教育を国民自身に委ねることにすこしも躊躇しないだろう。」（『ウシンスキー教育学全集』第一巻、明治図書、二一二頁）

このような精神で子どもを教育しようとしたウシンスキーが、母語の教育に特別の力を入れたのは当然であろう。国民性は、かれによれば、なによりも母語に表現される。

「国民の言語は、遠い歴史の果てから始まる国民の全精神生活のもっともすばらしい、けっして萎れることのない、永遠に新しく咲き開く花である。国語のなかには全国民が、全祖国が霊化されている。国語のなかで国民の精神の創造力により、祖国の空、その空気、その自然現象、その気候、その野・山・谷、その森や川、その嵐や雷が、思想に、絵画や音に転じた。祖国の自然の、思想や感情に満ちたこれらすべての深い声は、人間のときには粗暴でもある自分の祖国に対する愛情のなかで大声に語られたり、故郷の歌、故郷の旋律、国民詩人の唇のなかにはっきりと表われたりする。しかし、明るいすきとおった国語の奥底に反映されるものは、祖国の自然だけではなく、国民自身の精神生活の全歴史である。国民の各世代は、次々と過ぎ去っていく。だが、各世代の生活の結果は、国語のなかに――子孫への遺産のなかに――残っていく。母語の宝庫に、各世代は次々と深い心の動きの結実を、歴史的事件・信仰・見解の成果を、体験した悲しみ、体験した喜びの跡を加えていく。――要するに、国民は、その精神生活の全足跡を国語のなかに大切に保存するのである。」（同上、第二巻一五頁）

ウシンスキーが編集した教科書『母語』には、ロシアの民話・諺・寓話、一九世紀前半のロシア文学の作品が広く取り入れられている。こうしたことも、当時の読み方教科書としては画期的なことであった。ウシンスキー自身が、新たに自分でつくったり、つくり直したりしたものも多数ある。革命後のソビエト・ロシアの読み方教科書『母語』は、ウシンスキーの教科書の体系や構想に多くのものを学んでつくられているが、そこでもいくつかの教材は、ウシンスキーの教科書からそのまま採用されている。「大きなかぶ」「四つのねがい」「みつばちの偵察」「もののおきばしょ」「ねこのワーシカ」「立木のけんか」などが、そうである。なお、これらウシンスキーの作った童話集の邦訳としては、ウシンスキー『子どもと大人のための童話集1、2』（柴田義松・麻生信子訳、新読書社、二〇〇九年）がある。

ウシンスキーの教科書やその理論が、百五〇年ほどたった今日でも十分な意義をもっていることに、私たちはウシンスキーの偉大さを感じざるをえない。初等読み方教科書の教材をつくることは、ウシンスキーも述べているようにけっしてやさしいことではない。現在わが国の小学校では、低学年理科・社会科の廃止が問題となったり、国語教科書のあり方や「道徳」の副読本のあり方についてさまざまの議論が絶えない情況にあるが、ウシンスキーの母語教科書から学ぶことは実際に限りなくたくさんあると、私は思う。

索　引

あ

アクサーコフ　34
新しい学校　63
イギリス人の話　18
意志　78
　――の力　77
意識の機械的作業　137
イタリア人の話　18
一般型　103, 104
　――に基づく文の拡張　47
おきまり　203
おとぎ話　94, 98
重い物体　150
おもしろい物語　94
おもちゃ　75
音声法による読み方と書き方の共同的学習　156

か

絵画的形式　94
外国語　11, 17-19, 29
　――の早過ぎる学習　190
外国語学習の目的　23, 24, 27
科学的文法体系　140
科学と教育との仲介者　119
書きことば　128
　――の能力の訓練　39
課業の交代　55
学習の組織　58
学習は労働　92, 196
拡大文　144
学用品　75
学級唱歌　65
学級的動作　65
学級での読み方　195
家庭教育　63
家庭経済　112
カラムジン　225
観察　70, 131
感情　146
感嘆符　147
間投詞　145-147
観念　69
技術の理論　90
季節性　100
季節的生活　102
気体の存在　213
技能の規則　121
ギムナジウム　61, 230
　――の生徒たち　119
教育学　90
教育学者　119
教育学的知識　89
教育的なお話　105
教育方法の改善　62
教室でのお話　105
教室の平面図　99
教授学　159
教授学的体系　139
教授学的文法　137
郷土科　98
興味　58
興味ある学習　78, 80
曲線図形　114
近隣学　98
空間のカテゴリー　148
空虚なおしゃべり　130
糞勉強家　80
グリム　86
クルイロフ　229
　――の寓話　42, 44, 132, 137, 200, 226, 230
グループ　62
計算の初歩教授　109
形動詞　147
形容詞　150
ゲーテ　11, 120
言語学　14, 124, 127, 128, 149
言語学者　13
言語学習　11
言語の形式的学習　190
言語の形式の習得　40
言語の形成　125
言語の混淆　22
言語の能力　190

——の発達　48
現象　148
現象の原因　149
「交換」　86
合理主義的教育学　55
五感　207
国語　14, 15, 17, 40, 41
　　——の意義　66
　　——の小学教師　125
国語学習　11
国語教育　67, 72
　　——の目的　30
国語教授　33
国語教師　72
国語文法の学習　122
　　——の外的目的　137
国民生活　72, 73
国民的教師　15, 17
国民的諺の意味　82
国民の性格　18
国民の生活力　14
国民文学　30, 31, 41
語形変化　147
語源学　49
悟性　93
　　——の形式的発達　191
古代語　11
ことばの真実性　101
言葉の体操　191
言葉の能力　30, 36
言葉の能力の訓練　31, 32, 34, 37
子どもとの話し合い　129
『子どもの世界』の読み方　200
子どもの素朴な考え　193
子どもを楽しませる教育（学）　196
諺　103
語尾変化　148
ゴリゾントフ　204
コリツォフ　200
　　——の歌　42
コンディヤック　126

さ

最初の授業　64
作文　31, 32
　　——の練習　155
作文練習の体系　153
挿絵　89
作用する対象　149

算数言語　112
算数問題　113
自意識　127, 128, 136
時間のカテゴリー　148
四季の変化　206
自己観察　128
事実的文章　92, 93, 97, 98
自主的学習　63, 153
時称　150
自然史　37
自然史（博物）の対象　194, 195
自然の論理　195
実質的読解　192
実践的初等文法の体系　116
実践的文法学習　140
質問　95-97, 108
質問的叙述方法　136
児童画　54
児童用選文読本　189, 193
シマシュコ　204
社会的関係の世界　194
ジャン・ポール　11
修辞学的装飾　134
授業の継続時間　59
授業の順序　95
祝祭日　101
縮尺　99
宿題　59, 60
ジュコフスキー　200
主語　142
述語　143
十進法　111
シュテクハルト　204
受動的注意　76, 78
少年時代　54
小ロシア　101
植物学的体系　157
植物の分類　212
叙述の順序　197
初等教育　56, 60-63, 67, 69, 70, 72, 90, 128
　　——の教授学　105
　　——の組織　57
初等図画　113
書物との理性的対話　153
書物のなかの絵　203
詩を学習する方法　88
心理学　128
数詞　152
図画　113

スコラ的学習　78, 81
スコラ的学校　63, 78
スコラ的な教授方法　195
スコラ的に教育された人間の特徴　81
スコラ的論理学　197
スラヴ人の話　18
性格の民族的特徴　19
生活の準備　70
聖史　107
政治経済学　112
正字法　137
正書法　138, 140, 154
──の授業　121
正書法教授方法とその結果　155
正書法上の間違い　120
聖書物語　39, 40, 106, 107
世界史　107
説明読み　134
前置詞　148
『選文読本』　35, 199, 200, 206

た

体　150
対象の記述　157
第二外国語の学習　28
代名詞　148
題目　142, 143
大理石の像　151
正しい書き方　122
正しい綴り方の機械的機能　87
正しい論理的思考　130
多様な活発な質問　196
ダーリ　83
ダーリヤ　204
単語の分類　146
単語練習　92
単語論　47-49
弾性体　150
単文の分析　141
小さな物語　87
地球儀　214
知能訓練　206, 207
知能の体操　191, 192
注意の意義　76
注意の訓練　206
抽象的概念　149
中道　78, 197
直線図形　114
直観教授　33, 68, 69, 71, 72, 194
直観性　32, 71 93, 114, 133, 194, 196
直観的対象　131, 134, 136
「陳列室」　197
月の名前　79
綴り方の課題　97
綴り方の練習　92, 96, 97, 203
綴字教科書の後の最初の読本　73
壷と釜は仲間じゃない　83
ツルゲーネフ　34
ディステルヴェーグ　154, 159
手紙の形式　158
哲学者　13
鉄は熱いうちに鍛えよ　83
ドイツ人の話　18
ドイツの新教育学　78
動詞　149
道徳的格言　45, 85
道徳的感情の発達　45
動物学的体系　157
動物の記述　97
特殊教授学的方法　141
特徴とは何か　198
『読本』　199
独立品詞　145
土地感覚　100
土地本能　100

な

謎々の目的　84
ネクラソフ　44, 117, 122
熱中的国語教師　132
能動的注意　77, 78
能力別　62

は

バウムガルテン　154
博物　37
バシストフ　228, 229
話し合い　72, 92, 95, 96
話しことばの訓練　37, 38, 68
話しことばや書きことばの文法的正しさ　119, 121
ハルダー　204
反復　107-109
比較　93, 96, 157
筆算　111
否定的態度　194
日時計　214
品詞　143, 144

ファラディー　198
不完全な句　80, 81
福音伝道者　102
副詞　147, 148
副動詞　147
プーシキン　120, 137, 141, 152, 200
ブスラエフ　117, 119, 121
物体　150
フランス人の話　18
文　141
文法　131, 134, 135
　　──の系統的学習　50
　　──の習得　45
　　──の初等教授　123
文法学習　103, 127-129, 135
　　──の内的目的　136
文法的解剖　49
文法的観察　138
文法的選文読本　140
文法法則　36
平面図　98
　　──を読む　98, 99
ベネケ　35
ベランジェ　11
変化しない品詞　147
変化する品詞　147
方眼紙　113
忘却　108
方言　64
母語　11, 15-17, 103
　　──の音声美　83
　　──の実際的練習　155
　　──の宝庫　14
補助詞　145
ポリヴァノフ　121
本質　150
　　──の名称　150

ま

真面目な課業　58
学び方　60
　　──を教えること　202
民族的性格　19-21
民族の言語の起源　12, 13
民謡　88
民話　84-86
　　──の再現　87

　　──の反復　86
無意識的記号　146
無人称文　142, 143
名詞　150
模範的作家の特別の学習　190
模範的文章　138
問答形式　65

や

唯物論　231
有機的発達　52
雄弁術の花　130, 131
溶解性の物体　150
欲望　146
読み方　92, 95, 96, 188
　　──の速さ　90
読み方や話し方の意義　192
読んだことについての話し方　188

ら

ラフ　204
旅行記　193
類と種　209
類と種にわけた物の名称　74
ルソー　227
ルーチン　203
ルーベン　204
歴史についての話し合い　133
歴史物語　40, 193
練習の形式における反復　136
練習の系統性　35
練習の体系　154
練習の手本　103
レンツ　204
ロシア史断片　219
ロシア伝説　228
ロシアの国民的教育学　84
ロシアの諺　57, 82
ロシア文学　43
論理学習　197
論理的概念　150
論理的カテゴリー　131
論理的話　134
論理的文章　92, 93
論理的読み方　34
論理的思考　37

［訳者紹介］

柴田 義松（しばた よしまつ）

1930年生まれ。
東京大学名誉教授
〈主著・訳書〉
『ヴィゴツキー入門』（寺子屋新書）子どもの未来社
『教育課程—カリキュラム入門』有斐閣
『21世紀を拓く教授学』明治図書
『批判的思考力を育てる授業と学習集団の実践』日本評準
ヴィゴツキー『思考と言語』（訳）新読書社
ヴィゴツキー『教育心理学講義』（訳）新読書社
ヴィゴツキー『心理学辞典』（編著）新読書社
ヴィゴツキー『文化的-歴史的精神発達の理論』（監訳）学文社
ヴィゴツキー『芸術心理学』（訳）学文社
ヴィゴツキー『心理学論集』（宮坂琇子共訳）学文社
ウシンスキー『子どもと大人のための童話集１，２』（訳）新読書社
ウシンスキー『教育的人間学』（訳）学文社
ほか

母語教育論

2010年４月１日 第１版第１刷発行

著者 ウシンスキー
訳者 柴田義松

発行者 田中千津子
発行所 株式会社 学文社
〒153-0064 東京都目黒区下目黒３-６-１
電話 03（3715）1501 ㈹
FAX 03（3715）2012
http://www.gakubunsha.com

印刷 新灯印刷
製本 島崎製本

ISBN 978-4-7620-2025-4

ヴィゴツキー著／柴田義松監訳

文化的－歴史的精神発達の理論

菊判 416頁 定価 3360円

精神発達を文化的•社会的環境や教育との関係の中で捉え，幅広い理論的考察を展開。ヴィゴツキーが自らの研究方法論に基づく精神発達の理論を体系化した「高次精神機能の発達史」の邦訳ここに復刻。

1454-3 C3011

ヴィゴツキー著／柴田義松訳

芸術心理学〔新訳版〕

菊判 384頁 定価 3150円

「芸術から作者または読者の心理を推論する」のでなく，「作者や読者にはかかわりのない純粋の無人称芸術心理学を研究する」という幅広い分野への示唆に富む巨人・ヴィゴツキーの文学理論の全訳。

1585-4 C3011

柴田義松・宮坂琇子訳

ヴィゴツキー心理学論集

菊判 280頁 定価 2625円

現代性とすぐれた実践性を備え，昨今内外で関心の高まるヴィゴツキーの心理学説をより詳しく理解するために重要であり，日本で未だ紹介されていない12点を選んで翻訳•解説した必携書。

1846-6 C3011

ユルゲン.シェーファー著／舩尾日出志•舩尾恭代監訳／久野弘幸•澤たか子編訳

教育者シラー

－美と芸術による人間性の獲得－

四六判 240頁 定価 2625円

ドイツの高名な詩人として知られる，フリードリッヒ•フォン•シラー。「美と芸術は，同時代の人々の教育にいかなる役目を果たせるのか」を生涯抱きつづけた彼の美学を，教育学的観点から考察。

1640-0 C3037

デニス・ロートン著 勝野正章訳

教育課程改革と教師の専門職性

――ナショナルカリキュラムを超えて――

A5判 194頁 定価 2310円

標準的である英のナショナルカリキュラムに対する関心に応えると同時に，目下日本で進行中の教育課程改革を背景とする実践的な関心に，教師権限強化＝エンパワメントとの新たな分析を，本書で試みる。

0786-6 C3037

G.ウイッティ，S.パワー，D.ハルピン著
熊田聰子訳

教育における分権と選択

――学校・国家・市場――

A5判 240頁 定価 2520円

分権と選択の政策の背景と意味，教職員・生徒・地域への影響，教育の平等・公正原則の様子の観点より，諸外国の現今の教育改革を問い，新しい時代にふさわしい草の根からの民主的機構づくりを提起。

0918-1 C3037

S.トムリンソン著 後洋一訳

ポスト福祉社会の教育

――学校選択,生涯教育,階級•ジェンダー――

A5判 256頁 定価 2625円

福祉国家をめざしていた英国の転向を中央の管理強化と選択制を促す自由競争市場による教育政策改革の流れを追い批判的に概観。1945年から2000年までの歴代政権の実施した制度と政策を実証的に研究。

1466-6 C3037

畑 潤•草野滋之編

表現•文化活動の社会教育学

－生活のなかで感性と知性を育む－

A5判 256頁 定価 2520円

表現•文化活動の総論，特性と文化行政，実践と美的価値，現代文化と民衆文化運動の歴史について解説。それに加えて，社会教育学の探究主題に表現•文化活動をあてた新しい構想を提起する。

1646-2 C3037